U0359586

"十三五"国家重点出版物出版规划项目

现代机械工程系列精品教材

新工科·普通高等教育汽车类系列教材

电动汽车产品开发教程

王　佳　陈庆樟　胡　侠　杜玖玉　吴晓刚　编著

机械工业出版社

本书是"十三五"国家重点出版物出版规划项目。

本书从产品开发的角度，讲述了电动汽车产品开发过程和关键技术，注重产品开发实践，配有产品开发实例。本书共5章，系统地阐述了电动汽车产品的开发过程和关键技术，包括电动汽车的发展历程和趋势、电动汽车设计开发流程、电动汽车整车设计开发、电动汽车电控系统设计开发以及电动汽车行驶工况开发等内容。

本书可作为高等院校机械工程及自动化、车辆工程、电气工程及自动化等专业的本科生和研究生的选修课教材，也可作为相关专业教师的教学参考书，还可作为电动汽车相关行业的工程技术人员和科研人员的参考用书。

本书配有PPT课件，免费赠送给采用本书作为教材的教师，可登录www.cmpedu.com注册下载。

图书在版编目（CIP）数据

电动汽车产品开发教程/王佳等编著. —北京：机械工业出版社，2021.12

"十三五"国家重点出版物出版规划项目　现代机械工程系列精品教材
新工科·普通高等教育汽车类系列教材

ISBN 978-7-111-70188-0

Ⅰ.①电…　Ⅱ.①王…　Ⅲ.①电动汽车-产品开发-高等学校-教材　Ⅳ.①F407.471

中国版本图书馆 CIP 数据核字（2022）第 027781 号

机械工业出版社（北京市百万庄大街 22 号　邮政编码 100037）
策划编辑：宋学敏　　　　　责任编辑：宋学敏
责任校对：郑　婕　王　延　封面设计：张　静
责任印制：任维东
北京中兴印刷有限公司印刷
2022 年 7 月第 1 版第 1 次印刷
184mm×260mm · 15.75 印张 · 1 插页 · 396 千字
标准书号：ISBN 978-7-111-70188-0
定价：52.00 元

电话服务　　　　　　　　　网络服务
客服电话：010-88361066　　机　工　官　网：www.cmpbook.com
　　　　　010-88379833　　机　工　官　博：weibo.com/cmp1952
　　　　　010-68326294　　金　书　网：www.golden-book.com
封底无防伪标均为盗版　机工教育服务网：www.cmpedu.com

前　言

近年来，国际社会对气候变化问题日益重视，各国积极推动《巴黎协定》的有效实施。我国提出了到2030年前实现二氧化碳排放达到峰值，努力争取在2060年前实现碳中和的奋斗目标。汽车行业作为国民经济的支柱产业，也是碳排放的重要来源之一，积极发展新能源汽车有着十分重要的意义，也是我国从汽车大国走向汽车强国的必由之路。

本书结合清华大学节能与安全国家重点实验室、哈尔滨理工大学汽车电子驱动控制与系统集成教育部工程中心、常熟理工学院新能源智能网联汽车技术重点实验室的最新研究成果，从产品开发的角度，讲述了电动汽车的产品开发过程和关键技术，包括电动汽车开发流程、整车开发、电控系统开发、行驶工况开发等，并通过产品开发实例加深读者理解。受篇幅限制，本书只介绍电动乘用车的产品开发，不涉及其他类型的新能源汽车。

本书由王佳、陈庆樟、胡侠等编著，王佳负责全书统稿。王佳博士，常熟理工学院副教授，南昌理工学院客座教授，编写第1章1.1节、第3章、第4章4.1~4.3节；常熟理工学院陈庆樟教授编写第2章；上汽集团技术中心胡侠高级工程师编写第4章4.5节；清华大学杜玖玉副研究员编写第1章1.2、1.3节；哈尔滨理工大学吴晓刚教授编写第4章4.4节和第5章。

由于编者水平有限，本书难免有不尽如人意之处，敬请广大读者提出宝贵意见和建议。

编　者

目 录

第1章

绪　论

1.1　电动汽车发展概述

1.1.1　全球电动汽车发展概述

1. 电动汽车发展历史

近年来，人们对环保的日益重视使得电动汽车（实际应称为电动车）及相关产业得到了飞速的发展。然而电动汽车并不是近几十年开发出来的新产品，它的出现早于广泛使用的燃油汽车。电动车的历史可追溯到 1834 年，比现在广泛应用的内燃机汽车早了半个世纪。

（1）纯电动汽车的发展历程（1834—2002 年）　1834 年，美国的一位机械工人托马斯·达文波特（Thomas Davenport）制造了第一辆由干电池供电、直流电机驱动的电动三轮车（图 1-1），但是其行驶距离很短且不能充电，因此未能批量生产。

1847 年，美国人法莫（M. Farmer）制造了第一辆以蓄电池为动力、可乘坐两人的无导轨电动汽车。他把电动机装在一个轮车上，并且由 48 节电池提供电能。这是美国第一辆为世人所知的电动汽车。

1881 年，法国电气工程师古斯塔夫·特鲁夫（Gustave Trouve）制造了世界上第一辆以铅酸蓄电池为动力的电动三轮车（图 1-2），并在同年巴黎举办的国际电器展览会上展出，引起了广泛的关注。

图 1-1　世界第一辆电动三轮车

图 1-2　世界第一辆铅酸蓄电池电动三轮车

1896 年，美国 Hartford Electric Light 公司提议铺设充电基础设施，让人们可以从通用电气公司购买汽车，然后通过 Hartford Electric Light 公司更换电池。该项服务从 1910 年持续至 1924 年，期间共计帮助电动车主们行驶了 600 万 mile（1mile = 1609.344m）的路程。

1899 年，德国人费迪南德·波尔舍（Ferdinand Porsche）发明了一台轮毂电动机，以替代当时在汽车上普遍使用的链传动。随后开发了 Loner-Porsche 电动汽车，该车采用铅酸蓄电池作为动力源，由前轮内的轮毂电动机直接驱动（图 1-3）。随后，他在车的后轮上也装载了两个轮毂电动机，由此诞生了世界上第一辆四轮电动汽车。1902 年，费迪南德·波尔舍又在这辆电动汽车上加装了一台内燃机来发电，以驱动轮毂电动机，这也是世界上第一辆混合动力汽车。另外，费迪南德·波尔舍还开发出了第一款多功能全混合动力汽车——Semper Vivus（图 1-4）。在这款车型上，两个发电机与汽油机相结合，形成一个充电装置，同时向轮毂电动机和蓄电池提供电力。

图 1-3　世界第一辆轮毂驱动电动汽车

图 1-4　世界第一款多功能全混合动力汽车

与处于同时期的内燃机汽车相比，电动汽车虽然最高车速略低，但是在其他方面优点明显，如起动方便，电动机工作时噪声小、没有发动机的振动和难闻的燃油味。此外，直流电动机的低转速大转矩输出特性使其用作汽车动力时，不需要复杂的传动系统且操作简便，因而电动汽车成为机动交通工具的一个主要发展方向。

1911 年，《纽约时报》用"完美"来形容电动汽车，因为它更加环保，噪声较低，而且比燃油汽车更加经济实惠。到 1912 年，美国电动汽车保有量超过 34000 辆，到 1915 年，美国电动汽车的保有量达 5 万辆，电动汽车的市场占有率比内燃机汽车高出 16%。

自 20 世纪 30 年代起，石油开采、提炼和内燃机技术的迅速进步，使燃油汽车的最高车速得到大幅提升，行驶里程达到电动汽车的 3 倍左右，且使用成本低。而电动汽车由于电池技术进步缓慢，在性能、价格等方面都难以与燃油汽车竞争，在 20 世纪 40 年代前后，电动汽车基本淡出了市场，进入休眠期。

20 世纪 80 年代以来，随着汽车保有量的不断增加，内燃机汽车的碳排放对人类健康及环境的影响日益突出，并且内燃机汽车需要消耗大量有限且不可再生的石油资源，由此促使电动汽车再度进入较快的发展时期。世界各大汽车公司纷纷投入大量的人力和资金研发新型电动汽车，许多国家也都推出了相关政策支持、鼓励电动汽车的研发和使用，使得新的电动汽车不断涌现。虽然电动汽车在性能方面与传统燃油汽车仍有差距，但在各国政策的扶持下，电动汽车的保有量也在不断增加。电动汽车及零部件技术也得到了一定的发展。

20世纪90年代，美国加利福尼亚州是汽车排放污染最严重的地区。为了改善空气质量，在美国国家环境保护局（Environment Protection Agency，EPA）的压力下，加州空气资源委员会（California Air Resources Board，CARB）要求2003年零排放汽车（Zero Electric Vehicle，ZEV）的销量应占总汽车销量的10%。通用汽车公司被迫在1996年12月4日推出了纯电动汽车EV1（图1-5）。第一款EV1使用的是由德科（Delco）公司提供的铅酸蓄电池。每次充电后，续驶里程为90mile（144km）左右，最高行驶时速为80mile（128km）。如遇到堵车或寒冷天气，其续驶里程大概为70mile（112km）。后来，铅酸蓄电池被镍氢电池替代，续驶里程也随之增加到110mile（177km）。当年的EV1电动汽车为了提升续驶里程，已经具有制动能量回收系统，风阻系数极低，降至0.19。与燃油汽车相比，EV1电动汽车还是因为续驶里程短和充电时间长给客户带来了极大的不便。通用汽车公司在2000年停止了EV1的生产，但并没有停止在加利福尼亚的租赁业务，直到2002年通用汽车公司停止了EV1的所有业务，该车辆正式退出。

图1-5 通用EV1纯电动汽车

（2）混合动力汽车的发展历程（1993年至今）　纯电动汽车的昙花一现并没有影响其他类型新能源汽车的普及与应用，丰田普锐斯（Prius）就是其中的杰出代表。与通用汽车利用纯电力作为车辆动力源不同的是，丰田认为以纯电力驱动汽车在当时的技术条件下为时尚早，在原有汽油机的基础上增加电动机则是更好的解决方案。丰田工程师开始着手研发油电混合车型。

1993年9月，丰田发起了G21项目。丰田从车身、底盘、发动机和生产技术等多个领域召集了10名技术精英，组建了G21项目组，项目组的团队目标是打造一款既对资源和环境有利，又保留现代汽车精髓的新车型。在1995年的东京车展上，丰田发布了名为Prius的混合动力概念车。

1996年底，丰田开始新车测试工作，解决了诸多技术难题，工程师最终选择无级变速器（continuonsly variable transmission，CVT）作为这款混合动力车型的传动系统，采用一台型号1AZ-FSE的改进型1.5L四缸发动机。受制于当时的电池技术，工程师们将蓄电池组的充、放电节点控制在60%和40%，以有效将蓄电池寿命延长至7~10年。1997年12月，代号NHW10的第一代丰田Prius在爱知县的丰田工厂下线，丰田当时的目标是在日本本土每年销售12000辆Prius。

第一代Prius（图1-6）的车身尺寸为长4275mm、宽1695mm、高1491mm，轴距为2550mm，车重1254kg。第一代Prius仅拥有一款三厢车型，此种结构也是为了能将电动机和电池组以更合理的布局安放在车内，其余的细节设计则是为了提升空气动力学效应。第一代Prius油耗表现出众，新车上市前官方公布的油耗为28km/L（≈3.57L/100km），经过不断的产品改良，最终量产后的商品车实测油耗为31km/L（≈3.22L/100km）。此后丰田对Prius的动力做出了优化，原先的1.5L四缸发动机加入了VVT-i可变正时气门技术，发动机的最大功率提升至 76 马力（1 马力 = 735.499W），最大转矩提升至 110N·m；273.6V 电动机最大功率适当增加到 44 马力，电动机最大转矩提升到了 350N·m。

第二代 Prius（图 1-7）的车身尺寸为长 4450mm、宽 1725mm、高 1490mm，轴距为 2700mm，车重 1317kg，综合数据较上一代车型提升明显。得益于机械结构和电池组布局的合理分配，车内和行李舱的空间有所提升。更加合理的空气动力学设计使得第二代 Prius 的风阻系数仅为 0.26，并且沿用了 1.5L 四缸自然吸气发动机，此发动机具有 VVT-i 可变正时气门技术；500V 电动机的最大功率为 50kW（≈68 马力），最大转矩为 400N·m，混合动力净功率为 112 马力；配备 ECVT 无级变速器。当汽油机和电动机同时运转时，百公里加速时间为 9.7s，纯电动模式下的加速时间约为 11s。官方给出的理论油耗为 35.5km/L（≈2.82L/100km）。

图 1-6 丰田第一代 Prius 混合动力汽车

图 1-7 丰田第二代 Prius 混合动力汽车

第三代 Prius（图 1-8）的动力系统应用型号 2ZR-FXE 的 1.8L VVT-i 四缸汽油机取代原有的 1.5L 发动机，最大功率为 99 马力，最大转矩为 142N·m；650V 电动机的最大功率为 60kW（≈81 马力），最大转矩为 207N·m，混合动力最高输出功率达 100kW（≈135 马力），传动系统依然配备了一台 ECVT 电控无级变速器。第三代 Prius 的燃油经济性大幅提升。官方给出的理论油耗为 38km/L，约 2.63L/100km。

第四代 Prius（图 1-9）基于丰田全新的 TNGA 平台打造，其风阻系数为 0.24。丰田对第四代 Prius 的混合动力系统结构进行了调整，蓄电池组被布置在后排座椅下方，这样行李舱的空间变得更为宽裕，同时整车前、后轴荷更为合理。除了以往的前置前驱布置形式外，第四代 Prius 首次增加了 E-Four 电动式四驱车型。动力方面，汽油机仍沿用型号 2ZR-FXE 的 1.8L 自然吸气四缸发动机，发动机功率相比上一代 Prius 有所下降，发动机的最大功率为 98 马力，最大转矩为 142N·m，混合动力最高输出功率为 150 马力，较上一代车型提升了 15 马力，仍匹配 ECVT 变速器。第四代 Prius 配有电子百叶窗式进气格栅，热车效率明显提

图 1-8 丰田第三代 Prius 混合动力汽车

图 1-9 丰田第四代 Prius 混合动力汽车

升。此外，丰田宣称第四代 Prius 的发动机热效率达到了 40%。由于匹配了更大容量的蓄电池组，第四代 Prius 在纯电动模式下的行驶里程得到了提升，标准前驱版 Prius 的油耗为 2.69L/100km。

（3）燃料电池汽车成为热点（2000 年至今）　燃料电池汽车作为新兴车型近年来受到越来越多的关注。纵观整个燃料电池汽车产业发展历程，在 2000 年之前是燃料电池汽车概念设计及原理性认证阶段，以概念车形式推出燃料电池汽车。2000—2010 年是燃料电池汽车（fuel cell vehicles，FCV）示范运行验证、技术攻关研究阶段。上海燃料电池汽车动力系统有限公司成功研制出了中国首辆氢燃料电池汽车——超越一号。这一时期各国积极开展商业化示范运行，加紧技术研发以提升车辆性能。2010—2015 年是燃料电池汽车性能提升阶段，这一阶段燃料电池汽车的功率密度、寿命均取得了进步，并在物流运输等领域率先使用，初步实现了特定领域用车商业化。2015 年之后，燃料电池汽车进入商业化推广阶段，丰田 Mirai 和本田 Clarity 的上市，代表着面向私人乘用车领域的销售开始。据统计，2016年，全球氢燃料电池汽车的销量为 2312 辆，与 2015 年相比，增幅为 225%。主要包括 3 款车型：丰田 Mirai、本田 Clarity、现代 ix35FC，其中，丰田 Mirai 销售 2039 辆，主要用于运营。在我国举办的 2022 年冬奥会上，燃料电池客车得到大批量的应用，燃料电池商用车在我国将会得到快速发展。

2. 世界新能源汽车发展近况

在交通运输领域，车辆的电动化已逐渐成为一种潮流。电动汽车利用来源多样化的电能取代传统化石能源，不但可以显著提高能源转化效率，而且有助于减少温室气体排放、改善空气质量、降低噪声污染。此外，车辆的电动化还能提高国家的能源安全性，实现可持续发展，符合多种政策的要求。作为汽车行业中最具创新性的产业集群之一，电动汽车还具备增强经济和产业竞争力的巨大潜力，可提高投资吸引力。

（1）全球电动汽车销量及未来趋势分析　2020 年，全球电动汽车的销量为 324 万辆，较 2019 年增长了 43%，创下历史新高。其中，我国销售量为 134 万辆，占总销量的 41%，德国为 39 万辆，美国为 32 万辆。交通运输行业除乘用车外，两轮车及公交车等其他车辆的电动化也在迅速发展。

电动车增长的推动力主要来自政策环境。全球电动车保有量前十的国家在推广电动车方面出台了一系列政策。有效的政策措施有助于吸引更多的消费者，降低投资者的风险，并鼓励车企扩大生产规模。国家和地方政府推广电动汽车主要采用公共采购、补贴政策、降低使用费用以及行政措施来实现，如燃油经济性指标，就是基于排放性能的通行限制。调查结果表明，在挪威，经济上的优惠政策，如免增值税、免车辆登记税、免道路通行费、流通税退税等政策，被电动汽车车主列为最影响其购买决策的因素。在荷兰，插电式混合动力汽车相关的政策变化导致其市场份额显著下降。财政优惠政策是降低前期购买价格的激励措施，是驱动当前电动汽车市场占有率提升的主要因素。

公共采购在提高电动汽车的公众影响力、扩大汽车生产规模、完善建设充电基础设施、降低成本以及提高企业对相关领域研发投入等方面发挥了重要作用。八个主要国家已认识到公共采购对电动交通过渡的重要作用及其对空气质量和气候的贡献潜力。在 2016 年第 22 届联合国气候变化大会（COP22）上正式通过了《马拉喀什行动宣言》。在法国，该宣言中概述的主要承诺包括国家层面 50% 的低排放车辆，地方层面 20% 的最低门槛，2025 年新公交车完全电气化的目标。加拿大宣布到 2030 年，政府车辆采购将实现 80% 的零排放车辆。在美国，联邦政府于 2015 年提出了电动客车的购买份额目标，到 2025 年为 50%。

插电式混合动力汽车和纯电动汽车的市场份额由技术特征、成本等方面决定，并且在很大程度上受政策环境的影响。近期的国际能源署分析表明，纯电动架构在小型和中型车中更具使用价值，而插电式混动架构主要应用在中、大型车中。

市场调查统计数据表明，预购价格最低（受公共政策影响较大）的电动汽车技术往往是销售份额最高的。可从近年来中国、欧盟的关键政策的调整可以看出，如果要确保从国家预算的角度保持财政激励的可控性，同时考虑到降低关键电动汽车零部件（即电池）成本的前景，则需要将主要的政策杠杆安排为自我维持的金融机制（如实行有区别的税收或"反馈"计划，就像部分欧洲国家的情况），或逐步转向标准、条例和任务。这些基于电动汽车性能的标准和法规可以帮助政府为汽车市场的发展指明一个较明确的方向，并同时能够做到技术的中立性；任务和激励措施作为补充，从而推动零排放技术的进步。所有这些政策工具都使当局能够根据其政策目标制定相关目标，使交通运输业能源组合多样化，并减少二氧化碳排放和空气污染。

（2）全球新能源客车推广分析 全球电动客车的销量主要是中国的电动客车和小型客运车辆。2020 年电动客车销量为 75923 辆（其中 93.3% 是纯电动汽车）。2020 年底，中国的纯电动和插电式混动客车数量达到近 64 万辆。截至 2020 年底，欧盟 27 国共有 224 万辆电动汽车，其中乘用车占 94.3%，轻载商用车占 5.4%，大巴和卡车分别占 0.3% 和 0.03%。与中国城市公交系统全面电动化不同的是，全球多数城市还没有意识到中国城市公交电动化的速度和规模。但是一些北美和欧洲的城市，C40 网络的成员城市开始逐步部署电动公交车，并开始在新购置计划中用纯电动公交车代替传统燃油公交车。北欧的一些城市，如奥斯陆、特隆赫姆和哥德堡已经开始运营电动公交车。2015 年 6 月，哥德堡率先在当地推出了三辆沃尔沃电动大巴。奥斯陆的目标是在 2025 至 2030 年间，将市内公交替换为完全依靠可再生能源运行的公交系统。其他的一些组织，如气候与清洁空气联盟提出无烟公交项目，旨在促成世界 20 个主要城市的公交系统的零排放电动化。

在欧盟，越来越多的城市正在建设试点项目，且大多数项目是在过去 5 年中启动的。其中零排放城市公交系统（ZeEUS）由 40 个合作伙伴（包括公共交通主管部门和运营商、车辆制造商、能源供应商、学术和研究中心、工程公司和协会）组成的网络进行协调。零排放城市公交系统项目在欧洲 10 个城市设立了 10 个示范点，以监测和提高城市电动公交车的技术、经济性和运营性能。另外，氢动力汽车欧洲联合倡议项目于 2017 年 1 月启动，旨在首先在欧洲 9 个城市或地区实现氢燃料电池城市公交系统，然后再在另外 14 个城市部署。少数欧洲城市已经将业务从示范规模扩大到商业规模，定期运营庞大的电动公交车车队。其目标还延伸到国家一级：荷兰的目标是在 2025 年之前将全部销售的公交车完成向无排放公交车过渡，并且到 2030 年实现公交车全电动化。瑞典自 2016 年以来一直维持对电动公共汽车的支持政策。纯电动公交车对于续驶里程的要求日益提高，充电策略直接影响车辆的运行成本和使用便利性。

电动公交车充电策略的设计是可以在电池一次充满电的情况下运行一天，并在夜间电价较低时在车站进行慢速充电。上述充电策略要求电池的容量超 250kW·h，以满足续驶里程的要求，在车站中充电过夜可使用充电速度较慢的充电器进行充电。另一种充电策略是随时充电，主要依靠站台或公交线路沿线的快速充电器。快速充电器通常通过受电弓与车辆连接，受电弓既可以安装在车辆上，也可以安装在站台上。快速随时充电的时间可为 5 ~ 10min，具体取决于调度需求。快速随时充电策略的好处是，电动公交只需要携带较小的电池（约 80kW·h），从而降低车辆的功耗，降低购置成本。由于电池包容量减小，体积减小，则可释放更多的乘员空间。

目前全球已有多家整车厂生产电动客车，但是市场上销售的电动客车大多是中国制造商为国内市场制造的，其中的两大客车制造商比亚迪和宇通在国际电动客车市场也很活跃。比亚迪和宇通除了生产各种尺寸的城市电动公交车外，也生产城际电动公交车车型。最畅销的比亚迪 12m 标准城市公交车的电池能量约为 330kW·h，可提供 250km 的续驶里程，同时还有其他不同的配置。欧洲几大汽车制造商，包括已开始供应电动车型的整车厂，如沃尔沃、Solaris 以及 VDL 等都纷纷开始在电动客车领域增加投入。整车厂的多样性驱动了欧洲市场电动客车车型的多样化。在欧洲，Ebusco 和 Linkker 使用铝车身部件来减轻车辆自重、提高续驶里程或减少电池的需求量。在美国，Proterra（由特斯拉前员工创建，专门经营电动公交车的车厂）则选择使用碳纤维材料，Proterra 的电动客车的续驶里程可达 480km。

（3）各国政府推广电动汽车的目标 越来越多的政府着手于制定电动汽车发展目标，并不断向制造商和其他行业的关联方发出更加明确的信号，以提高对未来政策框架的信心并吸引调动投资。已有 10 个国家（共占全球电动车保有量的 60% 以上）在 2017 年批准了EV30@ 30 运动，并承诺到 2030 年实现电动汽车销量达到 30% 的目标。表 1-1 汇总了不同国家/地区 2020—2030 年电动汽车发展部署计划的目的和目标。

表 1-1 不同国家/地区 2020—2030 年电动汽车发展部署计划的目的和目标

国家/地区	2020—2030 年目标
中国	到 2025 年新能源汽车销量占汽车总销量的 15% ~ 20%；到 2030 年新能源汽车销量占汽车总销量的 40% ~ 50%
欧盟	到 2025 年新能源汽车销量占汽车总销量的 15%；到 2030 年新能源汽车销量占汽车总销量的 30%
美国	加利福尼亚州 2025 年新能源汽车保有量达到 150 万辆，到 2030 年新能源汽车保有量达到 300 万辆
日本	到 2030 年新能源汽车销量占汽车总销量的 20% ~ 30%
印度	到 2030 年新能源汽车销量占汽车总销量的 30%

部分国家政府宣布计划在给定的时间点终止传统内燃机车辆的销售或注册，以此补充国家层面的电动汽车发展目标。一些地方已承诺实施限制措施禁止燃油车进入某些地区（在某些情况下仅限于柴油车）。部分国家禁售燃油汽车的时间表见表 1-2。

上述政策的发展也伴随着汽车行业主要成员对其产品发展规划的不断调整。几乎所有主要的汽车制造商都已表达出在电动汽车领域发展的雄心壮志。电动汽车制造商已经发布了大量与电动汽车相关的公告，表明未来业界将在电动汽车技术研究方面加大投入。

表 1-2　部分国家禁售燃油汽车的时间表

国家	年份				
	2025	2030	2032	2040	2045
法国				*	
爱尔兰		*			
荷兰		*			
挪威	*				
斯洛文尼亚				*	
斯里兰卡					*
瑞典					*
苏格兰			*		
英国				*	

（4）各国电动汽车基础设施建设情况　电动汽车的基础设施种类众多，包括各种私人、公共充电桩，以及一些适用于乘用车和公交车的通用充电桩。2018 年出台的充电桩鼓励政策使得快速充电桩的发展空间变大。尽管如此，快速充电桩仍然被视为私人充电基础设施的补充而不是替代，特别是长途旅行。标准充电桩根据输出功率等级、物理接口和通信协议 3 个指标进行分类。不同充电协议的通信方式存在差异。协议依赖于不同的物理连接，并且不同物理连接之间几乎没有兼容性。不同地区执行的充电桩标准与协议不同。在使用二级和三级交流充电桩的情况下，每种类型都有对应的协议，特斯拉（Tesla）也使用相同的协议。但在使用直流快速充电桩的情况下，组合充电系统（CCS）连接器适用于电力线通信（PLC）协议（通常用于智能电网通信），而 CHAdeMO、Tesla 和 GB/T 则使用控制器区域网络通信（最初为车内组件开发）协议。

从 2010 年到 2020 年所有类型的充电桩呈现持续上升的趋势。私人充电桩的数据统计难度非常大，无论是中等输出功率充电桩（第 2 等级），还是小功率通用充电桩（第 1 等级），都没有精确的统计数据。在美国，据估计每辆电动汽车大约有 0.9 个家用充电器，在工作场所则有 0.325 个附加充电器作为补充。2020 年，我国的充电基础设施增设了 46.2 万台。中国电动汽车充电基础设施促进联盟整理的调查报告表明，在中国私人电动汽车充电桩的比例接近 80%。与中国情况类似，日本人口密集的城市如东京地区，有超过 60% 的人口住在高层建筑中，不具备使用私人充电桩的条件。日本政府大力推行集中安装在住宅楼附近的多用途充电桩。

3. 全球支持发展新能源汽车的政策

（1）欧盟支持发展新能源汽车的政策　2017 年 11 月，欧盟委员会更新了清洁出行项目中到 2030 年乘用车和轻型商用车的二氧化碳排放新标准提案。排放标准的目标是到 2025 年，新车每千米二氧化碳排放量较当前降低 15%；到 2030 年降低 30%。为了实现从目前到未来的过渡，该提案还包括了已经指定的目标，分别是到 2020/2021 年，乘用车二氧化碳排放量为 95gCO$_2$/km，商用车为 147gCO$_2$/km。上述 2 个目标都是基于"新欧洲行驶循环测试"（NEDC）得到的数据，但是从 2021 年开始，"全球统一轻型车测试程序"（WLTP）将会接替"新欧洲行驶循环测试"，修正避免存在的不足。

鉴于目前混合动力汽车的排放水平接近于 $80gCO_2/km$（NEDC），与普通欧洲汽车的排放水平接近，调整提案意味着低排放或者零排放车辆的生产份额需要在 2025 年达到 15%，2030 年达到 30%，才能在 2030 年达到总体目标。新标准提案的宗旨也体现在包括刺激低排放和零排放车辆增长的激励方案中。如果车企生产低排放或零排放汽车的份额高于提议的基准水平，则相应车企的总体二氧化碳指标将会适当放松。

在低碳经济路线图中，欧盟的目标是在 2050 年将其温室气体排放降低至 1990 年排放水平的 20%。为了达到目标，则需要将交通工具运输业的排放降低至 1990 年排放水平的 40%。这就需要增加低排放和零排放车辆的份额以应对在 2030 年之后逐步提高二氧化碳排放标准。

（2）美国支持发展新能源汽车的政策　2018 年 4 月，美国 EPA 修订了 2022—2025 年轻型车辆的温室气体排放标准。此次修订是在对 2012 年温室气体排放标准中 2017—2025 年的排放标准进行中期评估之后确定的。在中期评估中，美国 EPA 审核了一系列指标，包括燃油效率的变化，燃料价格的变化，车辆电动化比例和消费者接受程度等。根据上述因素的分析结果，美国 EPA 认为以前制定的标准过于严格，必须进行适当的修订，但是具体修订的细节尚待确定。根据 2012 年制定的排放标准，EPA 估计到 2025 年美国国内轻型汽车销量的 5% 为电动汽车时才能达到预期的排放目标。排放标准的修订可能造成美国国内电动汽车增速的减缓。2009 年 EPA 批准加利福尼亚州可以不执行其温室气体排放标准。但是即使联邦标准被撤销，加利福尼亚州仍会继续坚持实施排放标准并可能与其他州一起执行一套独立于联邦政府的更严格的汽车排放和销售相关制度，最终在美国国内形成两个市场，这对部分利益相关者来说存在风险。

此外，加利福尼亚州的"零排放汽车计划"本身就是一项政策，也将继续推动美国电动汽车市场发展。与中国的新能源积分类似，该方案为每个车企分配"零排放积分"，要求车企通过零排放汽车销售或购买可交易积分来完成既定的排放目标。

（3）印度支持发展新能源汽车的政策　2017 年，印度政府和相关部门制定发布了多种电动汽车相关的政策和具体行动，体现了将印度国内汽车市场转变为电动汽车的决心。继 2012 年公布的促进混合动力和电动汽车的"国家电动汽车任务计划 2020"之后，2017 年 4 月印度政府规划了一条到 2030 年全电动化的发展路线。同时政府允许快速应用和制造混合动力和纯电动汽车，旨在降低"国家电动汽车任务计划 2020"规划实现前期的混合动力和纯电动汽车的售价，进而刺激市场扩大。2017 年 12 月，印度汽车工业发布了一份白皮书，建议到 2030 年实现市内公共交通的完全电动化，到 2047 年所有销售的新车都采用电力驱动。2018 年 2 月，印度重工业和公营企业部申明，其未对 2030 年电动汽车计划设定任何目标，并称 FAME（faster adoption and manufacture of hybrid and electric vehicles，混合动力和电动汽车的快速应用和生产）计划是能更好推广电动汽车的手段。紧接着，印度能源部发布了国家电动汽车计划并由能效服务公司执行。启动国家电动汽车计划后，印度电力部还宣布将重点建设充电基础设施，建立完善政策体系，期望到 2030 年，电动汽车的市场份额达到 30%。

1.1.2 我国电动汽车发展概述

1. 概述

2020 年，我国汽车产销分别完成 2522.5 万辆和 2531.1 万辆，我国汽车产业正在步入"新常态"。尽管短期的增长波动与市场的不确定性给产业链各环节参与者带来生存发展的挑战，但同时，汽车产业四大颠覆性趋势所带来的变革性机遇正孕育着下一个春天。从全球视角来看，我国汽车产业在新能源、自动驾驶、共享出行和数字化领域的发展令人瞩目。虽然未来挑战重重，但技术的发展、模式的变化、政策的完善将为产业的升级变革奠定坚实的基础，汽车价值链参与者应充分把握机遇，顺势而为，积极创新，制胜未来。在长期补贴、购置税减免、牌照优惠的支持下，我国新能源汽车产业在过去 10 年得到了飞速发展，新能源汽车产销已经实现世界领先，充电等基础设施建设也日趋完善，更为重要的是，广大消费者对于新能源汽车的认知和接受度得到大幅提高。

（1）节能与新能源汽车双重战略 我国的总体思路是节能与新能源汽车过渡与转型双重战略（图 1-10），节能是指优化现有的车用能源动力系统，持续降低车辆油耗和排放；转型是指开发新一代车用能源动力系统。

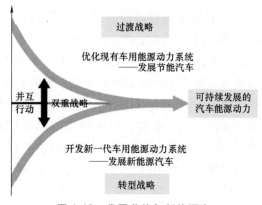

图 1-10 我国节能与新能源汽车过渡与转型战略图

2003 年《国家中长期科技规划战略研究》能源领域专家组在给中央专报材料："我国交通能源面临的挑战与战略选择"一文中首次提出了发展节能与新能源汽车战略思路，2017 年我国首次公布节能与新能源汽车技术路线图，明确了面向 2025 年我国节能与新能源汽车的发展技术路线。

（2）我国新能源汽车发展的技术路线 关于我国新能源汽车技术路线的讨论经历了以下四个阶段：

1）2005 年，国家中长期科技发展规划确立了节能与新能源汽车战略。

2）2012 年，国务院发布《节能与新能源汽车产业发展规划（2012—2020 年）》，确立了"纯电驱动"的技术转型战略。

3）2014 年，发展新能源汽车得到中央的重视，确立了发展新能源汽车强国战略，开启了中国新能源汽车产业化新阶段。

4）2018 年 11 月，全国政协召开"促进新能源汽车产业健康发展"双周座谈会，一些委员建议制定面向 2035 年的新能源汽车发展战略规划，尽快明确分类别、分地区禁售燃油车的时间表，稳定产业发展预期。在技术层面构建"三纵三横"的战略布局，其中"三纵"方向布局了电机、电池、电控三大核心部件，如图 1-11 所示。

以锂离子蓄电池为代表的电动汽车核心技术取得重大突破，通过四个"五年计划"的支持与发展，动力蓄电池出货量稳居全球第一。"十五"至"十三五"期间锂电池的主要研究成果如表 1-3 所示。从 2005 年到 2020 年，动力蓄电池比能量提高 5 倍，成本降低 5 倍

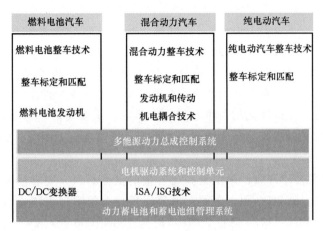

图1-11　新能源汽车及核心零部件"三纵三横"布局图

（图1-12），为纯电动汽车产业化发展提供重要支持。

表1-3　"十五"至"十三五"期间锂电池的主要研究成果

时间段	主要成果
"十五"期间	主要研发镍氢动力蓄电池和锰酸锂锂离子动力蓄电池
"十一五"期间	磷酸铁锂动力蓄电池研发与产业化，支撑"十二五"电动客车发展
"十二五"期间	支持三元电池的研发和产业化，电池比能量要求达到180W·h/kg
"十三五"期间	大幅提升比能量（单体电池300W·h/kg），大幅降低成本

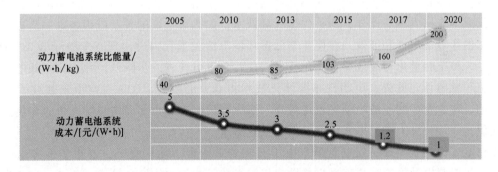

图1-12　动力蓄电池比能量及成本变化图

　　未来新能源汽车产业发展的主旋律将要发生变化，随着政府补贴的退出和双积分政策的实施，供需关系将发生结构变化，推动新能源汽车更大规模的研发与生产，持续提升产品性能和技术创新，过去以低质车辆换取补贴的情况将成为历史，新能源汽车产品的性能与质量将成为重要的发展驱动力。

　　2. 动力蓄电池与纯电动汽车

　　（1）锂电池技术的发展　锂离子动力蓄电池自应用于电动汽车以来能量密度不断提升。目前，国内企业宁德时代等已经成功开发出了300kW·h/kg的大容量软包型锂离子蓄电池产品，并将率先投放市场。从车用角度看，体积能量密度显得更为重要，其他高比能量电池，如锂硫电池难以车用的主要原因是体积能量密度低。而在这方面锂离子蓄电池具有优势。正如国际著名电池专家 Jeff Dahn 所言，锂离子蓄电池很难在体积能量密度上被击败。从这个角度看，锂离子蓄电池具有成为动力蓄电池主流技术的潜质和前景。但是高比能量锂离子蓄电池的安全性始终是一个瓶颈。解决这一难题一方面要靠热-机-电系统技术抑制电池热失控的诱发与蔓延；另一方面要从长计议，从改善电池本征安全性出发，发展新型固态电池技术。近年来国际上在无机硫化物固体电解质方面取得重要突破。但受制于固/固界面稳定性问题，固态电池发展可能要经历从液态→半固态→固液混合→固态，最终到全固态过渡的发展阶段。

到 2025 年材料体系有望升级，采用更高比容量的富锂材料，高容量的硅碳负极，逐步开始向固态电解质转型。到 2030 年，全固态电解质预计有望实现大规模商业化。考虑电池的循环利用价值，全球电池系统价格在 2020 年时为 700～1000 元/（kW·h），预计到 2025 年为 700～800 元/（kW·h）。对于磷酸铁锂电池等低成本锂离子蓄电池，上述价格目标可提前实现。研究结果显示，基于全生命周期成本计算，当电池价格达到 100 美元左右时，纯电动汽车与燃油汽车相比将具备性价比优势。

（2）整车集成及控制技术发展　　除了电池核心技术之外，纯电动汽车的发展还取决于电动汽车整个技术链。当前，纯电动汽车使用存在的主要问题之一是实际续驶里程低于期望值。虽然平均标称续驶里程比 5 年前提高了一倍左右，但实际续驶里程对气温和驾驶风格过于敏感。而靠增加电池加大续驶里程的做法又会导致车重增加和电池安全性风险上升以及性价比下降。

在整车电耗方面，在 2020—2025 年期间，电机驱动系统将在高效化、小型化方面出现技术飞跃，以碳化硅为代表的新一代小型高效电力电子器件将普及应用，推动驱动电机朝小型高速低成本方向发展。此外，新一代热管理技术，如热泵空调的普及应用将进一步提升纯电动汽车的环境适应性和能效，将使冬季低温环境下续驶里程损失比现有车型降低 2/3。在此基础上，整车轻量化与能效综合优化技术将使百公里电耗进一步降低，并大幅降低电耗波动性和里程敏感性。此外，电动汽车智能化技术将有大的发展。OTA（空中下载技术）将普遍应用，整车企业的车载控制平台将对外，形成开放生态。直接面向终端客户的车辆能耗等性能优化软件将极大满足多元化客户的个性化需求。

在充电方面，我国现有配电负荷与电压制式非常适合小功率慢充，要充分发挥这一优势，尽快使现有电动乘用车交流慢充桩做到每车必装，成为主体供电模式。此外，应急补电快充时间将缩短到 10～15min，快速补电只用作辅助手段。这一定位是从电池、整车、基础设施、电网以及可再生能源转型等全方位综合考虑后得到的结论。与此同时，更为严格的排放法规——国六标准将在国内实施，传统汽车技术将进一步复杂化，导致成本上升，使新能源汽车与传统燃油汽车相比的性价比拐点提前到来。

3. 燃料电池与燃料电池汽车

（1）燃料电池及其技术发展现状　　目前燃料电池与动力蓄电池的混合动力已经成为燃料电池动力系统的主流技术路线。我国燃料电池汽车的产业化是以纯电动和插电式混合动力为基础平台的。因此，商业化初期均采用了小功率燃料电池与动力蓄电池的深度混合动力构型，使成本降低，耐久性提高。从全球看，燃料电池汽车相比纯电动汽车的产业化进程晚

10年左右。2025年前燃料电池汽车技术将逐步成熟，但还将面临制氢、运氢、加氢、储氢等氢能技术效率偏低和成本偏高的问题。预测在2025年至2030年间将取得氢能技术新一轮突破，从而实现氢能与燃料电池技术的全面成熟以及在交通与能源领域大规模全方位的市场渗透。我国燃料电池技术与国际先进水平的差距主要表现在以膜电极为代表的基础技术和以高速无油空压机为代表的总成技术上。此外，与动力蓄电池相比，燃料电池的产业链还很薄弱。但是目前我国燃料电池产业化态势表现突出，已经吸引了全球相关资源的深度参与和全面聚集，预计在今后的5~10年有可能达到与目前中国锂离子蓄电池国际地位相当的水平。

（2）燃料电池及燃料电池汽车技术发展预测　根据《节能与新能源汽车技术路线图》1.0版指出，我国燃料电池系统发展将以2020年、2025年和2030年为三个关键时间节点：

2020年，燃料电池混合动力系统进入产业化应用。在这一阶段，燃料电池发动机体积功率密度达到400W/L（乘用车），质量功率密度达到450W/kg（乘用车）和300W/kg（商用车）；最低冷起动温度达到-30℃，满足中国绝大部分地域冬天起动需求；寿命达到5000h（乘用车）和10000h（商用车）。

2025年，通过提升燃料电池发动机额定功率、功率密度、效率及环境适应性，大幅提高燃料电池系统性能。燃料电池发动机的最高效率达到60%，体积功率密度达到600W/L（乘用车），质量功率密度达到550W/kg（乘用车）和400W/kg（商用车）；最低冷起动温度进一步降低至-40℃，完全覆盖中国所有地域冬天起动需求；寿命达到6000h（乘用车）和20000h（商用车）。燃料电池客车在北方寒冷地区的技术竞争力将超过纯电动客车。

2030年，氢能燃料电池技术在交通和能源领域大范围推广应用。燃料电池发动机最高效率不低于65%，体积功率密度达到850W/L，质量功率密度达到650W/L；寿命达到8000h（乘用车）和30000h（商用车）。大功率燃料电池长途货车将替代柴油货车。

根据新能源汽车的实际发展情况，《节能与新能源技术路线图》2.0版对我国氢能与燃料电池汽车阶段性发展目标给出以下预测：2025年，建成氢能燃料电池产业链，大幅降低燃料电池系统成本；以商用车为主实现氢能与燃料电池汽车技术的规模推广应用，累计应用规模达到5万~10万辆。2030年，建立具有国际竞争力的完备的燃料电池材料、部件、系统产业链；氢能与燃料电池汽车技术在性价比上取得突破；突破新一代氢能技术，氢气来源主体为可再生能源；实现氢能与燃料电池汽车的大范围大规模推广应用，燃料电池汽车累计规模达到百万辆。同时，氢能燃料电池技术在各种交通工具和能源储存及发电领域广泛推广应用。

4. 混合动力汽车

（1）混合动力汽车的技术路径　发展混合动力有两条宏观技术路径：一是从内燃机动力往上发展，二是从纯电驱动平台往下兼容，如图1-13所示。我国以后者为主，以插电式混合动力为特色。宏观技术路径往往对具体技术路线有很大影响。为了研究混合动力技术路线，先后测试了通用功率分流构型纯电型插电式混合动力Volt（通用称为增程式电动汽车）、本田分时混联式混合型插电式混合动力I-MMD、日产串联式常规混合动力e-POWER，找出不同地区的公司选用的混合动力技术路线的特点。日本基于阿特金斯发动机等高效内燃机和可变电压的电动机外特性输出控制以及先进的机电耦合装置等核心优势技术，引领了常规混合动力的产业化潮流；其插电式混合动力汽车也是基于常规深度混合动力开发的，纯电续驶里程短，这种构型在电池成本较高的情况下具有成本优势。在欧洲，以德国为代表则更加重视从微混合、轻混合到深混合插电式混合动力系统的系列化并在全系列车型主要采用并联构型，其中深度混合以驱动电池安装在发动机离合器和变速器之间的所谓 P2 构型为主要特色。选用 P2 构型的原因主要有：①高速公路限速高，需要多档变速器，同时变速器技术成熟；②柴油轿车多，输入转矩大，也需要多档变速器；③纵置后驱车型多，便于布置。美国以通用汽车公司为代表直接进入纯电型插电式混合动力阶段，其插电式混合动力系统构型复杂，纯电续驶里程较长，受到本土市场欢迎。我国新能源汽车产业化力推"纯电驱动"，常规混合动力汽车受到限制，插电式混合动力汽车发展迅猛。在法规引导下，我国插电式混合动力汽车的纯电续驶里程长，均在 50km 以上，故综合油耗低，同时混合动力构型与控制可以更简单并且回避了内燃机性能方面存在的弱势，形成了具有我国特色的插电式混合动力发展技术路线。

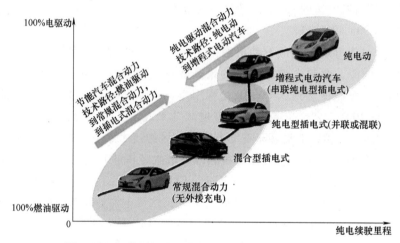

图 1-13　各类型新能源汽车电参与度与续航里程关系

（2）常规型混合动力汽车技术路线　对于常规混合动力汽车，其使用油耗与道路工况有很大关系。在拥堵的城市工况，由于车速较低且需要频繁地加速和减速，使用串联混合方式可以将发动机与负载工况解耦，与传统汽油车相比，混合动力汽车的节油效果显著；而高速公路工况则相对稳定且负荷率也相对更高，因此从节油角度出发，选择发动机直驱或者并联混合较好。丰田普锐斯功率分流式混合动力系统同时具有串联和并联功能，一直是常规混合动力的技术标杆。但随着混合动力技术的多元化发展，不同混合动力系统构型均能实现功率分流式混合动力的高性能。日产的串联式混合动力 NOTE e-POWER 在能效和市场接受度方面与丰田功率分流式混合动力系统的激烈竞争就是很好的例证。因此，我国发展常规混合动力不一定要完全走功率分流的模式，全系列模块化与构型一体化的欧洲模式同样值得研究学习。

（3）插电式混合动力汽车技术路线　对于混合型插电式混合动力汽车，其与常规混合动力不同，由于存在电量下降阶段和电量维持阶段两个工作阶段，且可以使用外部提供的电能驱动车辆，其节能减排效果好于常规混合动力汽车。混合型插电式混合动力汽车的油耗计算比较复杂，包括电量下降阶段油耗、电量维持阶段混合动力油耗、百公里综合油耗（两阶段里程在百公里中占比加权油耗）以及基于出行特征的统计平均油耗等多种油耗。其中，第四种油耗是最重要的使用油耗。在车辆每天行驶的里程中，电量下降阶段里程的利用率越高，则车辆的使用油耗越低。近年来，我国插电式混合动力技术进步十分迅速，市场不断扩大。插电式混合动力电量下降阶段里程从 50km 逐步提高到 70km，甚至 100km。随着插电式混合动力电量下降阶段里程的增加，电池容量和功率也大幅提高。因此，电量下降阶段发动机没有必要起动助力，从而实现纯电动。故而中国特色的插电式混合动力不是混合型插电式，而是纯电型插电式。

（4）不同构型混合动力汽车的性能比较　不同构型混合动力汽车的性能比较见表 1-4。

表 1-4　不同构型混合动力汽车的性能比较

构型	性能				
	发动机工作点优化途径	动态转矩协调控制	适应工况	安装便利性	兼顾动力性与经济性
串联	发动机与车辆负载解耦	不需要	自然特性	很好	电机、发动机效率高
并联 P2	自动变速器速度调节+电机转矩调节，但电机效率同时优化较难	基于发动机转矩估计，难度较大	多档双离合变速器	横置较难	较易
后并联 P3	自动变速器速度调节+电机转矩调节	基于发动机转矩估计，难度较大	多档双离合变速器	好	经济性偏弱
混联	发动机+自动变速器+电机调节	双电机负荷互换	高速性能偏弱，电调速+多档变速器	好	容易
功率分流	调速电机+ECVT	发电机反馈	电调速	好	动力性偏弱

对于纯电型插电式混合动力汽车，其只有在电量维持阶段才是混合动力，因此它是节能减排效果最好的混合动力汽车。以通用汽车公司的 Volt 车型为例，其纯电行驶里程为 64km，按照极端情况计算，如果每天出行都在 64km 以内且每天都可以充电，则使用油耗为 0。按照出行特征统计规律，以平均行驶里程较长的美国出行特征计算的百公里油耗统计平均值为 2.8L，而以平均行驶里程较短的中国出行特征计算的百公里油耗统计平均值仅为 0.86L，与同级别燃油车相比可以省油 90% 左右。随着动力蓄电池的技术进步与成本降低，纯电型插电式混合动力将会成为具有我国特色和优势的乘用车主流车型。

（5）我国优先发展插电式混合动力汽车的原因　由于当前行业热点——增程式电动汽车实质上是串联构型的纯电型插电式混合动力汽车。在不同的构型中，并联构型相较于串联构型，具有成本、动力性与经济性三方面的优势。首先，在成本方面，串联构型需要两个电机及驱动减速器；并联构型则仅需一个电机并辅以变速器，并且传统的变速器又可以进一步简化以降低成本。例如，将传统的双离合器变速器简化为单离合器加电机同步调速换档。因此，在发动机和驱动电机功率相等的情况下，串联构型与并联构型的成本差取决于串联系统电机+驱动减速器的成本与并联系统变速器的成本之差。其次，在动力性方面，并联构型在混合动力模式下的驱动功率是发动机和驱动电机功率之和，串联构型的驱动功率则仅等于驱动电机功率。最后，在经济性方面，在驱动电机与动力蓄电池相同的情况下，两者的纯电驱动模式驱动效率与制动能量回馈效率没有差别；而当两者处于混合动力模式驱动时，在高速公路行驶工况的负荷率较高、工况点较集中，两者都可以采用高效的混合动力专用发动机，并将发动机工作点保持在高效区，但串联构型需要先由发动机发电，再由电动机驱动车辆，并联构型则可以由发动机直驱辅以电动机驱动，因此混合动力模式下，并联构型的驱动效率不低于串联构型。不仅如此，目前，以上汽为代表的我国插电式混合动力汽车生产企业正在探索低成本并联纯电型插电式混合动力系统，其成本目标是：购置与使用综合成本与双电机常规深度混合动力基本相当，但节能减排效果更好，从而可以与国外常规混合动力的王牌——节油率超过 40% 的双电机深度混合动力进行市场竞争。因此，发展成本更优、节能减排效果更好的低成本并联构型的纯电型插电式混合动力汽车是自主研发混合动力系统应对国际竞争的一条独具特色的创新技术路线。

（6）模块化和平台化是混合动力未来发展的技术路径　混合动力系统一个无法回避的核心技术是内燃机技术。现有轿车发动机经过多次技术革新已经在节能减排方面具备很高水平，但是随着纯电型插电式混合动力的发展，发动机的运行工况变化相对收窄，理论上降低了发动机开发难度并更容易采用效率更高和燃料容忍度更大的新技术，如旋转式汪克尔发动机、微型燃气轮机、自由活塞式发动机等。但从国内外多年来的研发历程和作者课题组的研究经历看，要想在性能、成本以及基础设施配套便利性等方面全方位超越现有轿车发动机的难度仍很大。总之，混合动力专用发动机不宜定位为长线技术，但想短期获得颠覆性突破又面临重大技术挑战。因此，当前的主流技术路线仍然是在现有轿车发动机的基础上进行持续地、细小地改进。

混合动力发展需要解决的另一个重要问题是如何实现从纯燃油动力到混合动力的平滑过渡和纯电动动力与混合动力的无缝衔接。因此，模块化与平台化发展将是主要技术路径。基于原有的动力系统技术平台，进行关键子系统模块化组合与替换，向具有更好适应性和可行性的多种动力系统不断进行技术推进与更迭将是主要的实现途径。基于传统内燃机动力平台，可以发展模块化并联式混合动力系统，并逐步演变为并联纯电型插电式混合动力系统。国内一些骨干企业正在实践这一技术路线。基于纯电动平台，可通过添加传统内燃机动力源形成串联纯电型插电式混合动力系统，即增程式电动汽车（通常不是全性能型，而是城市型），进一步可向下兼容串联式混合动力，进而再通过动力源的模块化替换可以演变为燃料电池串联混合动力系统。

1.2　全球电动汽车发展趋势

1.2.1　全球电动化发展路线

在地球环境危机日益加重的背景下，全球汽车企业都把电动化提上了日程，新的制造商及互联网企业的加入，给传统汽车行业带来了不小的挑战。

1. 特斯拉的技术路线

（1）特斯拉"三步走"的商业计划　特斯拉的首要任务不是要成为传统的汽车公司，而是开发智能汽车，并通过惊艳的产品颠覆人们对电动汽车的看法，其目标及公司的宗旨是"尽快推出大众市场接受的电动汽车，加速实现可持续交通"。特斯拉电动汽车 Roadster 如

图 1-14 所示，特斯拉电动汽车 Model X 如图 1-15 所示。

图 1-14 特斯拉电动汽车 Roadster

图 1-15 特斯拉电动汽车 Model X

特斯拉制订了"三步走"的商业计划：

1）第一步，即推出高价、小批量汽车。推出限定款产品时价格很高，但确保汽车的品位，使其物有所值。

2）第二步，即推出中等价位、中等批量生产的电动汽车。借助本阶段可获得利润和一定经验。

3）第三步，即推出低价量产的汽车。通过第二阶段获取的利润和积累的经验，开发更经济、更大量产规模的大众化电动汽车，其相对便宜的价格和保养的节省，使中产阶级易于接受。

（2）特斯拉电池技术　特斯拉是一家采用 18650 型三元锂离子蓄电池的电动汽车公司。针对电动汽车的应用环境，特斯拉使用的 18650 型电池能量密度高于同时期其他类锂电池 50%以上。

特斯拉选择松下 18650 型电池的原因主要有：电池能量密度大，稳定性、一致性更高；技术较为成熟、出货量大、生产自动化程度高，可以有效降低电池系统成本；每年生产数十亿个 18650 型电池，安全级别不断提高；单体电池尺寸小但可控性高，可降低单体电池发生故障带来的影响，即使电池组的某个单元发生故障，也不会对电池整体性能产生影响，但车辆会显示出错误信息，对用户进行警示，这也是配备较多单体电池的好处。但是传统 18650型锂电池也有其自身特性所无法忽略的一些相对弱点，如对温度相对敏感、一致性差等。电动汽车对电池的要求是单次充电续驶里程长、性能稳定可靠、安全系数高且可循环充电次数多，特斯拉通过先进的动力蓄电池管理系统，解决了上述问题。

特斯拉解决 18650 型传统电池短板的办法包括活性的电化学材料、改进的电芯结构设计、优化模组设计、先进的故障保护机制和电池充放电控制，以及其业内的热管理系统和电池管理系统。活性材料和改进的电芯结构设计，可使单位体积/质量的储能更高，提高充电电压的同时，电芯稳定性更好。

（3）特斯拉电机技术　与常规的全轮驱动车辆只用一台发动机和变速器分配能量、牺牲效率来换取牵引力不同，特斯拉在后轮驱动 Model S 的基础上，在前轴加装一台电机，使之成为双电机全轮驱动的 Model S（图 1-16）。特斯拉采用三相四极交流感应电机、铜转子、具有变频驱动功能的驱动逆变器与动能再生制动系统。不仅体积小、重量轻，还可以瞬时输出高转矩，并在全寿命内基本无须保养。

（4）特斯拉整车安全技术　特斯拉 Model S 的车身和底盘主要采用铝合金材料打造（图 1-17），相比传统钢材，铝材料本身就具有更好的金属延展性，因此可以更有效地吸收冲击力。同时车身框架用高强度材料加固，撞击时能够有效吸收能量，但乘员舱却不易变形。从实际高速驾驶强烈碰撞的结果来看，Model S 也证明了铝材料所具备的优势。由于动力蓄电池组位于底盘正下方，这为车身安全带来两方面助益；第一，沉重的电池组所带来的低重心让特斯拉几乎不会发生侧翻；第二，特斯拉电池组本身就设计得十分坚固，这无形中又为车辆乘员舱增加了一层保护。除此之外，得益于技术优势，特斯拉 Model S 拥有"前备箱"的设计，这不仅为车主腾出了一个巨大的储物空间，无形中还充当着碰撞前缓冲区的角色。

图 1-16　特斯拉 Model S 底盘

图 1-17　全铝车身的特斯拉电动汽车

（5）特斯拉智能技术　特斯拉自 2014 年开始已在中国进行了 4 次更新，依次实现了导航服务、语音导航、巡航控制、防撞辅助、倒车辅助增强、车速辅助、智能温度预设、自动紧急制动、盲点警报、代客模式以及 3D 导航等功能的更新。远程诊断可以让车主在遇到问题时，能够直接联络特斯拉技术支持售后，特斯拉工程师可直接通过后台查看车辆出现的问题，不用到店检查，节省了车主时间、提高了诊断效率。

特斯拉 Model S 的所有操作都是通过一个 17in（1in = 0.0254m）中控台实现的。通过中控台可实现路线指引、电量预估、目的地充电提示、车速规划等智能规划。未来智能规划还会将交通信息、路况信息以及天气信息实现交互和传递，届时将可以给车主带来极大的驾驶便利。

1）自动求助：智能汽车不仅要智能、环保，还要更安全。特斯拉目前不仅可以通过辅助驾驶、自助驾驶等功能保护车辆出行安全，自动求助功能也是一大亮点。例如特斯拉 Model S 发生了碰撞的紧急情况，该车将立即自动发送后台相关参数，客服人员会在必要情况下，及时联络车主帮助处理后续事宜。此外，后台工作人员也可通过车号自动得知该车辆是否需要更换相关部件，辅助车主进行升级或替换部件。

2）交互关系：智能汽车十分重要的一项功能就是实现交互关系，车辆要与交通中心交互，车与车要交互，车与信号灯、行人等也要交互。特斯拉目前配有官方移动客户端软件，车主可通过 App 操作实时操控车辆。例如，车主忘记带钥匙，手机便可开启车门；车辆丢失，远程应用即可查看车辆位置并协助找回车辆。

(6) 特斯拉飞速发展对于汽车产业的影响 特斯拉在美国市场获得成功之后，逐渐开始规划全球化发展战略，此时的它特别需要在世界领域找到人工成本低、交通方便、基础设施完备、秩序稳定、优秀人才集聚、供应链体系完整和庞大的潜在市场。而综合这些因素之后的最优解，焦点就聚集在中国，特别是"长三角"地区拥有极其完整的汽车产业链供应体系，上海临港也是我国六大汽车产业群之一，集聚着大量优质的汽车零部件和科技研发公司。特斯拉的入驻既可以背靠完备的供应链体系与其他车企合作共赢，又可以极大地缩减产品运输成本；同时，这里有着众多经验丰富和成本较低的技术人才，不仅能快速满足特斯拉大量的人力需求，还能节省成本。除此之外，上海政府也给予特斯拉巨大的支持，从银行贷款、税收、土地到资质审核的绿色通道等各种优惠政策，支持特斯拉在中国的发展。

现在的新能源汽车在智能驾驶方面得到了飞速的发展。在硬件方面，电池、电机和电控系统将取代传统汽车的发动机，而基于智能网联和交互需求的传感器、中控屏和芯片将成为汽车的核心零部件；在软件方面，汽车电子电气架构将由分布式向类似于智能手机的集中式架构进化，未来可能开发出汽车专用系统；在服务和应用场景方面，汽车可以通过 OTA 空中升级持续更新系统，这就和智能手机在购买之后可以不断更新、与时俱进一样，直接颠覆了传统汽车售后服务逻辑，同时车联网技术还使得汽车能够与家、办公室和公共设施相连，汽车也将逐渐成为各种服务和应用的入口。

2. 大众汽车

(1) 大众汽车电动化转型计划 随着各国政府陆续提高汽车排放要求，且释放出禁售燃油汽车的信号，目前全球汽车市场都在逐渐向新能源汽车过渡。大众汽车宣布，旗下最后一代燃油汽车型将于 2026 年诞生，此后大众品牌将转入电气化时代。另外，大众汽车已开始推出首批电动汽车，包括保时捷 Taycan。该公司还预计未来五年内将 500 亿美元用于转向自动驾驶电动汽车，届时其 12 个汽车品牌将推出包括约 1500 万辆电动汽车。

第一阶段：2016 年 6 月，大众发布"携手同心——2025 战略"，将电动汽车视为未来战略发展的核心部分，并立志到 2025 年成为全球电动汽车领域的引领者。届时，大众旗下各品牌将推出超过 80 款全新电动车型，其中包括 50 款纯电动车型和 30 款插电式混动车型。集团还预计到 2025 年，销售的新车中约有四分之一将是纯电动汽车，且根据市场发展情况，集团纯电动汽车的年销量届时最多将达三百万辆。

第二阶段：2017 年 9 月，大众升级电动化战略，启动 Roadmap E，并规划，最迟至2030 年，大众汽车集团的整个车型阵容将全部实现电动化。这意味着，大众旗下各品牌、覆盖全球各级别市场的 300 余款车型均将推出至少一款电动版车型。这一目标不仅将进一步推动集团产品规划，还会大幅加速旗下车型阵容的电动化进程，使大众汽车集团成为首个为整个产品阵容明确电动化时间表的大型车企。

(2) 基于 Roadmap E 战略大众电动化产品布局 基于 Roadmap E 战略，大众开启了从产品投放到工厂改造的电动化布局。和多数跨国车企一样，大众在产品投放上也是最先从插电式混动车型着手切入市场。大众旗下已有多款插电式混合动力产品上市，分别为帕萨特插电式混合动力版、途观 L 插电式混合动力版、探岳 GTE Concept、迈腾 GTE Concept、蔚揽旅行轿车 GTE、混合动力版全新一代途锐等车型。

除了插电式混动车型外，大众打造的 MEB 纯电动汽车平台具备诸多优势和亮点。其一，整体架构具备灵活性，覆盖紧凑型到大型，涵盖轿车、SUV、MPV；其二，纯电动汽车正向研发，MEB平台可以从续驶里程、空间感、多样性、舒适性与动态表现方面全面强化车辆；其三，质量分配更理想，将动力蓄电池置于车辆底部中间位置，节省空间、降低车辆重心，实现接近50∶50的前后质量分配；其四，整体智能化布局，搭载全新车载辅助系统、舒适系统、信息娱乐系统、控制和显示系统，可实现整体的集成和关联。2018年9月18日，大众正式发布MEB平台，后期陆续发布了五款将基于该平台打造的车型：I. D. 、I. D. BUZZ、I. D. CROZZ、I. D. VIZZION以及I. D. R Pikes Peak。其中，该平台首款I. D. 车型已于2019年下线，2020年上市。

为支持纯电动汽车生产，大众正在改造现有工厂。大众计划将位于德国的茨维考工厂、埃姆登工厂和汉诺威工厂改造成电动汽车工厂。2022年开始，大众旗下多款电动汽车将在埃姆登工厂生产，而汉诺威工厂除生产燃油车型外，将专门生产I. D. BUZZ车型。此外，为满足欧洲未来的需求增长，大众计划在2022年后扩大产能，在东欧增设一家工厂。而在中国市场，大众将在一汽-大众的广东基地、上汽大众的嘉定基地以及江淮大众的安徽工厂三处共同生产电动汽车。同时计划，通过与三家中国品牌合作，到2025年，使在华新能源汽车销量突破150万辆。届时大众将在华推出40款本地生产的新能源汽车。

（3）大众电动汽车领域投资战略 大众汽车集团在推出"Roadmap E"的同时，也计划加大电动汽车领域的投资力度。为支持电动化战略实施，大众计划投入700亿欧元，其中200亿欧元投资电动汽车、500亿欧元投资动力蓄电池。到2030年在推动电动汽车产业化方面的直接投资将超过200亿欧元，其中包括开发新电动汽车车型、打造全新电动汽车生产平台、工厂升级并加强员工培训，建立充电基础设施，扩大销售和贸易，以及加强集团在电池技术与生产方面的实力。

大众预计到2025年，满足每年的电动汽车生产将需要超过150GW·h的锂电池产能。为解决电池技术问题，大众汽车集团采取了分阶段的中、长期战略，首先是将整个集团范围内所有电池和模块的研发、采购及质保集中在位于萨尔茨吉特的"卓越中心"进行。此外，大众汽车品牌也将在该"卓越中心"设立第一条试产线，以积累、总结生产领域的专有技术和经验。

2018年5月，大众宣布已签订价值480亿欧元的动力蓄电池采购订单，合作伙伴包括三星SDI、LG化学和宁德时代。与此同时，大众也在致力摆脱对动力蓄电池供应商的依赖。500亿欧元的采购订单将满足大众Roadmap E战略第一阶段的需求，而未来，大众希望通过掌握固态电池技术在动力蓄电池领域更有控制权。为此，大众投资了固态电池创业公司Quantum Scape，并计划在2024年到2025年开始进行批量生产。

通过上述战略、布局、投资三部分，可见大众汽车的电动化战略正在稳步推进。作为全球最大的汽车集团之一，大众的电动化转型也在影响着全球汽车产业格局。2018年11月16日，大众集团又重点强调了未来五年的投资规划。截至2023年底，计划投资440亿欧元发展电动汽车、自动驾驶、新型移动出行服务、车辆和工厂数字化等领域。若结合此前"2030年前电动汽车投资超过200亿欧元"的规划，这部分资金中将有很大一部分用于电动汽车。事实上，大众在2018年就已成为全球研发投入最高的车企。

在中国市场，大众汽车集团与中国合作伙伴计划投资超过40亿欧元，用于支持集团在电动汽车、互联互通、移动出行服务和新品研发等领域的增长。并承诺在未来将新增30款新能源车型，其中50%的车型将进行本地化生产，预计到2025年交付量有望达到约150万辆。

1.2.2 全球电动化趋势预测

政策、环境、资源等多方面因素决定了在城市中大力发展电动汽车的必然性。据国际能源署发布的《2018全球电动车展望报告》（以下简称为新政策）预测，到2030年，全球电动汽车保有量将达到1.3亿辆（不包括两轮和三轮车）（图1-18）。此外，电动汽车销量将从2017年的140万辆增长到2030年的2150万辆，销售额同比增长24%。EV30@30方案预计到2030年全球电动汽车保有量将达到2.28亿辆（图1-18），比新政策方案预测的数量多1亿。为实现上述预测的目标，应当迅速扩大政策影响和实施的范围。

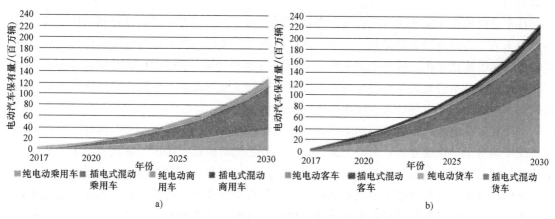

图1-18 全球电动汽车保有量预测

a）新政策预测 b）EV30@30预测

（1）电动乘用车 两种方案的预测都表明，到2030年，轻型电动汽车包括电动乘用车和电动商用车的数量将仅次于电动两轮和三轮车。如果不计算电动两轮车和三轮车的数量，到2030年轻型电动汽车将占新能源电动汽车数量的97%以上。这反映了轻型电动汽车在市场中的数量优势，同时相比中型和重型长途电动车辆具有更高的市场渗透率。

（2）电动公交车 新政策和EV30@30方案中都涵盖了电动公交车的快速电气化发展，其主要是通过在城市推广纯电动公交车。2017年，电动公交车数量为370万辆。到2030年，在新政策方案中电动公交车的数量将达到150万辆，且电动公交车在公共汽车中的总市场份额将高于15%。而EV30@30方案预测的数量将达到450万辆，电动公交车的市场份额则会高于35%。如此高的市场占有率体现出了电动公交车在单位里程成本方面的优势，同时也证明夜间慢充的可行性。

（3）电动货车 新政策方案估计到2030年全球电动货车的保有量将达到近100万辆，而EV30@30方案的预测值是250万辆。由于2017年，全球电动货车只有区区几百辆，导致2030年预测的电动货车占比偏低：新政策和EV30@30方案预测的占比仅为1%和3%。与城市公交不同的是货车的运行方式往往是长途运输作业，使用的充电模式也不尽相同。长续驶里程、巨大的尺寸和质量、更大的电池组容量带来成倍增长的充电时间，导致货车的电动化相比其他电动车辆在技术可行性和经济性上更加难以实现。

（4）不同国家/地区的差异　从不同国家和地区的电动汽车预计占比可看出中国和欧洲的电动汽车发展速度最快，新政策方案估计的 2030 年电动汽车市场占有率在中国和欧洲分别达到了 26% 和 23%，主要的驱动因素是中国新能源积分政策和欧洲 2030 年乘用车二氧化碳排放标准。除电动乘用车以外，中国和欧洲两个地区的电动公交车市场份额也高于其他地区。在欧洲，限制传统燃油汽车的主要因素是高于世界任何地方的柴油燃油税。

EV30@30 方案预测：到 2030 年，中国电动乘用车、电动客车和电动货车的市场份额将达到 40%；欧洲市场中电动汽车的市场份额可达 35%，尤其是电动货车的比例会更高。到 2030 年，中国的电动两轮车和三轮车占全球电动车辆的市场的份额将超过 90%，远高于 2017 年的数据（55%）。电动两轮车和电动三轮车的数据体现出中国的政策法规带来的巨大影响力。

日本是世界第 5 大电动汽车市场，在汽车混合动力方面拥有丰富的设计和制造经验，同时作为未来清洁交通的重要部分，日本在推广氢燃料电池电动汽车领域也是全球领先者。日本的高度城市化使得在建设集中的基础充电设施方面相比其他国家/地区更加容易实现。尽管如此，由于日本当地既没有明确的对轻型电动车辆的监管要求，也没有对电动汽车的补贴政策，日本电动汽车市场份额会比中国和欧洲略低。

美国在对待电动汽车这个问题上存在两种意见：一方面，如加利福尼亚州等已经率先快速实现电动汽车的市场渗透；另一方面，美国的石油燃料税低于中国、欧洲和日本，同时汽车的排量普遍较大，再加之联邦政府对现行二氧化碳标准是否过于严格存在分歧，导致美国在面对电动汽车的发展问题上表现得比较消极。假设美国在不久的将来转变态度并迅速采取相关政策，使电动汽车的市场占有率达到与中国、欧洲、日本相近的水平，其电动公交车的发展程度仍然不会很高，这是美国低燃油税导致的结果。

到 2030 年，印度的电动汽车市场份额将达到 11%，反映出该国在发展电动交通方面的信心。但是目前印度仍然在进一步制定发展电动车的综合性政策框架，印度的电动汽车普及率将低于世界其他主要区域。

到 2030 年，亚洲（不包括中国和日本）、非洲、澳大利亚、加拿大、拉丁美洲、中东、新西兰、土耳其和俄罗斯这些国家及地区的电动汽车市场平均份额将低于中国、欧洲、日本、印度和美国，但是电动公交车的总量将高于美国，反映出在全球范围内燃油税的提升影响了公共交通发展的决策。

（5）充电技术设施　随着电动汽车保有量的增长，充电桩的数量必然会增加。从全球发展来看，目前电动车充电桩发展的模式主要是大量私人充电桩加上一定规模的公共充电桩，并且公共充电桩会从城市逐步发展扩大到城际公路网。在全球大多数地区，目前私人充电桩的数量估计为 1.1 个/辆，北欧和美国的统计数据证实了这一假设，反映出在电动交通转型的早期电动车车主都会安装私人充电桩，并且在其工作场所也设立私人的充电点。但是这个现象有例外，在人口密集地区如中国和日本，公共充电桩的比例非常高。随着电动车保有量的逐步攀升，未来充电桩发展的模式会发生一些变化：人口稠密地区私人充电桩的数量不会增长太多，相反，公共充电桩会补充私人充电桩数量的缺口；在其他地区，私人充电桩的数量仍然可以保持 1.1 个/辆的水平，而中国的这个数据会在 0.9 左右。到 2030 年，新政策方案预计全球的私人慢充<7kW 充电桩数量将达到 1.25 亿个，并且在 1.15 亿~1.35 亿个

之间浮动；而 EV30@30 方案预计私人充电桩的数量将达到 2.1 亿~2.5 亿个。

1.3 我国电动汽车发展技术路线

《节能与新能源汽车技术路线图 2.0》进一步研究确认了全球汽车技术"低碳化、信息化、智能化"发展方向，深入分析了新时代赋予汽车产业的新使命、新需求，进一步深化描绘了汽车产品品质不断提高、核心环节安全可控、汽车产业可持续发展、新型产业生态构建完成、汽车强国战略目标全面实现的产业发展愿景，提出了面向 2035 年我国汽车产业发展的六大目标：我国汽车产业碳排放将于 2028 年左右先于国家碳减排承诺提前达峰，至 2035 年，碳排放总量较峰值下降 20% 以上；新能源汽车将逐渐成为主流产品，汽车产业基本实现电动化转型；中国方案智能网联汽车核心技术国际领先，产品大规模应用；关键核心技术自主化水平显著提升，形成协同高效、安全可控的产业链；建立汽车智慧出行体系，形成汽车、交通、能源、城市深度融合生态；技术创新体系基本成熟，具备引领全球的原始创新能力。

在稳步提升的新能源汽车技术支撑下，新能源汽车逐渐成为市场上的主流产品，汽车产业基本实现电动化转型。全面掌握高比能高安全动力蓄电池、高效电驱动系统、先进电控系统、全新整车平台以及高性能长寿命燃料电池等新能源汽车关键技术，并达到国际先进水平。以技术突破为支撑，推动新能源汽车销量不断提升，助力我国新能源汽车产业低碳化进程。到 2025 年，新能源汽车销量占总销量 20% 左右，氢燃料电池汽车保有量达到 10 万辆左右；到 2030 年，新能源汽车销量占总销量的 40% 左右；到 2035 年，新能源汽车成为主流，占总销量 50% 以上，氢燃料电池汽车保有量达到 100 万辆左右。

1.3.1 纯电动和插电式混合动力汽车

纯电动和插电式混合动力汽车路线图涵盖了乘用车和商用车的纯电动和插电式混合动力技术，包含电池技术、电机技术、电控技术、充换电技术、智能化技术、专用发动机技术以及整车集成与控制等其他共性技术。

鉴于新能源汽车发展中出现的安全和可靠性问题，着重强调了整车安全和产品质量在路线图中的重要性，提出了以完善热源管理和热管理技术为支撑的安全目标以及以提升整车集成化技术为重点的车辆可靠性目标。此外，明确了未来工况调整条件下的能耗目标。

纯电动汽车（BEV）和插电式混合动力汽车（PHEV）以中型及以下车型规模化发展纯电动乘用车为主，实现纯电动技术在家庭用车、租赁服务、公务车以及中短途商用车等领域的推广应用；以紧凑型及以上车型规模化发展插电式混合动力乘用车为主，实现插电式混合动力技术在私人用车、公务用车以及其他日均行驶里程较短的领域推广应用。

纯电动和插电式混合动力汽车总体路线图如图 1-19 所示。

1.3.2 燃料电池汽车

燃料电池汽车路线图涵盖了氢燃料电池汽车的氢能供应链和汽车关键系统技术链，包括燃料电池堆及关键材料、车用燃料电池系统、整车集成以及氢气生产运输储存和加注基础设

		2025年	2030年	2035年
总体目标	产业链	形成自主可控完整的新能源汽车产业链	进一步完善新能源汽车自主产业链	成熟、健康、绿色的新能源汽车自主产业链
	销量	BEV和PHEV年销量占汽车总销量的15%～25%	BEV和PHEV年销量占汽车总销量的30%～40%	BEV和PHEV年销量占汽车总销量的50%～60%
		BEV占新能源销量的90%以上	BEV占新能源销量的93%以上	BEV占新能源销量的95%以上
	安全	新能源汽车的起火事故率小于0.5次/万辆	新能源汽车的起火事故率小于0.1次/万辆	新能源汽车的起火事故率小于0.01次/万辆
	质量	新能源新车购买一年内行业百车故障率平均值降至小于140个	新能源新车购买一年内行业百车故障率平均值降至小于120个	新能源新车购买一年内行业百车故障率平均值降至小于100个
纯电动汽车	应用领域	B级及以下乘用车的城市家庭用车、租赁服务、公务车实现大批量应用	在乘用车和短途商用车上实现大批量应用	在新增乘用车和中短途商用车上实现大范围应用覆盖绝大多数的公交、物流、市内短途等场景
	关键指标 乘用车	技术领先的典型A级BEV综合工况电耗小于11kW·h/100km(CLTC)	技术领先的典型A级BEV综合工况电耗小于10.5kW·h/100km(CLTC)	技术领先的典型A级BEV综合工况电耗小于10kW·h/100km(CLTC)
	关键指标 公交客车	技术领先的典型BEV客车(车长12m)综合工况电耗小于65kW·h/100km(CHTC)	技术领先的典型BEV客车(车长12m)综合工况电耗小于60kW·h/100km(CHTC)	技术领先的典型BEV客车(车长12m)综合工况电耗小于55kW·h/100km(CHTC)
插电式混合动力汽车	应用领域	在A级私人乘用车、公务用车以及其他日均行程较短的细分市场实现批量应用	在A级以上私人乘用车、公务用车以及其他日均行程适中的领域实现批量应用	在A级以上私人乘用车、公务用车以及其他日均行程适中的领域实现批量应用
	关键指标	技术领先的典型A级PHEV车型在电量维持模式条件下油耗不超过4.3L/100km，建议纯电续驶里程不超过80km	技术领先的典型A级PHEV车型在电量维持模式条件下油耗不超过4L/100km，建议纯电续驶里程不超过80km	技术领先的典型A级PHEV车型在电量维持模式条件下油耗不超过3.8L/100km，建议纯电续驶里程不超过80km
零部件技术		电池、电机等关键零部件达到国际领先水平，批量出口，ASIL-D安全水平		电池、电机等关键零部件引领国际前沿，占据主导地位，保持ASIL-D安全水平

图 1-19　纯电动和插电式混合动力汽车总体路线图

施等技术方向。明确了燃料电池汽车的推广应用路径，细化提出了续驶里程、经济性等车辆性能指标要求；根据车型推广应用规模和技术指标，量化了车用氢能需求，提高 2025 年加氢站的建设目标至 1000 座，2030—2035 年为 5000 座。燃料电池汽车以客车和城市物流车为切入领域，重点在可再生能源制氢和工业副产氢丰富的区域推广中大型客车、物流车，逐步推广至载重量大、长距离的中重型货车、牵引车、港口拖车及乘用车等，实现氢燃料电池汽车更大范围的应用，总体达到 100 万辆左右的规模。在此过程中，进一步提高燃料电池汽车低温起动、可靠耐久、使用寿命等性能并降低整车成本，逐步扩大燃料电池系统产能，完善氢气供应、运输及加注基础设施建设，支撑燃料电池汽车的产业化发展。氢燃料电池汽车总体路线图如图1-20所示。

		2025年	2030年 2035年
总体目标		基于现有储运加注技术，各城市因地制宜，经济辐射半径150km左右；运行车辆10万辆左右	突破新一代储运技术，突破加氢站数量瓶颈，城市间联网跨域运行，保有量达100万辆左右
		燃料电池系统产能超过1万套/企业	燃料电池系统产能超过10万套/企业
氢能燃料电池汽车	功能要求	冷起动温度达到-40℃，提高燃料电池功率，整车成本达到混合动力的水平	冷起动温度达到-40℃，燃料电池商用车动力性、经济性及成本需达到燃油车水平
	商用车	续驶里程≥500km 客车经济性≤5.5kg/100km 寿命≥40万km，成本≤100万元	续驶里程≥800km 重型货车经济性≤10kg/100km 寿命≥100万km，成本≤50万元
	乘用车	续驶里程≥650km 经济性≤1.0kg/100km 寿命≥25万km，成本≤30万元	续驶里程≥800km 经济性≤0.8kg/100km 寿命≥30万km，成本≤20万元
关键技术		冷起动温度<-40℃	
	燃料电池电堆技术	商用车用电堆体积功率密度>2.5kW/L 寿命>16 500h，成本<1200元/kW	商用车用电堆体积功率密度>3kW/L 寿命>30 000h，成本<4000元/kW
		乘用车用电堆体积功率密度>4kW/L 寿命>5500h，成本<1800元/kW	乘用车用电堆体积功率密度>6kW/L 寿命>8000h，成本<500元/kW
	基础材料技术	批量化催化剂、质子交换膜、膜电极组件，双极板生产技术及装备	高温质子交换膜及电堆技术应用，非Pt催化剂及电堆技术应用，碱性阴离子交换膜及非贵金属催化剂电堆技术
	控制技术	阴极中高压流量压力解耦控制技术、能量综合利用技术、面向寿命优化的动态运行控制技术	无增湿长寿命技术、宽压力流量范围自适应控制技术、阳极引射泵循环泵回流控制技术
	储氢技术	供给系统关键部件高可靠性技术 储氢系统高可靠性技术	供给系统关键部件低成本技术 储氢系统低成本技术
关键零部件技术		高速无油空压机与高集成空气系统 氢循环泵引射泵与氢循环系统 含交流阻抗功能的专用DC/DC 70MPa储氢瓶、液氢储氢瓶等关键系统附件性能满足车用指标要求	商用车系统成本低于1000元/kW 乘用车系统成本低于600元/kW
氢能基础设施	氢气供应	鼓励可再生能源分布式制氢 氢气需求量20~40万t/年	可再生能源制氢为主 氢气需求量200~400万t/年
	氢气储输	高压气态氢、液氢、管道运氢	多种形式并存
	加氢站	加氢站≥1000座 加注压力:35/70MPa 氢燃料成本≤40元/kg	加氢站≥5000座 加注压力:35/70MPa 氢燃料成本≤25元/kg

图 1-20 氢燃料电池汽车总体路线图

1.3.3 智能网联汽车

智能网联汽车路线图搭建了"三横两纵"的技术架构，涵盖车辆关键技术、信息交互关键技术和基础支撑关键技术（"三横"）以及支撑智能网联汽车发展的车载平台和基础设施（"两纵"）等重点方向。考虑到智能网联汽车相关领域前沿技术的不断变革和更替，对智能网联汽车的技术架构和体系进行全面梳理和修订，总体上，以车辆关键技术、信息交互关键技术和基础支撑关键技术为关键技术骨架开展研究，兼顾了乘用车、货运车辆和客运车辆的智能网联技术产业化落地和发展路径，分析城市道路、城郊道路、高速公路和限定场景四种类型运行范围内的智能网联汽车技术产业化、市场化、商业化时间进度。

预计2025年左右，HA（高度无人驾驶）级自动驾驶技术开始进入市场；2030年左右，实现HA级智能网联汽车在高速公路广泛应用，在部分城市道路规模化应用；2035年以后，HA、FA（完全自动驾驶）级智能网联车辆具备与其他交通参与者间的网联协同决策与控制能力，各类高度自动驾驶车辆广泛运行于中国广大地区。智能网联汽车总体路线图如图1-21所示。

		2025年	2030年	2035年
总体目标		确立中国方案智能网联汽车发展战略	中国方案智能网联汽车成为国际汽车发展体系重要组成部分	中国方案智能网联汽车产业体系更加完善，与智能交通、智慧城市产业生态深度融合，打造共享和谐、绿色环保、互联高效、智能安全的智能社会，支撑我国实现汽车强国、步入汽车社会，各类网联式高度自动驾驶车辆广泛运行于中国广大地区
		PA级、CA级智能网联汽车占汽车年销量的50%以上，HA级智能网联汽车开始进入市场，C-V2X终端新车装配率达50%	PA、CA级智能网联汽车占当年汽车市场销量70%，HA占比超过20%，C-V2X终端新车装配基本普及	
		网联协同感知在高速公路、城市道路节点和封闭园区成熟应用。在限定场景和封闭区域实现HA级智能网联汽车的商业化应用	具备车路云一体化协同决策与控制功能的车辆进入市场。HA级智能网联汽车在高速公路广泛应用，在部分城市道路规模化应用	
车辆关键技术	感知	突破多源协同感知技术，全面满足CA、部分场景HA	突破多源协同决策与控制技术，全面满足HA	满足FA级自动驾驶系统需求
		障碍物检测能力>200m	障碍物检测能力>500m	障碍物检测能力>1000m
	决策	覆盖全国80%道路的CA级、HA级智能决策	覆盖全国90%道路的HA级决策	适用于FA级的智能决策技术
	执行	实现协同控制及底层执行器控制算法开发；提升产品可靠性；建立标准法规	完善集成化机械结构设计，实现算法优化与集成；提升功能安全；实现线控系统集成化控制	实现线控系统的集成化和模块化设计，形成以底盘域控制器为核心的线控系统
	系统设计技术	建立基于域控制器的电子电气架构平台，实现智能网联汽车各项功能安全、可靠运行	建立以计算平台为核心的电子电气架构平台，车内控制器数量大幅降低	搭建基于车路云一体化的车辆平台架构，实现整车云端协同控制
		眼球追踪等新技术开始应用，分区音场在高端车型普及；构建人机交互数据库和评价体系	眼球追踪等新技术进入前装量产，分区音场等得到规模化普及；实现高可靠性智能学习	眼球追踪等新技术得到规模化普及，实现自动驾驶和人工接管无缝衔接及耦合型人机共驾技术
		计算平台支持CA级自动驾驶和协同感知	计算平台支持HA级自动驾驶和协同决策与控制	计算平台具备和车路云全方位无缝协同的能力

图1-21 智能网联汽车总体路线图

信息交互关键技术	专用通信网络	完成NR-V2X频谱、LTE-V2X与NR-V2X设备共存、NRUu控制LTE直通链路以及单播组播等技术研究	NR-V2X 6GHz以上毫米波技术成熟，建立全球领先的测评体系	V2X技术支持HA级别以上自动驾驶的商用
	云控基础平台	建成区域级智能网联汽车大数据云控基础平台	建成国家级智能网联汽车大数据云控基础平台	云控基础平台覆盖一、二线主要城市全区域和高速公路全路段
	车路协同	基于车路数字化信息共享的驾驶辅助技术成熟应用、车路融合环境感知技术实现应用、车路融合的辅助定位技术成熟	基于车路云协同决策的自动驾驶逐步成熟，在重要交通节点、路段和封闭园实现应用	形成全国车路云一体化自动驾驶技术应用
	智能道路	高速公路实现基于交通基础设施的HA级自动驾驶、城市快速路实现基于交通基础设施的CA级自动驾驶；城市主干道最优服务车辆自动驾驶等级覆盖DA和PA	高速公路实现HA级、城市快速路实现CA级；城市主干道、次干道覆盖DA和PA	
基础支撑关键技术	人工智能	完善人工智能环境感知算法，提升无人驾驶深度学习、端到端智能控制等领域的理论研究	突破多传感器环境感知算法深度融合技术	全面实现高级别无人驾驶汽车的人工智能控制
	信息安全	构建智能网联汽车信息安全基础防护体系，在CA级、HA级落地实施	实现HA级以上信息安全防护体系落地实施	信息安全防护体系的全面实施
	功能安全和预期功能安全	完善智能网联汽车整车、系统和芯片层面的功能安全设计方法；建立预期功能安全设计分析流程	实现功能安全与预期功能安全标准在自动驾驶系统上的示范应用	全面实现功能安全标准和预期功能安全标准智能网联整车、系统和部件的应用
	高精度地图和定位	地图数据精度达到广域 亚米级、局域分米级，支持HA级；定位精度达厘米级	地图数据精度达到广域分米级、局域亚米级，高精度定位动态下精度稳定在厘米级	地图数据精度接近厘米级，稳定的全域室内厘米级高精度定位，满足FA级别需求
	测试评价	具备支撑CA级的验证能力，形成全面的CA级测试评价体系	具备支撑HA级的验证能力，形成全面的HA级测试评价体系	具备支撑FA级的验证能力，形成FA级测试评价体系
	标准法规	形成全球领先的中国标准体系。制定100余项国标，开展团标前瞻技术研究和补充	评估更新标准体系内容，相关标准项目适用于HA级车辆量产	全面建成技术先进、结构合理、内容完善的中国标准体系

图 1-21 智能网联汽车总体路线图（续）

注：PA 级指部分自动驾驶；CA 级指有条件自动驾驶。

1.3.4 动力蓄电池系统

动力蓄电池路线图涵盖了能量型、能量功率兼顾型（含快充电型）和功率型三大类动力蓄电池，同时包含了动力蓄电池关键材料、系统集成、制造装备、测试评价、梯次利用和回收以及新体系电池等重点技术。与技术路线图 1.0 相比，本路线图对动力蓄电池的技术方向和产品应用领域进行了拓展，电池系统集成的内容也移到电池路线图部分，产品涵盖乘用车和商用车两大应用领域，实现了动力蓄电池的技术方向、产品应用和全产业链内容的全覆盖。动力蓄电池总体路线图如图 1-22 所示。

1.3.5 电驱动总成系统

电驱动总成系统路线图的研究范围除了涵盖新能源汽车驱动电机及电机控制器本体外，在驱动电机系统的关键材料及核心零部件/元器件领域、机电耦合电驱动总成两个领域进行了拓展，同时增加了自主主控芯片（MCU）和软件架构等短板技术。

将电驱动总成系统提升为重点领域加以研究。电驱动总成领域以纯电驱动总成、插电式机电耦合总成、商用车动力总成、轮毂/轮边电机总成为重点，以基础核心零部件/元器件国产化为支撑，提升我国电驱动总成集成度与性能水平。驱动电机及其控制系统领域以提升驱动电机功率密度与效率、提高电机控制器集成度为重点，以核心器件和关键材料国化为支撑，全面提升驱动电机及其控制系统技术水平，提升产品性价比。电驱动总成系统总体路线图如图 1-23 所示。

		2025年	2030年	2035年
总体目标	能量型电池 · 普及型	比能量>200W·h/kg 寿命>3000次/12年 成本<0.35元/(W·h)	比能量>250W·h/kg 寿命>3000次/12年 成本<0.32元/(W·h)	比能量>300W·h/kg 寿命>3000次/12年 成本<0.30元/(W·h)
	能量型电池 · 商用型	比能量>200W·h/kg 寿命>6000次/8年 成本<0.45元/(W·h)	比能量>225W·h/kg 寿命>6000次/8年 成本<0.40元/(W·h)	比能量>250W·h/kg 寿命>6000次/8年 成本<0.35元/(W·h)
	能量型电池 · 高端型	比能量>350W·h/kg 寿命>1500次/12年 成本<0.50元/(W·h)	比能量>400W·h/kg 寿命>1500次/12年 成本<0.45元/(W·h)	比能量>500W·h/kg 寿命>1500次/12年 成本<0.40元/(W·h)
	能量功率兼顾型电池 · 兼顾型	比能量>250W·h/kg 寿命>5000次/12年 成本<0.60元/(W·h)	比能量>300W·h/kg 寿命>5000次/12年 成本<0.55元/(W·h)	比能量>325W·h/kg 寿命>5000次/12年 成本<0.50元/(W·h)
	能量功率兼顾型电池 · 快充型	比能量>225W·h/kg 寿命>3000次/10年 成本<0.70元/(W·h) 充电时间<15min	比能量>250W·h/kg 寿命>3000次/10年 成本<0.65元/(W·h) 充电时间<12min	比能量>275W·h/kg 寿命>3000次/10年 成本<0.60元/(W·h) 充电时间<10min
	功率型电池 · 功率型	比能量>80W·h/kg 寿命>30万次/12年 成本<1.20元/(W·h)	比能量>100W·h/kg 寿命>30万次/12年 成本<1.00元/(W·h)	比能量>120W·h/kg 寿命>30万次/12年 成本<0.80元/(W·h)
系统集成		成组效率>70% 热扩散时间>90min 标准化比例>30%	成组效率>73% 不发生热扩散 标准化比例>60%	成组效率>75% 不发生热扩散 标准化比例>90%

材料体系	正极	橄榄石结构磷酸盐类材料、层状结构高镍多元氧化物材料、富锂锰基材料、尖晶石结构氧化物材料和其他新型高电压、高容量正极材料
	负极	石墨类材料、软硬碳材料、硅等合金化负极材料、铌酸钛等高电位负极材料
	电解液	$LiPF_6$、LiFSI、LiTFSI等电解质盐，酸类、醚类及氟代酯类、醚类溶剂，新型电解质盐、溶剂及功能添加剂，固体电解质等
	隔膜	PE、PP及其复合膜、表面改性膜剂及新型耐高温隔膜等
智能制造及关键装备		智能化、无人化、洁净化，CPK大于2.0，材料利用率>98%，动力蓄电池新型工艺技术(如干电极、复合固体电解质电极等)，电池、模组及电池系统实现规格化、标准化等
测试评价		新型分析和测试评价技术，尤其是全生命周期的安全性、可靠性和耐久性测试技术，关键材料和电池的失效模式分析与验证技术等，实现测试评价技术的标准化、高效化、准确化和定量化
梯次利用和资源回收	梯次利用	动力蓄电池剩余价值评价技术及方法，动力蓄电池剩余价值评估模型及残余价值评估体系，动力蓄电池高效无损分选和自动分类与归集，实现经济性的应用场景和商业模式
	回收利用	构建退役动力蓄电池精细化、智能化、高值化清洁循环利用技术体系，实现经济性的绿色回收利用
新体系电池	固态电池 / 锂硫电池 / 其他新体系电池	材料体系的构效关系与材料设计、电极/电解质固固两相界面调控与反应机制研究、固态体系中锂离子嵌脱过程引起的材料应力分布变化和对电池性能的影响及调控；新型固态电池结构设计和制造；硫正极稳定性提升和锂负极循环性能提升等

图 1-22 动力蓄电池总体路线图

注：CPK，即complex process capability，现代企业用于表示工序（过程）能力的指标。

			2025年	2030年	2035年
	总体目标		电驱动总成系统关键性能达到国际先进水平，实现可高压高速化与先进制造工艺，核心关键材料与关键制造装备实现国产化	电驱动总成系统关键性能达到国际领先水平，实现可高压高速化与先进制造工艺，核心关键材料与关键制造装备实现国产化	电驱动总成系统关键性能整体达到国际领先水平，核心关键材料、关键制造与测试装备与设计开发工具实现国产化
驱动电机系统领域	**重点技术**	提升电机功率密度与效率	乘用车电机比功率5.0kW/kg，电机系统起过80%的高效率区90%	乘用车电机比功率6.0kW/kg，电机系统超过80%的高效率区93%	乘用车电机比功率7.0kW/kg，电机系统起过80%的高效率区95%
		提升控制器集成度	乘用车电机控制器功率密度达到40kW/L	乘用车电机控制器功率密度达到50kW/L	乘用车电机控制器功率密度达到70kW/L
		提高电驱动总成性价比	面向普及性应用，电机成本28元/kW，控制器30元/kW	面向普及性应用，电机成本25元/kW，控制器25元/kW	面向普及性应用，电机成本20元/kW，控制器20元/kW
	支撑技术	关键材料与零部件突破	低损耗硅钢、低无重稀土磁钢、高速轴承、高线速度密封件、耐高频高压绝缘材料、低黏度润滑油等核心零部件技术		新材料与新工艺的核心零部件技术及其应用
		功率器件与无源器件国产化	功率部件高度集成、高效散热	新型功率半导体器件、新型无源器件(高温陶瓷材料)应用技术	
		软件架构与故障诊断应用	自主软件架构、基于智能云的状态检测、多核异构计算平台与智能控制、故障诊断与容错、寿命预测		
电驱动总成领域	**重点技术**	提升纯电驱动总成技术	纯电驱动系统比功率2.0kW/kg，综合使用效率87.0%(CLTC)	纯电驱动系统比功率2.4kW/kg，综合使用效率88.5%(CLTC)	纯电驱动系统比功率3.0kW/kg，综合使用效率90%(CLTC)
		提升机电耦合集成度	机电耦合总成质量相对2020年降低20%，综合效率83%(WLTC)	机电耦合总成质量相对2020年降低35%，综合效率84.5%(WLTC)	机电耦合总成质量相对2020年降低50%，综合效率86%(WLTC)
		提升商用车总成技术水平	商用车电机转矩密度20N·m/kg，控制器功率密度30kW/L	商用车电机转矩密度24N·m/kg，控制器功率密度40kW/L	商用车电机转矩密度30N·m/kg，控制器功率密度60kW/L
		轮毂/轮边电机总成国产化	轮毂电机峰值转矩密度20N·m/kg或功率密度5kW/kg	轮毂电机峰值转矩密度24N·m/kg或功率密度6kW/kg	轮毂电机峰值转矩密度30N·m/kg或功率密度7kW/kg
	支撑技术	核心零部件国产化	核心零部件国产化(专用润滑油、高精度齿轮工艺、断开装地、平行轴，高转速/低摩擦/长寿命轴承和油封、强制润滑、两档变速器)		新材料、新工艺、轻量化材料与核心零部件

图 1-23　电驱动总成系统总体路线图

1.3.6　充电基础设施

充电基础设施路线图的研究范围包括充电设施布局技术、智能充电技术、充电安全技术、

		2025年	2030年	2035年
总体目标		居住区、单位、社会停车场推广目的地停车慢充应用覆盖，慢充电能输出占比达70%以上，公共快充以750V输出为应用主体，实现接口标准前后向兼容都市核心区推广智能立体停车充电集约化场站	慢充电能输出占比达80%以上，居住区及停车场慢充设施实现V2G电能互动市场化应用，"智能泊车+无线自动充电+机械臂辅助自动充电"及大功率充电占比逐步提高；公共领域运营车辆共享换电较大规模应用	车桩协同智能泊车自主充电应用普及，居民区等停车设施设V2G电能互动和园区"光储充"应用基本普及，本地光伏电能消纳率达80%，"车储+储充站"对促进全社会可再生能源消纳贡献率达30%以上
		在私人领域推广直流慢充集群技术，实现停车位慢充智能接线终端基本覆盖，释放配电和充电位潜力；乡村居舍以自有小功率慢充终端充电为主；公共领域提高充电设施快充网点分布密度	形成居住小区市场化服务生态，全面推广毗邻车位充电负荷共享模式，实现分时共享充电智能引导、电能聚合快速充电电量共济、边缘计算安全增强、自动充电技术与消防预警联动等社区充电智能化技术应用;构建充电设施与智慧城市多网融合互联互通，实现充电设施与交通、能源等设施支付及安全保障数据融共享；专用车领域充电配置高效化；充换电设施安全性能、服务能力及方便体验，均位居国际先进行列
应用领域		重点促进私人领域配建慢充设施，基本覆盖城市住宅区及周边停车区，以及公共区域社会停车场及县级以上城乡核心区域及高速公路服务区	充电设施覆盖住宅小区及周边区域，以及单位车位、社会停车场和县级以上城市区域、乡镇重点区域、城际连线、高速公路服务区	全面覆盖住宅区域、商业、办公区车位，市郊及省、市、乡、镇路网，高速公路沿线等，实现充电设施合理分布及多种充电方式便捷应用
产业规模		慢充设施充电端口达1300万端以上，公共快充端约80万端；保障年充电量接近1000亿kW·h供电需求，支撑2000万辆以上车辆充电运行	慢充设施端达7000万端以上，公共快充端口达128万端；保障年充电量3000亿kW·h供电需求，支撑8000万辆以上车辆充电运行	慢充设施端口达1.5亿端以上，公共快充端口达146万端；保障年充电量5000亿kW·h供电需求，支撑1.5亿辆以上车辆充电运行
关键指标	智能充电技术	新建小区1:1配建慢充，老旧小区60%以上实现有序充电负荷调节能力扩展及无线充电实现双向电能交换试点应用；研发制定共享换电站及电池箱结构与接口标准	新建小区1:1配建智能慢充，老旧小区80%以上实现充电负荷扩展；公共领域大功率充电部分城市实现网点分布，无线充电设施功率配置达10kW以上；自动充电占比达10%，30%以上城市实现出租车等共享电设施网络化规模应用	车桩比达到1:1；公共领域无线自动充电功率提升至20kW，大功率充电支持5分钟补电形式300km以上；自动充电占比达30%，共享换电技术在主要城市出租及短途货运行业实现大规模应用
	充电安全技术	建立主动安全防护体系及数据交互标准；研制安全芯片及软件，充电安全预警准确率达95%	充电安全在线诊断技术全面应用，充电安全预警准确率达98%；网络安全检测准确率达95%	充电安全事故风险率≤$5×10^{-9}$，预警准确率达99.9%；网络安全检测准确率达99.5%
	云平台大数据	基本实现车-桩-云电池数据互联互通，新增充电漫游桩接入率50%，具备即时充电安全认证	实现车-桩-云电池数据互联互通，新增充电漫游桩接入率70%，实现双电与交通ETC及电能交换区块链联网即时支付和自动结算应用规模覆盖	充电漫游桩接入率90%，实现车-桩-云-网/能源/交通/气象信息融合应用，业务信息可信交互与自动充电技术普及应用
	电能互动技术	部分新增车辆具备电能互动能力；初步建立车桩网融合体系标准，实现电能聚合业务试点	车桩网互动覆盖率达20%;电能聚合实现60kW以上即时快充能力；光储充微网广泛应用，实现区域分布式电能协调互动	车桩网互动应用覆盖率达35%以上，电能聚合实现90kW以上即时快充能力；区域与广域互动并存，年促进新能源消纳达千亿度以上
	标准测试评价	建立运营服务能力评价体系，运营商具备无线充电、自动充电、安全平台保障能力	标准体系健全，建立产品及系统测试及评价体系，引导并促进充电设施行业实现高质量发展转变，保障排放达峰所需充(换)电设施高效进行，支撑充电设施产业链创新业态的发展和可持续运行	

图1-24　充电基础设施总体路线图

电能互动技术及云平台大数据技术五大重点技术方向。综合考虑充电技术与设施发展以及充电设施在电动汽车与智能交通、智慧能源跨界融合中的重要枢纽作用，在原有充电设备、充电站、无线充电系统、充电基础设施服务系统的基础上，新增并整合形成上述五个方向。

　　以构建慢充普遍覆盖、快充网络化部署来满足不同充电需求的立体充电体系为目标，全面掌握实现充电设施布局技术、智能充电技术、充电安全技术、电能互动技术、云平台大数据技术等核心技术，大力促进可再生能源高效利用，实现充电设施网络与新能源汽车产业的协调发展，建立布局合理、集约高效、绿色安全和性能优异的充电基础设施网络，实现多网融合、信息互联互通及资源分享，提供多种灵活适用的充电方式，实现便捷高效的充电服务体验。促使领域科技创新能力、设施规模和产品技术达到国际领先水平。充电基础设施总体路线图如图 1-24 所示。

第2章

电动汽车设计开发流程

2.1 电动汽车整车产品开发流程

电动汽车整车开发流程是界定一辆电动汽车从概念设计经过产品设计、工程设计到制造，最后转化为商品的整个过程中各业务部门责任和活动的描述。整车产品开发流程也是构建电动汽车研发体系的核心，直接体现研发模式的思想；然而在操作具体的研发项目时，国内厂家经常需要花大量的时间和资源去构架研发计划，在项目执行过程中计划更改频繁，管理上有难度。而国际汽车厂商在国内的合资企业，其研发流程已有成熟模板，在成本方面估算比较准确，项目执行后期容易控制，项目风险也相对较低。电动汽车整车开发流程如图 2-1 所示，开发过程里程碑主阀点的控制目标、关键活动如表 2-1。

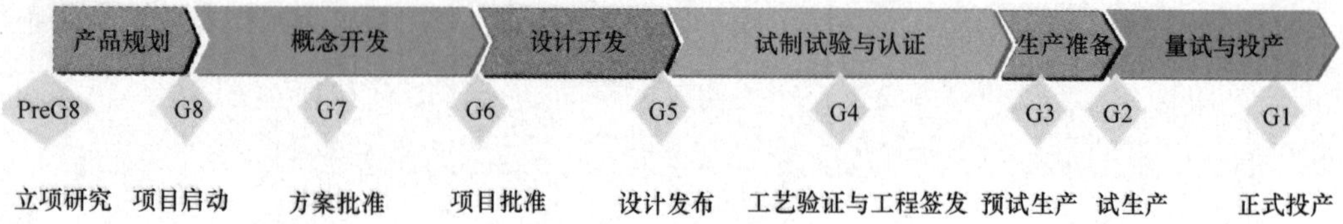

| 产品规划 | 概念开发 | 设计开发 | 试制试验与认证 | 生产准备 | 量试与投产 |

| PreG8 | G8 | G7 | G6 | G5 | G4 | G3 | G2 | G1 |

立项研究　项目启动　　方案批准　　项目批准　　设计发布　工艺验证与工程签发　预试生产　试生产　　　正式投产

图 2-1　电动汽车整车开发流程图

表 2-1　里程碑主阀点的控制目标、关键活动

开发阶段	里程碑主阀点	控制目标	关键活动
产品规划	立项研究（PreG8）	发现电动汽车商业机会，提出新产品需求，提出立项建议。对立项建议进行研究、评审和筛选，明确项目定位并提出项目构想	1. 电动汽车产业调查、市场分析、政策法规变化、客户需求分析、竞争分析、产品组合 2. 技术趋势分析，新技术、新工艺、新材料应用分析 3. 定义项目基本需求，分析资料需求 4. 造型方向性草图 5. 批准项目研究的预算 6. 项目的经济影响评估，确定项目宏观目标和计划
	项目启动（G8）	管理层评审 PreG8 定义的所有初始目标，评审并批准更新的市场分析、技术方案（平台架构方案、单一造型方向）资源获取方案、项目综合可行性分析，正式启动项目	1. 电动汽车项目综合可行性分析 2. 产业和市场分析、产品诉求 3. 初始的产品设计任务书和平台构架方案，专用件清单 4. 标杆车的分析与研究，政策法规研究

（续）

开发阶段	里程碑主阀点	控制目标	关键活动
产品规划	项目启动（G8）	管理层评审 PreG8 定义的所有初始目标，评审并批准更新的电动汽车市场分析、技术方案（平台架构方案、单一造型方向）资源获取方案、项目综合可行性分析，正式启动项目	5. 造型预认可 6. 造型相关长周期、构架和电驱动系统采购件的供应商清单 7. 项目总预算和各部门 G8～G6 的详细预算 8. 初始目标成本 9. 项目的主进度
概念开发	方案批准（G7）	批准初步的项目方案，包括所有电动汽车产品目标和商业计划目标的最初的符合性。根据批准的项目方案进行产品/项目的开发，为项目批准（G6）做准备	1. 完善项目综合可行性分析 2. 完善整车需求定义、产品组合、配置 3. 完成车型底盘架构、总布置和电驱动系统方案 4. 成立电驱动系统匹配同步工程（SE）小组，确定同步开发供应商 5. 造型认可，概念部分 TG0（time goal 0）部分数据发布 6. 启动模拟样车试制 7. 启动长周期模具件和中周期采购件的供应商选点 8. 完成支持电驱动系统标定的模拟样车试制 9. 初步确定制造地点、制造方案、质量目标 10. 确立项目经济性目标 11. 项目主进度评估
设计开发	项目批准（G6）	对电动汽车产品、制造、物料和销售计划进行评审和批准。所有的目标在项目经济架构中都必须是可行的，释放 G6 阀点以后的项目预算	1. 批准项目综合可行性分析 2. 造型批准 3. 产品配置冻结，完成初步整车总布置 4. 造型 TG1（time goal 1）部分数据发布 5. 成立同步工程（SE）小组，进行初步的系统和零部件设计，确定联合设计供应商 6. 批准项目经济性方案 7. 批准批量制造模具和生产设备的投资 8. 模拟样车试驾和评审 9. 启动工程样车试制 10. 项目主进度评估
设计开发	设计发布（G5）	通过对数模的工程可行性确认，冻结所有造型更改，通过 Pretest 试验、CAE 分析，冻结所有工程设计并进行设计发布	1. 批准整车总布置设计 2. 系统和零部件设计更新，下发模拟样本 TG2（time goal 2）数据 3. 同步工程（SE），分析设计和工艺、设计和制造的一致性，完成零部件、模具、工装的开发方案 4. 制造可行性报告评审 5. 长周期模具铸造启动 6. 评估项目经济性 7. 第一辆工程样车评审 8. 项目主进度审核

（续）

开发阶段	里程碑主阀点	控制目标	关键活动
试制试验与认证	工艺验证与工程签发(G4)	使用工装零件按照工艺要求在总装厂的主线上制造样车,以完成工程的最终验证并实现制造系统的早期验证	1. 工程样车质量、整车性能评估 2. 工程样车管理层试车 3. 制造工艺验证完成 4. 供应商批量零部件制造启动 5. 成立验证阶段质量改进小组 6. 项目经济性(成本) 7. 生产样车制造启动状态评估 8. 项目主进度审核
生产准备	预试生产(G3)	调试整车厂的生产设备,检验生产制造工艺技术,验证全工装和工艺条件下批量提供的零部件质量	1. 生产样车整车质量、性能评估 2. 生产样车管理层试车 3. 工艺验证和工程签发(100%签署) 4. 生产线设备预验收 5. 批量零部件状态确认 6. 预试生产计划批准 7. 项目经济性(成本) 8. 项目主进度审核
量试与投产	试生产(G2)	验证零部件厂商的爬坡能力和整车厂在一定节拍下的制造能力	1. 预试生产造车质量、性能评审 2. 预试生产造车管理层试车 3. 生产设备最终验收 4. 市场投放计划批准 5. 零部件的《生产件批准程序》(PPAP)100%批准 6. 试生产制造计划批准
	正式投产(G1)	验证零部件厂商的爬坡能力和整车厂在一定节拍下的制造能力	1. 试生产造车质量、性能评审 2. 试生产造车管理层试车 3. 新车型发布批准 4. 项目经济性(成本)

2.1.1　产品规划阶段

电动汽车产品规划阶段是产品型谱向产品项目的转化阶段,在这个阶段,需要完成公司对原有产品型谱和未来产品战略的再平衡,决定是否启动产品项目的开发工作。这一阶段的工作重点是更为深入地分析产品在产品型谱中的定位。产品项目需要达到的边界条件,如销量、投资、成本、产品特征、开发周期、赢利能力等。产品战略阶段从 PreG8 至 G8,约需 9 个月,分别为立项研究 PreG8 和项目启动 G8。业务规划项目管理部业务规划科牵头各业务部门为产品项目的批准进行战略准备,包括市场调研、政策分析、产品定位、竞争对手分析及各部门策略研究等。

2.1.2　概念开发阶段

电动汽车概念开发阶段是在产品战略明确并且可行性得到批准的基础上,完成产品项目方案的开发。这些方案包括电驱动总成方案、整车技术规范目标方案、全尺寸主题模型方案、关键零部件的设计方案、整车物料成本方案、制造规划方案及产品质量目标方案等。概念阶段从 G8 至 G7，约需 6 个月。根据产品项目任务书设定的边界条件，细化市场、造型、工程和制造的需求，识别项目中的冲突。从产品规划阶段到概念阶段的所有产品项目的策划信息、决策内容，通过产品项目任务书（product program content）予以控制，以确保所有的功能团队能够充分理解项目目标，为共同的目标进行工作。

2.1.3 设计开发阶段

电动汽车设计开发阶段是产品概念的实现阶段，通过产品工程、制造工程、前期质保和采购的同步工作完成产品概念的早期验证，最终完成产品图纸的设计工作。开发阶段主要涵盖 G7 至 G5，约 14 个月。这一阶段主要交付的是发布经验证的表面数据，以支持产品工程发布最终面向制造的工程数据和图纸。同步工程的第一辆工程样车（EP）制造完成，以生产为目的的整车装配工艺发布完成。

2.1.4 产品及生产成熟阶段

电动汽车产品及生产成熟阶段主要完成产品本身的设计有效性验证，同时推动零部件和整车达到制造质量成熟的状态，实现产品的批量生产制造。该阶段从 G5 至 G1，约 19 个月。该阶段工作内容包括开发和制造批量生产工装模具；验证产品是否符合整车技术规范/子系统技术规范中所有的规定项目；生产样车制造和验证，进行 100%零部件和工艺验证；确认工艺装备、检验生产制造的过程能力，制造符合相关阶段要求的产品。

2.2 整车开发各阀点考核目标及主要交付物

2.2.1 立项研究（PreG8）

在已经批准的产品型谱的基础上，通过持续的型谱分析和早期架构开发的策略意图，将电动汽车产品从型谱逐步转化为项目的前期准备工作，在 PreG8 阀点对于是否从战略的角度予以批准产品项目立项做出决策。PreG8 阀点的批准，意味着产品开始正式进入项目的前期规划准备阶段；在 G8 阀点完成规划分析，正式启动项目；在 G7 阀点制定出产品项目的重要方案，进入项目执行阶段。从 PreG8 阀点开始，项目执行团队和产品规划团队开始同步工作，在到达 G8 阀点后实现交接，在 G7 阀点完成所有的交接工作。PreG8 阀点一级交付物清单及交付内容见表 2-2。

表 2-2 PreG8 阀点一级交付物清单及交付内容

责任部门	PreG8 阀点一级交付物	交付内容
销售部	《产业和市场研究报告》	宏观形势发展监控、国家产业支持政策分析、市场环境分析、目标用户群研究、竞争对手分析、法规变化、技术进步、市场定位研究、产品基本需求、宏观目标
	《产项建议书》	产品基本需求定义，包括车型定位、配置规划、产品组合、造型诉求，目标市场和人群定位，售价建议，投放时间

（续）

责任部门	PreG8 阀点一级交付物	交付内容
技术部	《产品分析和项目策划报告》	根据销售公司立项建议书、总经理领导指标,分析产品规划和产品竞争力,提出技术路线,分析目标市场政策、法规适应性和新技术应用性,评估技术资源,提出初始项目开发进度和立项研究预算
	《PreG8 技术供应商合作意向书》	初步确定立项研究协作供应商
	《PreG8 开阀评审报告》	向总经理汇报的 PreG8 开阀报告
财务部	初始《项目经济影响评估报告》	释放立项研究预算、初始的车型物料成本目标和项目投资估计

2.2.2 项目启动（G8）

通过前期可行性研究分析,确定项目的边界条件,并形成初步的电动汽车产品项目任务书。在确保项目边界条件得到满足的前提下,将项目从规划经理转交给项目执行团队。G8阀点一级交付物清单及交付内容见表 2-3。

表 2-3 G8 阀点一级交付物清单及交付内容

责任部门	G8 阀点一级交付物	交付内容
发展规划部	《项目综合可行性研究报告》	包括市场分析、补贴政策分析、产品规划分析、产品工程分析、投资分析等
	初始《项目 IT 系统分析报告》	制订初步的 IT 系统适应调整方案
销售部	《产业和市场分析报告》	包括产业监控、产业政策、目标市场、计划销量、初始价格、品牌定义、主要特征、产品定位、目标客户、细分市场评估、对标分析、对标车选择、上市计划与产品目标、营销亮点、前款车型的弱点
	《造型分析和诉求报告》	根据对标分析、造型趋势研究而提出诉求
	《造型评审及造型预认可报告》	在 8 个造型草图开发基础上,进行 4 选 2、2 选 1 的造型效果图开发、评审和提炼,确定 1 个主题造型方向效果图,各效果需阐述造型风格并展示说明,评审造型方案的工程、性能、制造工艺成本等
	初始《产品配置表》	会签
	《售后市场目标》	包括担保范围、保养周期、售后诊断仪等
技术部	《G8 阀点项目启动交付物核查清单》	根据项目类别和开发实际情况,确定 G8 阀点项目启动各职能单位的交付物、交付流程、交付标准和交付时间
	《产品技术方案、性能及技术路线分析》	包括竞争车型和开发车型技术对比分析;产品技术前瞻性分析;总布置、电驱动系统、初始平台架构包括电气架构方案分析;配置清单可行性验证及人机工程分析;主要性能、主要设计元素、法律法规符合性分析;新技术应用性及各对比参数的可行性、风险分析
	《技术供应商开发意向书/合同》	确定造型或设计开发策略及工程可行性分析合作伙伴
	《造型方案及工程分析报告》	配合销售公司开发造型方案,并对造型方案进行工程、硬点、性能分析
	《整车产品设计任务书》	包括整车架构、配置、参数和性能、电驱动系统、底盘、车身、电子电器、空调等各部分设计要求

（续）

责任部门	G8 阀点一级交付物	交付内容
技术部	《对标样车/参考样车采购合同》	购买项目开发所需对标样车和参考样车
	初始《零部件设计清单》，初始《产品开发技术协议》	包括零部件设计清单（EBOM）、架构零部件、骡子车（mule car）试制件的 TG0 产品技术协议签订
	《产品设计开发人力需求和资金预算计划》	制订 G8 阀点~G6 阀点的产品开发人员计划和预算的详细预估，估算项目所有的人力需求和工程预算
	《Mule Car/Bus 试制计划》	确定骡子车（mule car）试制计划，启动骡子车（mule car）试制
	初始《整车开发项目主进度》	制订 G8 阀点~G1 阀点整车开发项目主进度
	《G8 开阀评审报告》	向总经理汇报的 G8 开阀报告和交付物核查结果
财务部	初始《项目财务分析及经济目标报告》	包括详细的开发费用预算，详细的基于 5 年的业务计划的业务规划目标，车型的物料成本初目标，初始的项目投资估计，初始的项目预算，发布项目经济性目标
人力资源部	初始《项目人力资源分析报告》	根据项目人力资源需求计划，分析人力资源的符合性
生产制造部	初始《项目制造策略》	制订生产地点、小时工作量（JPH）、加工深度、新工艺
	初始《项目运输仓储策略》	制订运输方式、仓储规划
采购部	初始《项目采购策略》	包括制订采购策略、初始采购零部件物料成本目标
	《供应商启动/授权定点报告》	包括启动造型相关制造供应商定点，启动构架类开发供应商定点，提出同步开发供应商的清单
质量检验部	初始《项目质量策略和质量目标》	包括交互式电视（IPTV）、市场调查机构（JD Power）、CVES、过程审核等

2.2.3　方案批准（G7）

对重要的产品方案，包括电驱动总成方案，整车的性能、造型主题模型，制造地点方案、关键产品配置和新技术的开发方案等，进行评审决策，确定可以实现 G8 阀点设定的竞争性目标。批准 G7 开阀，启动单一造型的优化设计、详细工程开发、制造规划实施和采购定点，项目进入方案批准后的进一步论证阶段。产品项目任务书在 G8 阀点的基础上加以细化，形成完整的市场需求定义、整车技术规范（VTS）和制造策略定义以及其他项目要求。获得批准后的产品项目任务书的变更需要得到严格控制。G7 阀点一级交付物清单及交付内容见表 2-4。

表 2-4　G7 阀点一级交付物清单及交付内容

责任部门	G7 阀点一级交付物	交付内容
发展规划部	《项目可行性研究报告》第二版	对第一版进行更新
	《项目 IT 系统方案和计划》	更新 IT 系统适应调整方案，制订计划
销售部	《产业和市场分析报告》第二版	更新 G8 阀点的《产业及市场分析报告》，完成品牌、产品组合、生命周期、销量、价格、配置、上市计划、营销成本的确定
	《新产品配置表》完整版	平台总监、采购部部长会签
	《单一造型主题市场测评报告》	就单一造型主题的多种方案对目标用户进行测试、调查和分析，得出结论
	《单一造型主题评审和认可报告》	冻结内、外饰效果图，并进行实体模型制作
	《售后服务策略》	包括用户使用成本、产品可维修性，服务备件策略包括备件盈利规划

（续）

责任部门	G7 阀点一级交付物	交付内容
技术部	《G7 方案批准交付物核查清单》	根据项目类别和开发实际,确定 G7 方案批准各职能单位的交付物、交付流程、交付标准和交付时间
	《组织机构图、人员配备计划和预算报告》	G8 阀点~G6 阀点的项目管理组织机构、人员配备和预算确定
	《单一造型主题开发及工程分析报告》	完成单一主题造型的方案开发及工程分析
	《产品技术方案评审和确认报告》	完成整车构架、电驱动系统、子系统及关键部件的技术方案和性能计算的评审和确认,完成初步总布置、法规符合性确认、专利风险确认、标准化确认
	《同步工程小组审批报告》	分析资源稀少、技术关键或开发周期长的零部件,成立同步工程小组,制订计划,确定人员
	《技术文件发布记录》	在《整车设计任务书》更新版中,增加电器系统设计方案 TG0 发布、模拟样车 TG1 数据和产品开发技术协议
	《关键件和造型相关长周期零部件清单》《产品开发技术协议》	交付供应部,进行采购、制造前期分析
	《造型表面初始数据 Pre TG0》	发布基于内、外造型二维效果图的基本轮廓边界及尺寸,进行采购、制造前期分析
	《Mule Car 评审报告》	完成 mule car 试制、1000km 磨合和评审
	《模拟样车试制计划》	制订模拟样车试制、试验计划
	《产品设计开发进度》	发布 G8 阀点~G3 阀点的产品开发设计、验证和工程认可的实施计划
	《工程开发和项目管理风险表》	包含影响工程目标的冲突和风险识别
	《整车开发项目主进度》	发布 G8 阀点~G1 阀点整车开发项目主进度,各部门部长会签
	《G7 开阀评审报告》	向总经理汇报的 G7 开阀评审报告
	《造型相关的制造分析报告》	与主题模型造型相关的制造问题 100% 有解决方案
财务部	《项目财务预算及收益报告》	包括成本数据、收益率评估、实际收益与目标对比评估
	《零部件目标成本》	完成零部件产品物料的目标成本清单,与整车目标物料价格进行对比
	《产品设计/更改预算确认报告》	落实预算,执行控制
人力资源部	《项目人力资源方案》	根据项目组织机构和人员计划更新人力资源状态
生产制造部	《制造地点和制造方案报告》	包含工艺,加工深度
	《项目物流方案》	包括长周期零件的包装和物流方案
采购部	《造型相关长周期零件定点清单》	完成与造型相关零部件的供应商定点
	《架构及其他关键零部件定点清单》	完成开发供应商定点
质量检验部	《项目质量目标确认书》	确认产品和制造过程质量目标,造型相关质量问题 100% 有解决方案,主题模型造型相关质量问题 100% 有解决方案

2.2.4 项目批准（G6）

在电动汽车产品项目架构开发基本完成,造型开发和同步工作结束的情况下,全面平衡产品项目的边界条件是否达到设定的目标,对是否终止或继续项目的开发做出决策。批准 G6 开阀,财务部根据战略与业务规划部发布的项目决议通告释放 G6 阀点~G1 阀点的项目预算。G6 阀点一级交付物清单及交付内容见表 2-5。

表 2-5　G6 阀点一级交付物清单及交付内容

责任部门	G6 阀点一级交付物	交付内容
发展规划部	《项目可行性研究报告批准书》	冻结可行性研究报告并报总经理批准
	《项目 IT 系统方案确认报告》	更新 IT 系统适应调整方案,执行控制
销售部	S-G6-01:《产品市场调研报告》	更新市场销量和销价,提供最新补贴政策
	S-G6-02:《新产品配置表》冻结版	冻结配置表、VLE[①]、财务、采购会签
	S-G6-03:《造型批准报告》	内、外造型实体模型冻结
技术部	T-G6-01:《G6 项目批准交付物核查清单》	根据项目类别和开发实际,确定 G6 项目批准各职能单位的交付物、交付流程、交付标准和交付时间
	T-G6-02:造型开发和 A 面数据首次发布	进行采购、制造模具设计可行性分析
	T-G6-03:底盘零部件 TG2 发布	进行采购定点和底盘零部件开发
	T-G6-04:长周期造型相关钣金和内、外饰 TG1 发布	进行采购、制造前期分析
	T-G6-05:《工程专用件清单》发布,100% 工程 EBOM 发布,《生产准备路线》发布	进行生产准备
	T-G6-06:中周期产品开发技术协议	交付采购,进行采购、制造前期分析
	T-G6-07:电器系统设计方案 TG1 发布	确定电器系统设计方案
	T-G6-08:《模拟样车造车和关键试验报告》	提供模拟样车造车和关键试验报告
	T-G6-09:《整车开发交付物核查清单-G6》	制订 G6 阀点的各相关职能部门的交付物及其交付流程和交付时间,各职能部门部长会签
	T-G6-10:《产品开发及项目管理风险表》	更新影响工程目标的冲突和风险
	T-G6-11:《G6 开阀评审报告》	向总经理汇报的 G6 开阀评审报告
财务部	F-G6-01:《项目经济性冻结报告》	冻结物料成本、投资和开发费用,确认项目经济性
	F-G6-02:《项目总投资预算批准报告》	落实项目总体预算,执行控制
人力资源部	HR&A-G6-01:《项目人力资源确认报告》	根据项目组织机构和人员计划确认人力资源配备
生产制造部	MT-G6-01:《制造工艺策略报告》	确定制造工艺策略
	MT-G6-02:《工装采购和实施方案》	确定工装采购和实施方案
	MT-G6-03:《中周期零件的包装和物流方案》	确定中周期零件的包装和物流方案
采购部	P-G6-01:《中周期零件定点清单》	完成中周期零部件的供应商定点
质量检验部	Q-G6-01:《项目质量目标和质量控制确认报告》	确认产品和制造过程质量目标,造型相关质量问题 100% 有解决方案,制订检具计划

① VLE, vehicle line executive, 车辆生产线主管。

2.2.5　设计发布（G5）

架构开发工作基本结束,工程数据发布完成,进入后期开发验证阶段。批准 G5 开阀,启动批量零部件和设备制造。G5 阀点一级交付物清单及交付内容见表 2-6。

表 2-6　G5 阀点一级交付物清单及交付内容

责任部门	G5 阀点一级交付物	交付内容
销售部	《产品上市计划》	制订产品上市计划
	《目标市场、价格和销量确认书》	进行产品市场定位、价格和销量预测
	《新车命名方向建议》	提供新车命名建议
技术部	《G5 设计发布交付物核查清单》	根据项目类别和开发实际,确定 G5 设计发布各职能单位的交付物、交付流程、交付标准和交付时间
	A 面数据冻结	发布
	《产品图样 2D/3D 数据归档记录》	100% 完成并归档,发布 TG2 数据
	《第一辆工程样车 EP1 评估报告》	对样车进行评估
	《整车技术规范》和《系统/总成/零部件技术规范》	冻结并发布
	模拟样车试验问题(TIR)和试制问题(BIR)	暴露问题,提出解决方案
	《EBOM[①]》	100% 完成并发布
	《标准车头(线束和管路装配排布)计划》	制订计划和方案
	《产品开发及项目管理风险表》	更新影响工程目标的冲突和风险
	《G5 开阀评审报告》及项目主进度评审	向总经理汇报的 G5 开阀评审报告
	《工艺 PFMEA[②]》	工程数据相关的制造问题有解决方案
财务部	《项目经济性和预算更新报告》	项目经济性和物料成本、投资及开发费用更新
采购部	《零部件定点清单》	100% 完成定点
生产制造部	《生产 PBOM[③]》发布	完成供应商定点
	《制造可行性报告及评审》	完成可行性评估
	《工艺和工装进度计划》	确认制造工作和工装设备的设计方案及时间进度满足项目进度目标
	《模具铸造批准书》	完成模具铸造评审
	《物流规划》	制订所有零件包装和物流方案
质量检验部	《样车及零部件质量目标和评审报告》	工程数据质量问题 100% 有解决方案,制订零部件质量计划,工程样车质量目标和第一辆工程样车评审

① EBOM,即工程物料清单。
② PFMEA,即潜在失效模式影响分析。
③ PBOM,即工艺物料清单。

2.2.6　工艺验证与工程签发（G4）

在电动汽车产品工程开发进入最后验证阶段,开发工作风险可控的情况下,开始正式启动生产线的车辆制造,以实现制造系统的早期验证,完成工程对产品的最终验证。G4 阀点一级交付物清单及交付内容见表 2-7。

表 2-7　G4 阀点一级交付物清单及交付内容

责任部门	G4 阀点一级交付物	交付内容
销售部	《市场投放计划》	包含时间和车辆需求
	《售后准备状态报告》	包括培训、备件清单、配件图册
	《新车命名决策草案》	—
技术部	《G4 工艺和产品验证交付物核查清单》	根据项目类别和开发实际,确定 G4 各职能单位的交付物、交付流程、交付标准和交付时间
	《整车试验状态报告》	整车试验完成 80%
	《整车控制器初版数据发布》	用于产品和工艺验证造车(PPV)的电驱动系统标定完成
	《EP 样车 TIR/BIR 试验/试制问题关闭情况》	A 级问题关闭率 80%,达到 3 状态问题比例 80%
	《整车性能问题状态报告》	问题关闭率 80%
	《EBOM》	更新,用于 PPV 造车
	《标准车头状态》	完成(高、低压)线束装配排布
	公告试验工程样车制造完成	EP 样车完成
	零部件认可计划表签署,工程签发(ESO)启动	签发
	《EP 样车车身功能尺寸评估报告》	尺寸合格率>60%,焊接强度>85%
	支持售后服务的技术文件编制	配合市场部进行售后配件清单、配件图册的编制
	《工程及项目风险表》	更新影响工程目标的冲突和风险
	《G4 开阀评审报告》	向总经理汇报的 G4 开阀评审报告
财务部	《项目经济性和预算执行状态报告》	项目经济性和物料成本、投资及开发费用更新
生产制造部	《PPV 造车计划》	制订品种、数量和进度计划
	《生产 PBOM》更新发布	更新 PBOM,用于 PPV 造车
	《生产线评估报告》	PPV 造车生产线准备就绪
	《装配工艺手册》初稿,更新 PBOM	发布
	《制造验证造车(MCB)》评估	制造问题 100% 有解决方案
	《PPV 造车物流计划》	包含 PPV 造车零部件需求计划和上线准备
	《外购件保证审核报告》	完成审核
供应部	《PPV 零件采购和交样状态》	PPV 零部件 100% 交样到位
质量检验部	《EP 样车及管理层试驾质量评估报告》	预匹配认可(MB1)合格率达到 90%,综合匹配认可(MB2)合格率达到 80%,EP 车身指标达到质量检验部前期发布质量标准要求,组织 EP 车管理层试驾
	《PPV 造车批准书》	—

2.2.7　预试生产（G3）

　　审核电动汽车产品开发的成熟度以及产品和过程验证车辆（PPV）的制造成熟度是否达到要求,以便决定在产品开发无风险的情况下开始进入小批量的生产制造,拉动零部件供应商批量成熟,实现整车生产线的连续生产。PP 是指预试生产。G3 阀点一级交付物清单及交付内容见表 2-8。

表 2-8　G3 阀点一级交付物清单及交付内容

责任部门	G3 阀点一级交付物	交付内容
销售部	《市场投放计划》	完善详细的市场投放计划,更新销量和价格(补贴前后)
	《新车命名报告》	确定新车名
技术部	《G3 预试生产交付物核查清单》	根据项目类别和开发实际,确定 G3 预试生产各职能单位的交付物、交付流程、交付标准和交付时间
	《整车试验工作汇报》	除文档工作以外,整车试验 100% 完成
	《整车控制器数据冻结》	电驱动系统 100% 完成标定
	《试验问题 TIR 关闭情况》	A 级问题关闭率 100%,3 状态问题比例 90%
	《整车性能问题关闭情况》	问题关闭率 90%
	《预试生产阶段 EBOM 和生准路线》	更新清单和路线,支持工厂的 PBOM 导入系统
	《零部件工程签发 ESO 汇总清单》	零部件 100% 完成工程签发
	《产品开发及项目管理风险表》	更新影响工程目标的冲突和风险
	《G3 开阀评审报告》	向总经理汇报的 G3 开阀评审报告
财务部	《项目经济性和预算报告》	更新项目经济性、物料成本、投资及开发费用
生产制造部	《生产设施评估报告》	生产设施就绪,生产线设备预验收
	《PPV 车身制造合格率报告》	PPV 车身功能尺寸合格率 70%,焊接强度合格率 98%
	《预试生产(PP)造车计划》	—
	《PP 阶段生准路线》	更新清单和路线,支持工厂的 PBOM 导入系统
	《PP 阶段生产 PBOM》	更新并导入系统,用于 PP 预试生产
	《装配工艺手册》	冻结并发布
	《制造工艺评审报告》	工艺完整性得到验证
	《G3 物流状态评审报告》	场地规划完成,PP 零件需求计划发放,PP 零部件上线准备就绪
供应部	PPAP 零部件采购到位,100% 交样合格	满足 PPAP 物流要求和入库许可,满足 PP 装车
质量检验部	《PPV 造车质量评审报告》	PPV 指标达到质量检验部前期发布质量标准要求,MB2 合格率达到 100%
	《PPV 造车 BIR 问题关闭情况》	BIR A 级问题关闭率 100%,状态达到 3 的问题比例 90%
	《PPV 管理层试车计划和问题清单》	组织管理层试车,汇总问题清单
	《PP 预试生产造车批准书》	—

2.2.8　试生产（G2）

　　使用批量生产的零部件验证确认整车厂的生产设备和工装,检验生产过程和工艺能力,决定是否可开始销售生产认证造车。G2 阀点一级交付物清单及交付内容见表 2-9。

表 2-9　G2 阀点一级交付物清单及交付内容

责任部门	G2 阀点一级交付物	交付内容
销售部	《市场投放计划》	根据地方支持政策不同,锁定详细市场投放计划
	《售后服务评审报告》	完成随车说明书、售后服务手册、配件清单、配件图册、索赔工时的初稿
技术部	《G2 试生产交付物核查清单》	根据项目类别和开发实际,确定 G2 试生产各职能单位的交付物、交付流程、交付标准和交付时间
	《工程签发 ESO 文档归档记录》	完成全部零部件工程签发 ESO 文档归档
	《设计变更项目和实施状态》	设计变更通知单(ECO)问题 100%计划受控
	《试验问题 TIR 关闭情况》	A 级问题关闭率 100%,3 状态问题比例 90%
	《整车性能问题关闭情况》	整车性能问题 100%有解决方案
	《生产及售后服务文件支持情况》	支持销售公司完成售后服务文件,支持工厂完成车辆下线检测设备
	《产品开发及项目管理风险表》	更新影响工程目标的冲突和风险
	《G2 开阀评审报告》	向总经理汇报的 G2 开阀评审报告
财务部	《项目经济性预算执行报告》	更新项目经济性、物料成本、投资及开发费用
生产制造部	《PP 车身制造合格率报告》(PP,预试生产)	PP 车身功能尺寸合格率 80%,焊接强度合格率 98%
	《试生产(P)造车计划》	批准
	《生产设施评估报告》	生产线设备完成最终验收,车辆检测设备已经更新并到位,可支持 P 试生产
	《制造工艺评审报告》	工艺完成最终验收
	《P 阶段生产 PBOM》	更新并导入系统,用于 P 试生产
	《工艺操作指导书》	完成编制
	《工人培训报告》	工人 100%完成培训
	《G2 物流状态评审报告》	P 产物布局确定,P 零件需求计划发放,P 零部件上线准备就绪
质量检验部	《PP 造车质量评审报告》	预试生产样车审核符合要求,试验拼装检验(MB3)合格率达到 100%,过程审核达到 82%
	《PP 造车 BIR 问题关闭情况》	BIR A 级问题关闭率 100%,状态达到 3 的问题比例 90%
	《PP 质保试车和管理层试车计划和问题清单》	组织质保试车和管理层试车,汇总问题清单
	《P 试生产造车批准书》	—

2.2.9　正式投产（G1）

此阶段验证零部件厂商的爬坡能力和整车厂在一定节拍下的制造能力。G1 阀点一级交付物清单及交付内容见表 2-10。

表 2-10　G1 阀点一级交付物清单及交付内容

责任部门	G1 阀点一级交付物	交付内容
销售部	《新车发布书》	发布新车型,发布批准的价格(补贴前后)
	《售后服务评审报告》	发布随车说明书、售后服务手册、配件清单、配件图册、索赔工时,完成诊断仪开发,完成售后配件准备
技术部	《G1 试生产交付物核查清单》	根据项目类别和开发实际,确定 G1 正式投产各职能单位的交付物、交付流程、交付标准和交付时间
	《产品公告》	公告试验认证通过
	《单一问题清单和措施报告》	没有解决方案的单一问题清单和措施
	《试验问题 TIR 关闭情况》	A 级问题关闭 100%,3 状态问题比例 100%
	《设计变更清单和实施报告》	计划受控
	《SOP① EBOM》	冻结并导入系统
	《产品开发及项目管理风险表》	重大风险全部关闭
	《G1 开阀评审报告》	向总经理汇报的 G1 开阀评审报告
财务部	《项目经济性总结报告》	包括实际的物料成本、投资和开发费用
生产制造部	《试生产样车车身制造合格率报告》	车身功能尺寸合格率 90%,焊接强度合格率 98%
	《生产节拍考核报告》	符合目标
	《SOP 生产爬坡计划》	—
	《生产 PBOM》	冻结 PBOM,导入系统
	《生产制造部工艺技术科文件归档记录》	归档并发布
	《G1 物流状态评审报告》	SOP 零件准备就绪,内部供应链全部经过检测验证
采购部	《供应商供货能力评审报告》	满足物流要求和入库许可,满足 SOP 装车
	《售后配件采购合同》	完成签署达到 80%
质量检验部	《P 造车质量评审报告》	试生产样车审核达到最终质量目标,过程审核达到 90%
	《P 造车 BIR 问题关闭情况》	BIR A 级问题关闭率 100%,状态达到 3 的问题比例 100%
	《P 质保试车和管理层试车计划和问题清单》	组织质保试车和管理层试车,汇总问题清单
	《SOP 正式投产造车批准书》	—

① SOP,即标准操作程序。

2.2.10　项目关闭

项目关闭是指项目在财务预算申请、采购合同签订以及项目组织机构存续意义上的关闭。项目关闭的内容和范围以 NOD(notice of decision,项目决议通告)批准的项目内容和范围为准。项目关闭的启动:以项目中最后一款车型 G1 开阀的时刻为项目关闭的启动时刻,G1 后 9 个月完成项目的所有关闭。

2.3　整车开发项目的关键过程

2.3.1　项目范围和目标管理

电动汽车产品项目任务书是对产品项目范围和内容的定义,是项目执行的纲领性文件,并在项目执行过程中记录和控制项目的官方决议,以确保各功能团队能够充分理解项目的目标。产品项目任务书主要由三部分组成:产品及业务需求、制造需求和技术需求。

2.3.2 造型设计与开发

1. 造型设计

造型设计由设计部负责完成项目初始的草图、小比例模型、全尺寸模型等工作。由造型评审委员会(DRC)负责审阅,并最终批准项目的单一造型方案和造型冻结。在G8阀点之前,设计部根据市场部提出的造型诉求和要点,完成设计的草图工作。在G8~G7阶段,设计部会针对多个造型主题的方案制作一定数量的比例模型供DRC评审,并从中评选出两个最佳造型方案用于制作全尺寸模型。最终由DRC在G7阀点完成单一造型主题的选定。后续的工作是对造型主题的优化和完善(refining),并密集开展同步工程的分析使之实现可制造,在G6阀点前通过DRC的评审最终冻结造型。

2. A面开发

A面开发可以分成4个阶段:PreDG0、DG0、DG1和DG2。在造型主题选定之后,设计部应在选中的主题基础上开始造型A面开发。在G7阀点设计部提供一套PreDG0数据,反映单一造型主题的意图,用于工程、制造和质保对造型设计的工程可行性分析,识别是否能够满足工程约束。A面开发流程如图2-2所示。

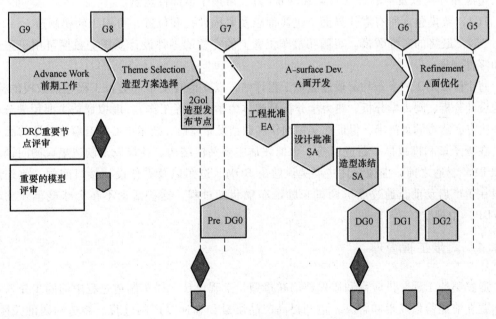

图2-2 A面开发流程

根据工程批准的要求,设计部对选定的设计方案进行相关调整与改进,并把有关调整与改进反映到定义内、外饰造型设计表面的虚拟数据模型和实物模型中。最终由DRE(design release engineer,设计发布工程师)检查,并通过设计批准。经设计部与工程部门达成一致后,制作实体模型由DRC进行决策,并最终冻结造型,随后发布DG0数据。DG0数据无翻边和倒角要求。在 DG0 的基础上对 A 面进行优化，确保生成的曲面达到审美上的高光要求。G6 阀点设计提供 DG1 数据。DG1 数据包含第一道造型翻边和倒角。设计部在 DG1 的基础上，制作实体验证模型。再由工程等相关部门评估，确认造型尚未满足的工程要求以及补充新发现的工程需求。设计部根据反馈对 DG1 进行最终优化，要求所有整车内、外饰和关键零部件的 A 面数模定义都已经通过产品的可制造性等相关验证，满足设定的质量目标，在 G5 阀点之前 3 个月完成 DG2 数据发布。

2.3.3 工程设计与开发

工程设计发布（engineering release，ER）是指以正式生产为目的的图纸、数模、技术规范的发布。供应商应根据工程设计发布的信息启动工装模具的制造。根据零部件的不同特征和开发周期，分为三大类：

1）概念车（concept vehicle）零部件，主要指下车体架构类零部件。

2）结构车（struction vehicle）零部件，主要指下车体以外的架构类零部件。

3）集成车（intergration vehicle）零部件，主要指造型相关车身和内、外饰零部件。

零部件的数模状态：根据不同的开发阶段和应用目的，零部件数模分为 TG0、TG1 和 TG2 三种状态。

TG0：粗略的三维数模。表明零件在整车位置上的基本外形和尺寸。数模包含主要的特征、边缘和界面以及中心线（线束和管状物），可用于零部件定点。

TG1：数模包含所有零件界面、过渡面以及紧固件孔和位置，可用于软模制造。

TG2：最终的三维数模。表明在整车位置上的完整的零件设计意图。数模可用于正式模具和零件制造。

每个阶段的工程发布均需通过虚拟工程评估，以支持其发布（虚拟工程包括数模的检查、结构设计分析、动力学分析、热力学分析及流体力学分析等工作）。虚拟评估主要用来分析工程解决方案能否满足需求，保证在实物制作和数据发布以前，技术中心具有解决问题的能力。

在骡子车和模拟样车制造以前，虚拟评估主要关注结构、性能以及制造集成的问题。EP车和 PPV 制造之前，虚拟评估主要关注解决 BOM、造车以及零件设计接口问题。此外制造阶段在生产启动前，通过虚拟调试来验证车辆装配过程。这些活动不在全球整车开发流程（GVDP）中规定。

2.3.4 同步工程管理

通过制造工程、供应商和质保部门在造型、工程设计、样车制造过程中的同步介入，使得问题在前期得以发现和解决，达到提高产品质量和加速投产的过程。制造问题的关闭率，即 MIR（manufacturing issue report）是制造部门在同步工作过程中对问题进行跟踪解决的主要管理方式。

2.3.5 样车制造及试验

样车制造分为七个阶段，分别是骡子车（mule car）、模拟（simulator）样车、工程（engineering prototype）样车、制造验证造车（manufacturing confirm build，MCB）、产品和工艺验证造车（product & process validation，PPV）、预试生产（pre-pilot，PP）造车以及试生产（pilot）造车。其中，骡子车、模拟样车和工程样车在技术中心试制车间完成，制造验证造车由制造工程部门负责，产品和工艺验证造车、预试生产造车以及试生产造车在工厂完成。

1. 骡子车

在项目开始早期利用现有生产车辆，通过改装等方式安装新的电动机总成系统（包括新的电动机支撑、功能性的电动机冷却和整个电动机总成）或其他系统。其目的是在项目早期支持电驱动总成初始验证和标定工作（开发 mule car 标定）或特定系统的早期开发验证。

2. 模拟样车

模拟样车是根据工程设计发布的信息，利用代表设计的结构件通过拼装和改装而成的样车。其目的是支持整车/系统的开发和验证，包括通过此车完成结构件（architecture parts）的设计和 CVER/SVER[⊖]发布。在 G6 阀点的前 4 个月完成第一辆模拟样车制造，零部件为非正式工装零部件。相应的造车数据在 G7 阀点发布。

3. 工程样车

根据工程设计部门发布的信息，采用能够代表 production intent（制造意图）1 和满足设计要求的零部件（批量工装或简易工装，有代表意义的制造工艺）在技术中心试制车间装配的样车，就是工程样车。其目的是进行整车集成的开发、验证与整车相关的子系统技术规范和整车技术规范要求、零件调试、开发电驱动总成标定和公告法规的早期验证。在 SOP 前的 18 个月完成第一辆 EP 车，架构件原则上为正式工装零部件，其余为软模件，相应的造车数据在 G5 阀点的前 4 个月发布。在 SOP 前 10 个月完成 100%工装样车制造。

4. 制造验证造车

制造验证造车是在生产线正式造车前的准备工作，检验车辆的工艺可行性，在工厂里完成制造，以识别工厂的问题并为正式造车做好员工培训。造车会通过所有的工艺系统，为工厂员工展示产品和工艺过程，为其提供学习机会。造车所用的零部件可以采用工程样车的零部件，并运送到工厂。在 PPV 的前 1 个月完成首辆车的制造。

5. 产品和工艺验证造车

产品和工艺验证造车是指，用正式生产工装模具和制造工艺制造样件，并按照生产工艺装而成的样车。产品和工艺验证造车是为了进行 100%的电驱动总成标定、底盘操控性验证、动力加速性验证和 VTS（vehicle technical specification）认证，同时对制造工艺进行验证并对生产工人进行培训。

6. 预试生产造车

预试生产造车主要为了考核工艺装备、检验流程和装置的过程能力。在批量生产工装模具的条件下要求制造确定尺寸和形状的单一零件，并试验所有单一工艺装备和组合工装的功能。PP 车辆要求所有的零件都完成 MB2 匹配。

⊖ CVER，即 concept vehicle engineering release，概念车工程发布；SVER，即 structure vehicle engineering release，结构车工程发布。

7. 试生产造车

试生产造车主要对批量生产工装设备和制造系统进行最终认可，保证正常生产条件下制造出的单一零件和总成的尺寸及匹配的稳定性，并对爬坡质量进行考核。试生产样车要求所有的零件获得生产件批准程序（PPAP）认可，最终生产出的 P car 视为可销售车。

2.3.6 零部件开发、质量及交样控制

零部件俱乐部是基于多层次成熟度和矩阵式项目管理模式的系统，用来管理车型项目中的零件工作。零部件俱乐部活动覆盖零部件开发的整个生命周期，通过跨部门的团队合作跟踪零部件诞生直至最终成熟的整个过程。零部件开发包括 SOR 发布、数据发布、定点、送样、认可、生产断点、零部件版本的更新等。零部件俱乐部通过对零部件的信息集中管理，从而协调、跟踪和控制零件可用性，并保证零部件状态满足项目主计划的要求。

根据项目的不同阶段，零部件俱乐部的关注内容和工作方式也有所不同。零部件俱乐部在 GVDP 大致可以分为三个阶段：G7~G4 阶段的零部件管理、G4~G3 阶段的零部件管理以及 G3~G1 阶段的零部件管理。G7 开阀后成立零部件俱乐部，由技术中心牵头，采购、物流、产品工程、试制试验、质保、业务规划与项目管理、制造工程等相关部门选派人员参加。主要负责跟踪零部件的数据发布、SOR 发布、制造深度确认、采购定点以及 simulator 和 EP 造车的交样管理。G4~G3 阶段的零部件俱乐部由采购部门负责，主要对 PPV 造车阶段零部件的更改实施、零部件供货、质量状态及认可状态进行管理，以便有效为工厂 PPV 造车做准备。G3~G1 阶段的零部件俱乐部由物流负责，主要对 pre-pilot 和 pilot 阶段的零部件送样管理进行控制。

2.4 项目的风险控制

2.4.1 风险管理概述

项目在动态环境中进行，各方面工作并非总是按照计划进行，有可能产生交付风险的问题。管理好风险才能达成竞争优势，在项目交付过程中有效的风险评估和风险管理是关键的活动。全球汽车开发流程（TVDP）包括从 PreG8 阀点到 G1 阀点的项目开发全过程，采用风险管控，作为风险管理框架，评估项目风险。

2.4.2 风险管理原则

TVDP 范围内的风险评估对照常用的"红绿灯"量化标准，见表 2-11。

表 2-11 风险评估量化标准

颜色	表达形式	含义
红色	×	预计的大风险,已经落后计划,对按计划完成的信心很低
黄色	△	预计的小风险,对按计划完成有较高信心
绿色	○	没有风险,已经符合计划或对按计划完成很有信心

2.4.3 风险评估

风险评估因个人、职能和所基于的现有信息程度而异，乐观和悲观的观点需加以修正确保风险分析的一致性，以控制总体项目风险。风险分析必须由负责该职能的、富有经验的合适人选来进行，最好经常进行小组评估。使用绿色/红色评估，黄色只在缺乏完整信息时使用。风险分类见表2-12。

表 2-12 风险分类

风险评估	项目管理部	制造部	采购与物流部	市场部	财务部	技术部
红色	落后计划并且无恢复可能性。与目标的重大偏差	重大短缺，对照先前因这一短缺导致投产失败的经验教训的计划	大的短缺或供应商选定点活动无法达成的高风险	可销售性问题，严重影响价格、产量的假设，无法满足销售启动计划	实际成本极可能超过目标成本10%以上	重大零件故障
黄色	落后目标但偏差较小且具有控制风险的计划，信息较高	对照计划有某些短缺，但总体上是可控的	风险有应对措施	重新评估市场需求或产销特征。投产计划指示某些进度有风险	超出10%以内或虽超出10%以上，但是通过补偿项目中别处的储备金可抑制	零件潜在风险，资源短缺无法提交计划
绿色	符合目标计划	设施和资源处于适当的就绪等级以提交项目	对项目无重大商务或供应方面的制约因素	投产计划和市场命题得到项目状态的支持	成本在目标范围内	无技术或交付问题，大致按计划

第3章

电动汽车整车设计开发

本章以某 A00 级纯电动乘用车为例，介绍电动汽车整车开发，命名为 EV01。

3.1 电动汽车整车概念设计

3.1.1 市场调查与分析

在产品设计开发之前，充分的市场调查与分析是必要的工作，根据拟开发车型的特点，调研市场上主要的竞争车型，调研内容包括车型参数、性能指标、市场及销售情况等。调研报告是车型开发立项的重要参考依据。下面以某车企拟开发的 A00 级纯电动乘用车的市场调研为例进行介绍。

在能源危机和日益严重的环境污染形势下，电动汽车成为节能环保汽车发展的主要方向，因而获得了生机。我国各级政府也一直在积极推动电动汽车行业的发展，相继出台了促进新能源发展的政策。大多数消费者已经意识到能源危机和环境污染的严重性，乐于接受性价比合理的新能源汽车。为此，某车企决定针对市场对电动汽车的巨大需求，在满足法规要求的前提下，同时考虑海外市场，开发一款适应短途日常交通需求的纯电动乘用车，满足城市上班族和家庭的第二辆用车的需求。

目前国内外电动汽车技术突飞猛进，部分车型已形成规模，逐渐形成电动汽车市场生态。某车型开发的市场调查，经过对目前相近级别的成熟车型参数的分析对比，确定以奔驰 Smart 电动汽车为造型、性能对标车型，上汽通用 Spark 为车身结构和内、外饰配置对标车型。国内外 A00 级电动汽车调查见表 3-1。

表 3-1　国内外 A00 级电动汽车调查

调研内容	奔驰 Smart	法国 Aixam	奇瑞 QQ 电动版	奔奔 MINI	上汽通用 Spark
车型图片					
车身样式	金属车身	金属车身	金属车身	金属车身	金属车身
外形尺寸/ （mm×mm×mm）	2695×1693×1555	—	3564×1620×1527	3550×1495×1485	3495×1495×1523
轴距/mm	1873	—	2340	2345	2340
动力来源	电池	电池	电池	电池	汽油

（续）

座位数量	两座	五座	五座	五座	五座
最高车速/ （km/h）	125	135	80	120	—
电池	锂电池	锂电池	锂电池	锂电池	—
电机最大功率/ kW	55	65	41.8	—	—
续驶里程/km	145	150	151	150	—
终端销售价格	23000 欧元	22100 欧元	15600～16000 欧元	15 万元人民币	5 万元人民币

通过对两款对标车型的外形、质量、尺寸参数及动力性、经济性，制动性能等各项性能指标进行分析，结合公司的车型定义，确定 EV01 的基本配置参数，见表 3-2。

表 3-2 对标车型和 EV01 的基本配置参数

项目		奔驰 Smart	上汽通用 Spark	拟开发车型
车身 参数	车身结构	承载式	承载式	承载式
	外形尺寸/ （mm×mm×mm）	2695×1693×1555	3545×1495×1523	2912×1570×1507
	轴距/mm	1873	2340	1875
	前轮距/mm	1300	1299	1301
	后轮距/mm	1320	1264	1320
	整备质量/kg	750	880	820
	车门数	2 门	4 门	2 门
	座位数	2 座	5 座	2 座
底盘 参数	燃料形式	电池	汽油	电池
	驱动方式	后置后驱	前置前驱	前置前驱
	前悬架类型	麦弗逊式独立悬架	麦弗逊式独立悬架	麦弗逊式独立悬架
	后悬架类型	扭力梁式非独立悬架	拖曳臂式整体驱动后桥	拖曳臂式整体驱动后桥
	转向助力类型	电动助力	机械液压助力	电动助力
	前制动器类型	通风盘式	盘式	盘式
	后制动器类型	鼓式	鼓式	鼓式
	前轮胎规格	165/65R15	175/60R13	155/65R13
	后轮胎规格	185/60R15	175/60R13	155/65R13
性能 参数	最大输出功率/kW	55	—	30
	加速时间	0—60km/h：4.8s； 0—100km/h：11.5s	—	0—50km/h：8s
	最高车速/（km/h）	125	—	>80
	峰值转矩/（N·m）	130	—	140
	电池类型	锂离子蓄电池	—	锂离子蓄电池
	电池容量	17.6kW·h	—	15kW·h
	续驶里程/km	145	—	≥130

（续）

项目		奔驰 Smart	上汽通用 Spark	拟开发车型
性能参数	充电方式	3.3kW 车载充电机	—	3.3kW 车载充电机
	充电时间 0—100%	约 6~7h（220V，16A）	—	约 6~7h（220V，16A）
安全装备	主/副驾驶座安全气囊	主● 副●	○	主● 副●
	安全带未系提示	●	○	●
	车身中控锁	●	○	●
	遥控钥匙	●	○	●
	ABS 防抱死	●	○	○
	制动力分配（EBD/CBC）	●	○	○
	制动辅助（EBA/BAS/BA 等）	●	○	○
外部配置	天窗	●	○	○
	铝合金轮圈	●	●	●
	车顶行李架	○	●	●
舒适性配置	真皮转向盘	●	○	○
	转向盘上下调节	●	○	○
	前/后雷达	前○ 后●	○	○
	倒车影像	○	○	○
	定速巡航	●	○	○
	扬声器数量/个	4	2	2
	前、后电动车窗	前●后○	前○ 后○	前●
	空调控制方式	电动	手动	○

注："●"表示配备，"○"表示不配备。

3.1.2 样车分析

国内汽车企业为了加速新产品研发、减少开发成本、提高产品竞争力，开始使用 benchmarking 技术作为主要管理方法，也逐步建立起较为完善的技术制度。新能源汽车技术加速进步，并随着相关政策的支持和配套设施的完善，逐步被广大消费者接受，市场占有量逐年提高。通过 benchmarking 技术研究，可以了解和掌握国外电动汽车的核心技术，为我国电动汽车技术突破提供技术参考。通过对新能源汽车，包括对混合动力汽车和纯电动汽车的 benchmarking 技术进行梳理和分析，可以形成一套完善的新能源汽车的 benchmarking 技术方案。方案包括竞争目标的选择、整车评价、工艺评价、性能测试、参数测量、信号采集、数据扫描获取、逆向建模、专业分析以及数据库建立等内容。本书重点对各工作内容、步骤和要求等做出规范说明。

Benchmarking 技术起源于 20 世纪 70 年代末、80 年代初美国学习日本的运动中，首开标杆管理先河的是施乐公司。面对越来越激烈的世界性竞争，施乐公司使用了"竞争标杆方法"（competitive benchmarking），从成本、周期、价格等领域，制定出一些明确的衡量标准或项目，找出了与竞争目标的差距，进而调整经营研发策略，收到了显著成效。国内外汽车企业在进行新产品研发时，需要通过市场调研，对市场热销的成熟车型进行评价、测量和分析，为自主研发车型设计提供参考依据和经验积累，确保新产品在投放市场时具有相当的竞争力。汽车企业对传统汽车的 benchmarking 技术开发开展的时间较久，也较为完善。对于新能源汽车，在标杆管理方面与传统车型具有通用性，但也有其独特性。通过对新能源汽车新产品开发目标定位，选择竞争目标车型，采购样车，组织开展对标项目。经过对 benchmarking 技术的分析和归纳，可以进行简单概括和总结，如图 3-1 所示。

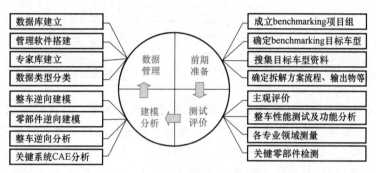

图 3-1　汽车 benchmarking 技术开发步骤

为了能建立一套完善的目标车型信息数据库、知识库和专家库，需要对目标车型进行必要的数据搜集和资料储备，结合计算机信息管理技术，建立完整的对标数据库。然而汽车本身是具有多输入、多输出、不确定及多干扰源的复杂非线性系统，在进行开发时，要考虑多种复杂因素的综合作用，选择参数需要考虑众多因素，因此需要建立起规范化的产品开发系统。特别是新能源汽车领域的 benchmarking 开发，与传统汽车领域相比，新能源汽车增加了电驱动、能量存储集成系统等电控系统零部件，特别是随着消费者对科技感的要求不断提升，车载娱乐和通信系统日趋便捷化和网联化，因此，新能源汽车领域的多媒体控制也具有新的特点。

测试评价阶段主要包括主观评价、整车性能测试及功能分析、各专业领域测量、关键零部件检测、建模和逆向分析及 benchmarking 数据管理建立等几个方面。

（1）主观评价　整车主观评价的目的主要是通过非客观的角度去了解样车在外观造型、布置和人机工程方面的优劣势，能够直接表达用户的态度。人机工程主观评价作为本阶段的重要环节，在整车开发过程中起着重要作用。在传统汽车的设计开发中，通常在前期设计阶段和后期阶段需要分别进行一次人机工程主观评价，检验车辆是否达到之前所设定的目标，并通过与样车再次对标，查看哪些地方还需要进行改进，是否可以冻结设计方案。除了人机工程项目之外，新能源汽车越来越侧重于科技感和多媒体的设计，包括自动泊车、可变悬架、前后驻车雷达、转向随动前照灯、日间行车灯、一键起动、中控彩色主屏及人机语言交互等。

（2）整车性能测试及功能分析　整车性能测试是对标杆车的基本性能测试，获得标杆车在整车性能方面达到的技术水平。需测试的新能源标杆车在基本性能测试方面与传统汽车的测试内容相同，包括 NVH、操纵稳定性、动力性、通过性、平顺性、滑行阻力及操纵稳定性等。由于传统汽车整车性能测试应用比较广泛，且相关指导文件比较齐全，文中不再重复介绍，仅介绍新能源汽车特有测试内容。相关测试内容见表 3-3。

表 3-3　新能源汽车整车性能测试内容

试验项目	测试内容
经济性	带能量回收的百公里电耗
	新/老电池百公里电耗
电磁兼容	电磁阻抗
	人体电磁防护
充电性能	充电兼容性
	充电速率
	充电安全
	低温充电
安全性能	电动汽车安全要求
	涉水安全
	淋雨安全
制动性能	制动能量回收试验

（3）各专业领域测量　对标杆车进行各个系统参数的测量，掌握原始信息。传统汽车的专业领域测量主要包括整车测量（外形尺寸参数、通过性参数、整备质量等），车身专业测量（外表面间隙/段差测量、开闭件密封间隙测量、开闭件开启力度测量），电器测量（车载用电器电流测量），底盘专业测量（四轮定位参数，转向轮最大转向角，操纵件行程/操纵力测量，底盘非标测量：加速踏板自由状态上表面距地距离和下限位置距地距离、加速踏板力等）。由于新能源汽车装用更多的电控系统单元，因此关于 CAN 信号的测试项目需要更加完善，具体内容见表 3-4。

表 3-4　CAN 信号测试内容

试验项目	测试内容	试验项目	测试内容
电子制动	踏板位置	电机控制器	状态信息
	开关信号		故障/报警信息
混合动力控制器	状态信息		转速转矩电压电流信息
	信号信息	DC/DC 转换器	状态信息
	命令信息		故障/报警信息
	工作模式信息		电压电流信息
	速度转矩信息	变速器控制器	档位齿轮对接状态
	故障报警信息		变速器输出轴转速
电池管理系统	状态信息		控制器状态
	故障报警信息	电子发动机控制器	发动机工作模式
	转速/转矩电压/电流信息		实际最大/最小转矩/转速
	均衡状态信息		发动机状态信息

（4）关键零部件检测　新能源汽车的能量来源是动力蓄电池提供的电能，动力蓄电池的能量来源是通过充电将电能转化为化学能储备在电池中，再通过放电电化学反应，将化学能转化为电能，用来驱动电机，并且通过电机控制器控制电机转速和转向，从而为整车提供动力系统。电机及电池的测试内容见表 3-5。

表 3-5 　新能源汽车电机和电池测试内容

零部件	试验项目	测试内容
电机	静态测量	外形和安装尺寸、质量
	冷却方式	冷却介质、密封等级
	绝缘电阻	定子绕组对电机机壳、控制器
	耐受值	耐压、耐过流、耐温
	输入/输出特性	转矩-转速特性
		额定转矩/功率
		峰值转矩/功率
		电机效率
		工作电流
电池	静态测量	电子器件选型、硬件电路、电气接口、连接件分析
	控制性能	总线协议、充电协议、SOC 估算、恒温控制、热管理控制
	基本性能	充/放电性能、电量均衡控制
		容量、能量测试
		功率、电阻测试
		无负载、静置容量损失
		能量效率/循环寿命

（5）建模和逆向分析　标杆车逆向建模是整个 benchmarking 开发过程中工作量最大的任务。工作主要包括整车扫描、零部件拆解/扫描、点云处理、坐标系建立及零部件结构设计等，与传统汽车一致。其中整车扫描包括外表面扫描→开闭件扫描→后视镜扫描→刮刷面积扫描→人机工程扫描→底盘扫描→内表面扫描；样车拆解扫描包括开闭件拆解/扫描→内饰拆解/扫描→外饰拆解/扫描→车身底部零件拆解/扫描；模型建立包括点云处理→整车坐标建立→内外 A 面建立→各总成建模。

逆向分析主要包括车身工艺分析、成本分析、材料分析及 CAE 分析等内容，车身工艺分析的主要内容包括冲压件工艺、焊接工艺及涂装工艺等的分析。对于 CAE 分析，传统汽车比较成熟全面，包括汽车碰撞与安全性分析、结构强度与疲劳强度分析、CFD 分析、多体动力学分析以及 NVH 分析等。在新能源汽车领域应增设电池包冷却系统 CFD 分析、电池包结构强度分析、模态及振动特性分析以及耐冲击特性分析等。

（6）benchmarking 数据管理建立　随着逆向数据、分析文档和对标车型数据的不断增多，为增加保密性，方便查找，避免参考资料和文档流失，通过建立和使用数据管理软件使得 benchmarking 开发更加合理，同时也提升了效率。通过信息化建设，根据对标流程体系，将前期准备阶段、测试评价阶段及建模分析阶段的参数、文档、照片、曲线、代码、模型及仿真结果等，建立查询共享化的数据库软件，为逐步向正向化设计提供有效支持。

3.2　电动汽车造型设计

3.2.1　电动汽车造型设计流程

根据前期市场调研、产品定义，确定 EV01 造型设计风格为时尚、动感、可爱。

EV01 整车造型根据整车开发管理流程要求，经历了效果图设计、油泥造型制作、CAS 面设计、造型工程可行性分析、A 面设计、色彩纹理设计等过程。造型设计流程如图 3-2 所示。

造型设计流程

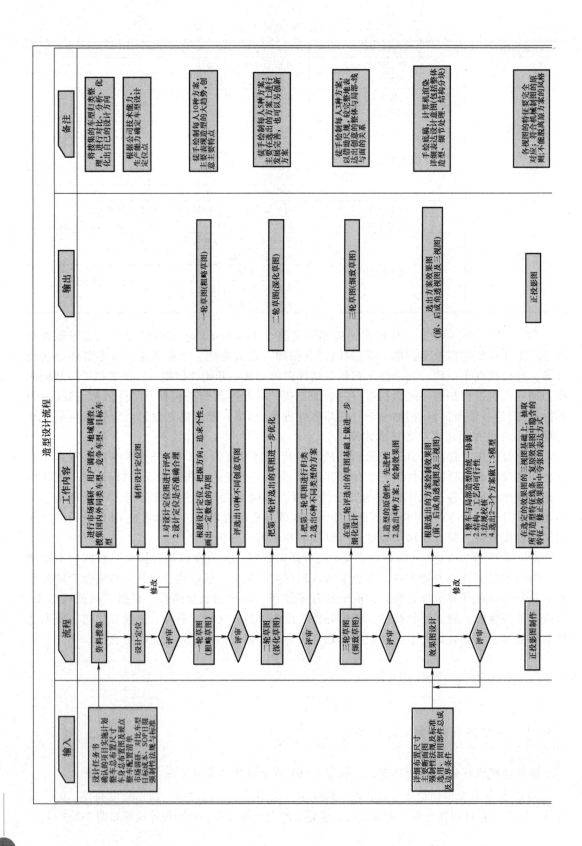

输入	流程	工作内容	输出	备注
设计任务书 确认的项目实施计划 整车总布置图及硬点 车身气动力 市场调研、对比车型 目标成本、SOP时间 强制件法规与标准	资料搜集	进行市场调研、用户调查、地域调查，搜集国内外同类车型、竞争车型、目标车型		将搜集的车型归类整理，进行对比、分析，优化出自己的设计方向
	设计定位	制作设计定位图		根据公司技术能力，生产能力确定车型设计定位点
	评审	1.对设计定位图进行评价 2.设计定位是否准确合理		
	一轮草图 (粗略草图)	根据设计定位、把握方向、追求个性，画出一定数量的草图	一轮草图(粗略草图)	徒手绘制每人10种方案，主要表现造型的大趋势、创意主要特点
	评审	评选出10种不同创意草图		
	二轮草图 (深化草图)	把第一轮评选出的草图进一步优化	二轮草图(深化草图)	徒手绘制每人5种方案，主要在选出的方案上进行发展完善，也可以另创新方向
	评审	1.把第二轮草图进行归类 2.选出6种不同类型的方案		
	三轮草图 (细致草图)	在第二轮评选出的草图基础上做进一步细化设计	三轮草图(细致草图)	徒手绘制每人3种方案，绘完整地表达出创意的整体与局部关系
	评审	1.造型的原创性、先进性 2.选出4种方案，绘制效果图		
	效果图制作	根据选出的方案绘制效果图 (前、后视角透视图及三视图)	选出方案效果图 生成角透视图及三视图 (前、后视角透视图)	手绘底稿，计算机渲染，详细地表达设计意图造型、细节处理，结构分块
	评审	1.整车与局部造型的统一协调 2.结构、工艺的可行性 3.法规校核 4.选出2~3个方案做1：5模型		
详细布置尺寸 主要断面图 强制性法规及标准 选用件通用部件总成 及边界条件	正投影图制作	在选定的效果图三视图基础上，抽取所有造型特征线，复原效果图中隐含的特征，修正效果图中容易造成误解的表达方式	正投影图	各视图的特征要完全对应；符合机械制图的原则；不能脱离原方案的风格

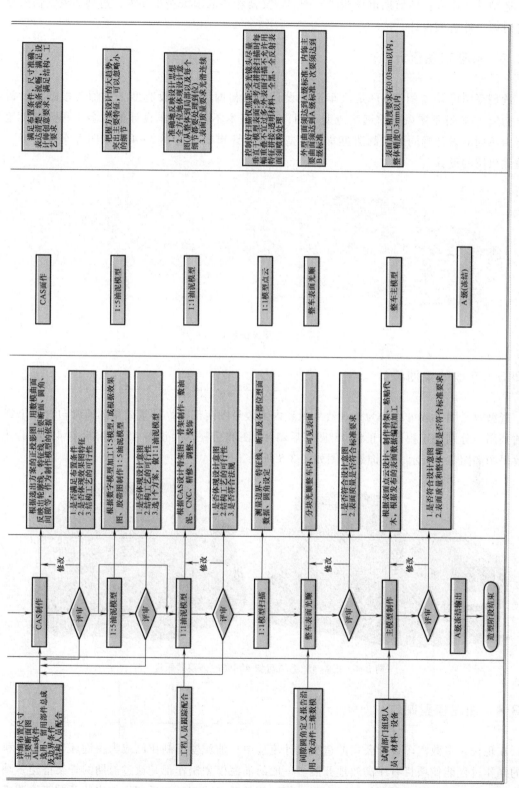

图 3-2 造型设计流程

造型设计输入包括前期市场调研、产品定义及相关的国家法规要求，造型师根据输入要求进行内、外造型设计。

3.2.2 造型草图设计

造型草图设计（图 3-3）是汽车造型设计的最初内容，一般造型工程师会根据设计需求，初绘 4~8 份不同风格的汽车造型草图，草图基本不考虑汽车设计的大多工程问题。也可能由不同的设计师同时绘制造型草图。造型草图评审最终选择 2~4 种草图方案进入下一阶段效果图的设计。

图 3-3　造型草图设计

3.2.3 造型效果图设计

造型效果图一般可以分为外观效果图和内饰效果图两部分。外观效果图通常包含四个视角的分图，分别是正视图、正斜 45°图、后斜 45°图和后视图。正斜 45°图和后斜 45°图的外观效果图如图 3-4 所示，内饰效果图如图 3-5 所示。

图 3-4　正斜 45°图和后斜 45°图的外观效果图

3.2.4 油泥模型制作

在现代大多数汽车设计公司的造型设计流程中，油泥模型制作已成为关键环节，合理科学的制作过程能使项目有序高效地开展。一般的油泥模型制作都是通过前期的骨架搭建、填充物填充、油泥填敷及形体加工或刮削、模型调整及细节刻画和后期样件安装及贴膜涂装来

图 3-5　内饰效果图

完成各项复杂精细的制作过程，制作完成后还须进行模型展示及评审。

1. 模型骨架搭建及内部填充物填充

油泥模型的骨架设计制作相当有技术含量，骨架的设计制作好坏直接关系到后续模型制作的质量，特别是 1∶1 比例的模型骨架，其与 1∶4、1∶5 或 1∶10 的小比例模型的骨架搭建完全不同，不论从结构设计或材料运用上都有极大不同，下面重点介绍 1∶1 外饰油泥模型的骨架设计及制作。

1）首先取得要做模型的车型基本参数及图纸，包括主断面尺寸、接近角和离去角、轮距和轴距、地面线、轮胎尺寸、车辆地板面及初步 CAS 等。

2）设计骨架图样。1∶1 油泥模型骨架一般设计制作成金属骨架，金属骨架具有良好的承重性，但在设计过程中应注意控制骨架的质量。骨架设计包括以下几方面：

① 骨架主体一般由方钢或角铁搭建焊接而成，尺寸控制在车型外表面内缩 200~350mm 区间内。

② 轮轴等部分的设计需要考虑地面线位置，轮轴可活动调节车身高度、轮距、轴距，并按车轮安装孔幅设计。

③ 定位点设计，包括支撑定位及点测定位孔。

④ CAD 图样输出。

3）骨架焊接安装。骨架按图样焊接完成并安装调整到位，特别是内饰骨架，需测量并调整门等活动部件是否安装到位。骨架焊接完成后需要进行应力消除处理，再进行定位支撑面及定位孔加工。

4）在骨架上覆盖木板及填充覆盖材料。木板可以使用螺钉固定在金属骨架上，这样才能保证牢固，不会脱落，覆盖填充物一般选择聚氨酯硬质泡沫板材或硬质聚苯乙烯泡沫块。填充泡沫材料不但可以减轻车身重量，减少油泥的使用量，也有利于油泥的粘接和模型的稳定性。

2. 油泥填敷及形体加工或刮削

随着近年来计算机辅助设计的迅速发展，数字模型为实体模型的制作减轻了不少工作量，因而在油泥模型制作阶段，越来越多地使用了机械加工，不再需要像传统模型制作时初刮使用模板把大体的车型做出来。在初步数字模型 CAS 面制作完成后，利用计算机进行程序编辑，然后传输到加工设备进行油泥模型加工而得到初步的模型，一般分为下述步骤：

1）骨架的定位及测量。将模型骨架车固定在机床平台上（内饰需将各部件分开单独加工）。

2）泡沫过切加工。一般过切量为20~50mm，而后再硬化处理泡沫表面。

3）油泥的敷置。油泥应分层多次敷置，采用薄长条形，层层有次序地分叠，并保证每层紧密粘接且没有气泡。敷置的厚度以高于车型面2~5mm为宜，可取断面加工来观察需要敷油泥的厚度，辅助油泥敷置。

4）计算机编程加工。分为粗加工、精加工、清角、划线等工序，具体操作要看使用的机床，一般为悬臂式三轴、五轴加工平台或龙门五轴加工中心。

3. 模型调整及细节刻画

通过模型刮片、刮刀对模型造型特征、曲面及细节制作进行手工调整，该过程需要油泥模型师具备专业模型雕塑创作能力及对造型的理解能力，才能通过对模型不断地、反复地修正达到预期的造型效果。手工调整包括很多细节方面，如面差、进风口、交接面、倒圆角、分缝线等，都需要配合胶带用各式刮刀、刮片进行刮切。

手工调整过程为模型制作最重要的部分，也是模型制作最有意义的部分。在此过程中，设计师与模型师脑力与体力充分结合，并不断通过各角度及距离观察模型的形态，通过局部贴膜反复验证型面的高光来保证曲面的质量，对各造型型面进行反复的修改和论证，以达到预期的造型效果，将所有可见型面细节做到与实车的型面一致。这个阶段是整个造型设计阶段最具创造力的阶段，是思想与现实转化的阶段。

4. 后期样件安装及贴膜涂装

油泥表面虽然光滑，但是只有附上金属膜、安装仿真样件才能完美地表现出汽车的高光和反射等实际效果。因此贴膜涂装是最后一道必不可少的工序。

(1) 样件安装　纯油泥模型在很多细节上还是不能达到完全仿真的效果，特别是一些功能件，如格栅、灯、镀铬件、风口、显示屏、把手等，这些件都需要制作样件来安装到模型上，以提升模型的整体效果。仿真样件制作的时机是在油泥模型型面及细节刻画完成后，进行了油泥造型评审并且造型基本确定的情况下，采集油泥点云数据，制作数字模型而后找专业的生产制造厂家进行制作。

(2) 贴膜　在贴膜前应再次用刮片和塑料片来精修油泥模型的表面，刮片要打磨锋利，清除掉模型上所有明显的刮痕后，再在模型上喷一些水，用塑料刮片再刮一次，这样既清理了模型上的细微颗粒，又可以再次检测模型有没有裂缝或气泡。把这些工作做完后，将专用的油泥薄膜浸泡在水里10min以上，让薄膜充分舒展开来后将其拉平张贴在模型上，然后用橡胶片刮平。张贴顺序一般是先贴上面，再贴下面，并要注意膜的方向，贴同卷膜最好是横竖方向统一。

(3) 涂装　使用涂料涂装车身，一般使用水性乳胶类墙漆来涂装，根据对颜色的需求进行现场配色。漆的颜色涂到油泥上干硬后会有一定的变化，因此在涂装前应不断试验调整。外饰比较简单，需要涂装的地方基本就是一些零部件的黑色区域；涂装内饰时，应尽量体现其色彩对比，漆的颜色和涂装出来的纹理效果应搭配好。

(4) 贴胶条或胶带　在面与面的接缝处贴上泡沫胶条、胶带，用黑色、银白色、镀铬等胶带能表现一些特殊效果，从而体现车身的结构缝隙、搭配关系等，获得更好的视觉效果。

5. 模型展示及评审

油泥模型的制作本身就是为了能够更好、更真实地展现汽车造型。在油泥模型制作过程中，各阶段都存在着不同类别需求的审视、探讨和评价，反复推敲、修改发现的问题，以评审的结论为造型设计提供改进的方向指导。因此，在模型制作阶段，应组织不同部门、阶层的人员来进行不同时期及不同目的的评审，评审内容包括造型美观性、工程技术性、工艺可行性及市场定位等方面。

模型展示也是比较重要的，可以让评审人员真实有效地观测模型，故而模型展示的区域首先要求够大，能使评审观测人员在 10m 范围外随意观测模型（外饰）；其次需要灯光及环境的配合，可分为条形灯光带环境下看高光走势，自然光情况下看造型整体协调和颜色对比。地面、墙面或室外环境的选择也比较重要，应尽量突出模型车体本身，地面选择亚光暗灰色系，墙面可选灰白色，在室外环境下应选择空旷无突出建筑或物体的场地。EV01 外观油泥模型如图 3-6 所示。

图 3-6 EV01 外观油泥模型

3.2.5 A 面设计

1. 基本概念

点云是通过 3D 扫描仪得到的产品外观表面的点数据集合并经计算机处理后形成的点状数据。数据采集是数据处理、模型重建的基础。没有高精度的数据采集技术和设备，就不会逆向得到高水平的模型。点云数据的测量方式主要有接触式和非接触式两种。点云输出的主要格式有 *.stl、*.pts、*.asc、*.dat、*.imw、*.xyz 等。

CAS 是英文 class A surface 的缩写，指的是 A 级曲面。CAS 数据是指汽车设计数字化工作流程中交付初步造型曲面，属于 A 面前一阶段任务。制作 CAS 数据的前提要求：需要有效果图、工程可行性分析、造型策略等支持文件。CAS 主要用于造型研究阶段进行法规要求、造型、工程、生产制造的校核，也用于造型开发过程评审以及大小比例、全尺寸油泥模型的制作。

A 级曲面逆向设计是在点云基础上对已有产品进行解剖、深化和再创造的过程。A 级曲面是由开发 CATIA 软件的 Dassault System 公司提出的概念，主要是指车身零部件中对外观和形状要求极高的可见曲面，如车身外部覆盖件、仪表板和门护板等零件的表面。

汽车行业逆向建模应用的三维软件有 Alias、CATIA、ICEM Surf 等，本文介绍使用 Alias 软件进行乘用车整车外饰点云逆向设计建模和检查。

外饰点云逆向设计前，需关联设计任务输入清单：

1）点云数据，根据实物模型扫描采集，体现造型设计意图。

2）细节效果图或照片，是对点云数据的补充和细化。

3）工程截面输入与轮胎限制。

含整车外形尺寸、地面线、前/后悬、轴距、接近角/离去角、前/后视野线、头部空间要求。轮胎限制包含轮护板法规限制，轮胎包络。EV01 油泥模型点云数据如图 3-7 所示，外观 CAS 面如图 3-8 所示，外观 A 面如图 3-9 所示。

图 3-7　EV01 油泥模型点云数据　　图 3-8　EV01 外观 CAS 面　　图 3-9　EV01 外观 A 面

2. 逆向设计基本原则

（1）符合法规　数据设计前需输入产品投放市场所在的国家、区域，保障设计数据符合当地法律、法规要求。

（2）符合企业级 A 级曲面质量要求　一般汽车生产厂商会有适应于自己体系的生产、制造工艺水平的数据输出精度要求。不同厂家在公差设定上会有些许差异，而公差设定会带来数据设计工作量的差别。

（3）连续性要求　连续性要求是指相邻曲线或曲面之间的搭接关系，汽车 A 面常用的有 G0、G1、G2、G3 连续。

3. 符合一般行业通用数字质量要求

在汽车行业数字化发展过程中，逐渐形成了汽车 A 级曲面设计的一些通用原则，即所有特征都必须具有可扩展性和可编辑性，特征必须分解成单凸或单凹特征；光顺保证二阶导数以上连续，特征线（面）函数必须小于六阶，特征间的连接要二阶导数以上连续（曲率连续），零件边界线必须光顺，用扫描面（sweep）的方法，不可以用多个特征断面，但可用单特征面（曲率变化不超过 2 倍）多个断面扫描面，不可用多个边界约束的小面拼接零件。

4. 点云输入整理与质量评估

点云输入后根据需要进行稀释、整理。通过环境分析和斑马线检查点云质量，对点云数据中的质量缺陷确定修正方案，以方便数据设计工作有效开展。根据扫描硬点与设计坐标进行坐标修正，达成设计目标。

5. 设计步骤与方法

对点云数据做 X、Y、Z 方向截面，用于判定建模中曲线和曲面与点云数据的偏差距离；使用曲线工具构建整车外饰三维轮廓线和内部特征线；使用曲面工具构建侧窗玻璃大面，对比玻璃曲面和点云数据的截面线、斑马线。调节曲面控制参数，使玻璃曲面和点云数据贴合误差在 ±0.5mm 以内，高光走势和宽窄变化与点云一致。拟合 Y0 曲线构建车顶对称大面，使顶盖曲面贴合点云数据，保证 Y0 特征 G3 连续，曲面构成结构合理，控制点规律整齐，多个角度查看斑马线走势是否与点云数据一致并光顺。根据轮廓线和特征线进行其他区域零部件曲面构建，结合截面线和斑马线，批量使用移动 CV 点工具使 A 柱面贴合点云数据，斑马线和点云数据一致并且光顺。根据零部件分件定义进行分件设计，构建翻边倒角，并调整车身外观公差标准（DTS）定义值。

6. 设计质量检查

（1）**检查标准**　检查标准涵盖曲面质量标准，一般在参考行业标准前提下执行主体企业的设计标准。其中典型公差标准为曲面之间的连接至少满足切向连续，连续性要满足相邻曲面的间隙在 0.005mm 以下（有些汽车厂甚至要求在 0.001mm 以下），切率改变在 0.16° 以下，曲率在 0.005° 以下，曲率变化率在 0.01° 以下。

（2）**法规标准**　必须满足车型上市所在的国家或地区法规要求，含行人保护等。

（3）**工程检查**（DTS）　必须满足 DTS 的要求。

（4）**曲面质量检查**

1）数据完整度检查。各零部件总成曲面数据完整。在交付前必须做完整性检查，不能出现重复、缺面、短边、未剪切等状态。

2）贴合度检查。必须保证无间隙，以保证零部件外观为原始 A 面。

3）整车主特征线线性检查。整车造型风格主要由主造型特征线来体现，如腰线、水切线、发动机盖流水线和汽车各部件之间的分缝线等，这些特征线构成了整车造型风格的主基调，其他小的造型特征，如组合灯、手柄、装饰亮条、防擦条、门槛护板等也与这些造型特征相呼应，达到浑然一体的效果。因此，主造型特征线条的品质是评价整车造型优劣的决定性因素，而评价主造型特征线条品质的主要指标就是它的光顺性，且其投影在 3 个标准视图上的控制点必须规律有序。

3.2.6　造型工程可行性分析

对于汽车造型特征设计来说，设计公司进行工程可行性分析的研究是一项非常重要的工作。在满足汽车造型拥有足够竞争力的前提下，还需要保证工程可行性能通过，以便于设计、制造出的汽车满足消费者对汽车外观的需求，同时也为消费者提供最可靠、安全、实用的汽车车型。一般来说，汽车造型工程可行性分析可从以下角度来进行研究。

1. 汽车人机工程布置合理性

汽车人机工程布置分析研究主要从保证消费者的驾驶安全性能、操作方便性、车型内部舒适性角度来进行设计。

（1）**行人保护的研究分析**　目前国内对于汽车车型设计是否要做到行人保护还没有相关的法律强制性要求，但保护行人人身安全的思想还是逐步体现在了当前的汽车车型制造上。一般来说，相关检测部门检验汽车车型是否满足行人保护的要求主要体现在下述几方面：关于人体头部撞击的区域，人体上腿部与发动机舱盖前缘碰撞试验，人体下腿部与保险杠碰撞试验。在造型阶段就需要对行人保护预留有针对性的布置空间。

（2）**前、后开度及上、下车方便性的研究分析**　为了更加满足消费者的舒适程度，上、下车的方便性也是汽车造型设计时必须进行研究的重要方向。在通过紧密联系人体的生理结构和汽车结构的相互关系后，可以得到人体在上、下车时最方便的角度以及相关的尺寸范围，从而使消费者的上、下车行为得到极大的方便。

（3）组合仪表可视性及人眼的舒适程度分析　组合仪表的信息对于汽车驾驶人来说是至关重要的，所以在汽车造型设计的过程中，必须满足乘员坐在驾驶座时，能够清晰地看到组合仪表上的信息这一要求；同时还要保证驾驶人在行驶过程中，组合仪表不会造成晃眼以及不舒服的感觉等要求。因此，在进行设计时，对于前车风窗玻璃的角度以及曲率要做到充分的校正和核对，以确保驾驶人在行车过程中的安全。

2. 关于当前汽车造型的强制标准

汽车在生产出来进行销售前，必须通过相关的产品合格强制性项目检验，因而在汽车设计造型的制作阶段需要进行相关强制性标准检验。

（1）驾驶人前方驾驶视野要求　在汽车行驶的过程中，必须保证驾驶人可以看到汽车保险杠前方12m远的地方和5m高处的交通灯，使驾驶人在驾驶过程中，前视野没有障碍。

（2）汽车的整体尺寸　早在2007年的时候，国家产品目录中就强制规定了小排量汽车必须满足两厢的总长小于4m，车身的宽度小于1800mm。而目前国际上的具体要求为，车辆的最大尺寸（长×宽×高）需要满足12000mm×2500mm×4000mm的数据。还需要满足，在汽车满载后，外后视镜的底边离地高度小于1800mm，而汽车的单侧后视镜的外伸量不可以超过汽车最大宽度处200mm。在汽车顶窗开启的时候或者换气装置开启时，汽车外后视镜不得高出300mm。

（3）汽车牌照板安装位置要求　目前使用的校正核对牌照采用国际统一尺寸，具体数据为430mm×140mm。而牌照在汽车上的安装位置要求一般也是统一的，前牌照一般位于汽车的前保险杠上，同时还要在垂直或者近似垂直于汽车的纵向对称平面上，且牌照的中心点不可以处于汽车的纵向对称平面的左侧；汽车牌照以及牌照架也不能超过汽车的前端面。后牌照的中心点不得处于汽车纵向对称平面的右侧；同时后牌照以及牌照架不得超过汽车的后端面。

（4）部分汽车外部照明装置造型的设计要求　前照明灯按照法律强制性要求，必须满足距地高度不小于500mm，不大于1200mm，同时在水平面上，对于汽车的纵向对称平面最远的基准轴方向上，需要保证驾驶人视表面外缘到达汽车外缘的距离不大于400mm；而两相邻视表面上则需要保证内边缘距离不小于600mm。前位置灯按照法律强制性要求，则需要满足距地高度不小于350mm，不大于1500mm，且在水平面横向侧要求两灯之间的距离不小于600mm，同时外缘距离车侧的距离不大于400mm。前转向信号灯按照法律强制性要求，需要满足边缘与外缘的端面距离不大于400mm，同时两灯相邻表面内边缘的距离不小于600mm，而距地高度需要满足不低于350mm，不高于1500mm。

（5）视镜的规范安装　对于汽车的视镜应用，需要使其不容易产生移动而导致驾驶人的视野区域明显改变，这就需要使用针对性的固定方式，避免驾驶人因为后视镜的移动或振动产生视野成像错觉。

（6）视野要求　视镜所提供的视野范围必须满足GB 15084—2013《机动车辆 间接视野装置 性能和安全要求》的规定。视镜所提供的视野范围必须满足驾驶人可以在水平路面上拥有一段宽度至少为2.5m的视角，同时该视角面与汽车的右边纵向基准面平行。同时驾驶人的视角可以向后延伸10m到地平线。

（7）汽车造型凸出物要求　为了保证行人以及驾驶人的安全，在汽车造型设计时，车身外表面不允许有任何向外延伸的尖锐零件，另外因其形状、坚硬程度、朝外角度等因素，可能在碰撞事故中加重事故的凸出物都是需要避免的。

3. 造型设计阶段的工程设计及可行性研究

造型设计阶段的工程设计及可行性研究是保证汽车制造完成后，符合工程设计及使后期销售阶段检验顺利进行的基础事项。因此，在进行造型设计的初期阶段，就必须依靠造型的主断面设计来进行研究，尽可能地完善、解决工程设计及生产可行性研究中所出现的各种问题。只有做到严格的审查和校正核对，才能保证后期的工程制作及生产顺利完成。严格的审查和校正核对是汽车造型进行工程可行性分析的重要内容之一。

4. 汽车内饰色彩和纹理设计

一方面，汽车不仅是一种代步交通工具，而且体现了多种情绪和审美的诉求，特别是汽车内饰的色彩和纹理，无疑是表现消费者文化内涵的代表之一，也是消费者"情绪价值"的体现。另一方面，我国消费者购车时更趋理性，除了关注汽车外观造型设计的变化，也越来越看重内饰带来的舒适感和美观性。内饰的色彩和纹理设计是提高其舒适感和美观性的关键，造型设计体现的是整体风格，而装饰设计体现的是细节和品位，并烘托出内饰的格调。内饰的设计在整车设计中占有非常重要的地位。

内饰的色彩和纹理是指仪表板、门内饰板、座椅、A柱、B柱、C柱、顶盖、地毯、后围及后置物板以及与其相关的功能键和装饰件等汽车内装件构成的汽车内部空间的色彩和纹理。内饰色彩和纹理设计的内容主要包括四个方面：一是标杆车色彩、纹理采样分析，即对标杆车色彩、纹理品质进行检测分析；二是前期市场调研和趋势分析，即把握当前的流行趋势并进行趋势分析；三是色彩和纹理设计，即对内饰方案的整体和局部细节进行色彩、纹理设计方案的构思和实施；四是色彩、纹理样件品质控制，即在样件试制阶段对不同供应商提供的样件组合在一起所呈现的色彩、纹理的统一性进行控制。

汽车内饰色彩和纹理设计流程不是一个独立的体系，它必须基于汽车的造型定位，根据汽车设计开发的方向和定位来进行。汽车内饰色彩、纹理设计是构成整车造型设计开发的重要组成部分，是和整车设计开发体系相辅相成、紧密结合的，并始终贯穿于汽车设计开发的各个阶段。一套完整的汽车造型设计开发从立项到最终模型结束提交A面，将会耗费一年多的时间，而色彩、纹理设计伴随其中，并延续到后期的样车试验阶段。从最初的标杆车色彩、纹理品质检测分析，到前期的汽车造型趋势分析定位，并在内饰效果图冻结后，在冻结效果图上进行色彩和纹理设计，再到汽车造型设计模型阶段辅助模型进行色彩，纹理的表达。内饰油泥模型是色彩、纹理效果从二维图样表现到实物表现的一个阶段。色彩和面料可以得到初步的直观展示，但皮纹效果是无法准确表现的，只有部分经验丰富的油泥模型师能通过特殊的创意手段制作出随机的皮纹效果，以达到提升整车模型视觉效果的目的。外形装饰是为了检验高光和表面趋势；内饰油泥模型是为了检验形体、空间和人机匹配。目的不同，装饰的重要性也就有所区别。真实材质与装饰材料相比有较大差别，因而不能将内饰油泥模型的装饰效果与最终的产品相比。内饰油泥模型可以判定的是材质分界视觉比例的合理性、型面的合理性、色彩的空间分布对视觉造成的影响。准确直观的皮纹效果需要在样车试制阶段在模具上进行不断地调整和优化，以达到设计效果。从图3-10可以看出汽车内饰色彩、纹理设计流程和汽车造型设计流程之间相辅相成的关系。

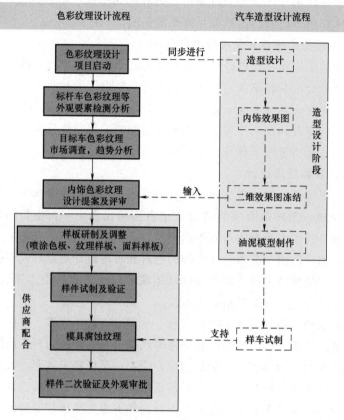

图 3-10　内饰色彩和纹理设计起点及延续

　　为了在汽车造型开发设计中行之有效地进行内饰色彩和纹理设计，让色彩、纹理与汽车造型的功能相符，汽车内饰色彩和纹理的设计应包括以下步骤：标杆车品质检测分析、产品趋势定位、创意方案与评估、模型展示和样件研制。各个阶段相互影响、相互制约，最终达到外观、性能、制造以及成本的均衡，使其拥有最大的市场竞争力，EV01 色彩、纹理的定义如图 3-11 所示，外观品质基准书见表 3-6。

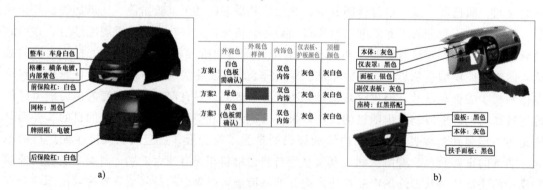

图 3-11　EV01 色彩、纹理的定义

a）外观颜色要求　b）内饰颜色要求

表 3-6　外观品质基准书

车身间隙、面差图			
序号	部位描述	间隙/mm	面差/mm
1	前风窗玻璃和顶盖	3.5	0
2	前风窗玻璃和侧围	5.5	—
3	发动机舱板和翼子板	4.0	0
4	前保险杠和翼子板	1.0	0
5	侧围和翼子板	3.0	0
6	门外板和翼子板	5.0	-0.6
7	门外板和侧围(门槛处)	4.5	-0.6
8	门外板和侧围(顶盖边梁处)	4.5	-1.3
9	门外板和侧围(后边界)	4.5	0
10	侧围和侧围装饰板	1.0	-1.0
11	后风窗玻璃和后背门外板	3.0	-2.5
12	后背门外板和顶盖	12.0	-0.6
13	后背门外板和装饰板	1.5	—
14	后背门外板和后保险杠	8.6	—
15	后照灯和后保险杠	2.0	-1.0
16	后背门外板和后照灯	5.0	-1.0
17	侧围和后保险杠	1.0	0
18	左侧围和后组合灯	2.0	-1.0
19	右侧围和后组合灯	2.0	-1.0
20	前格栅和发动机舱盖	6.0	-2.0
21	前格栅和前保险杠	2.0	—
22	前格栅和前照灯	2.0	—
23	前保险杠和前照灯	2.0	—
24	前照灯和翼子板	2.0	-1.0
25	发动机舱盖和前照灯	4.0	-1.0
26	侧围和顶盖	28.0	0
27	后风窗玻璃和后照灯	6.0	-2.5
28	后风窗玻璃和侧围	5.0	-3.5

3.3 电动汽车整车总体方案设计

3.3.1 整车总布置方案

1. 整车总布置流程

总布置设计首先确定整车设计思想，即明确设计任务书。在总体设计过程中，需要先确定整车主要尺寸参数、主要性能参数、质量参数以及各系统总成基本形式，所选择电动机和轮胎型号等。这些属于初步的布置与方案设计阶段，即 Layout 阶段。随着设计工作进行到车身零部件逐步选定或设计逐步完成阶段，即进入精细设计阶段，也就是所谓的精确布置与虚拟装配检查阶段。

上述这些尺寸和参数的确定不可能依靠精确的公式计算，一般根据新产品开发计划和性能要求，在大量的市场车型调查和统计分析工作的基础上，参考国内外同类车型，选择相应的样车作为初步确定参数的依据。同时还应注意所确定的参数要符合各种法规和标准的要求。

整车总体设计尺寸参数主要包括总长、总宽、总高；轴距、前悬、后悬、轮距（前轮、后轮）；离去角、接近角、最小离地间隙等。一般来说，随着总体设计参数的确定，其车身上的主要尺寸参数也可初步确定。随着整车总体设计参数和车身主要尺寸参数的确定，其他尺寸参数应在布置设计中逐步具体化，并使其满足主要尺寸的要求。

整车总布置在确立了汽车的长、宽、高、轴距、轮距等控制尺寸，轴荷分配范围以及散热器、动力总成、前/后桥、传动轴和车轮等的轮廓尺寸和位置后，再参考同类车型有关数据作为借鉴。设计人员即可初步确定前悬和后悬的长度，前、后风窗位置和角度，发动机舱盖高度，地板平面高度，前围板位置，座椅布置，内部空间控制尺寸，转向盘位置角度和操纵机构及踏板的相互位置等。整车总布置有着与车身、底盘相互制约、相互协调的关系。往往需要反复交叉进行。这种协调工作需要设计者的智慧和经验。

一款新车设计首先从汽车造型开始。造型工作包括绘制效果图、制作模型等。以前的汽车造型完全依赖于手工制作。手工草图确定汽车外形后，通过多次油泥模型的制作来确定最终方案。现在，汽车造型师可利用先进的图形处理软件，将自己的意图快速地表达出来。通过效果图直接利用三维曲面软件进行三维建模，曲面光顺后直接进行数控加工模型，从而使模型最大限度地与设计师意图相符。

在造型工作开展的同时，整车总布置也开始进行方案初定、车身结构建模、断面选择、底盘参数初定以及成熟结构选择。造型工作与整车结构确定是相互关联、相互影响的。以前的整车总布置通过手工绘制或计算机平面设计，方案修改费时费力，现在使用三维软件进行整车总布置，通过参数化修改，直观形象且效率大增。总设计的内容主要包括整车硬点（所谓硬点是指汽车设计中确定的不能改变、强行确定的位置或形状，它可以是孔、平面或一段曲面等）确定，整车满足国家标准的校核报告编写，用于生产企业的产品描述文件编写，整车的装配检验以及整车详细的结构设计。在整车设计任务书与整车总体方案的指导下，进行详细的整车 CAD 全参数化设计。其中，汽车的车身设计在整车设计中占很大的比重。车身设计可充分体现当今先进的三维参数化设计的特点。整车总布置设计流程如图 3-12所示，EV01 整车尺寸和质量参数见表 3-7，EV01 整车基本性能参数见表 3-8。

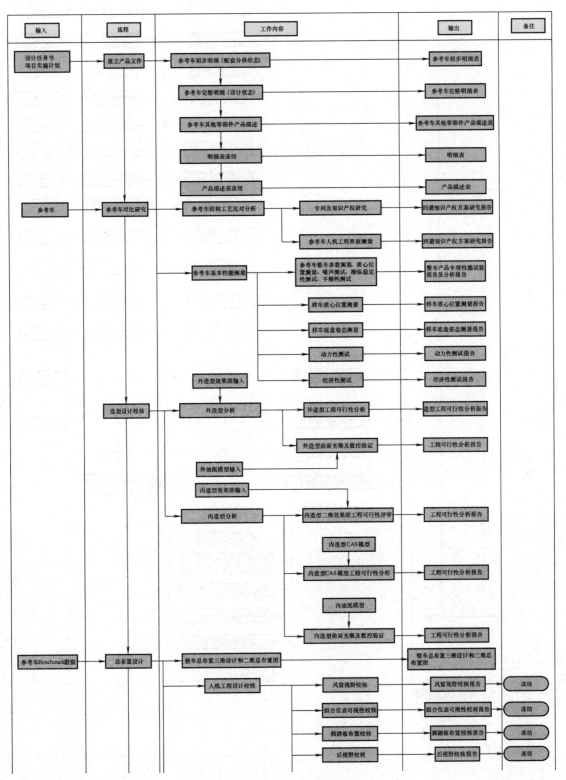

图 3-12 总布置设计流程

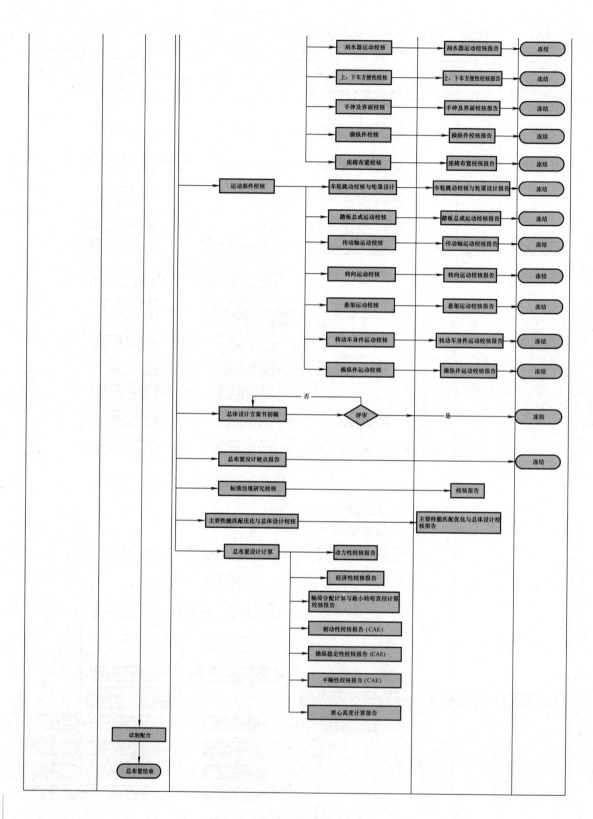

图 3-12　总布置设计流程（续）

表 3-7　EV01 整车尺寸和质量参数

电机型号			15kW
外形尺寸		长/mm	2912
		宽/mm	1570
		高(空载)/mm	1507
轴距/mm			1875
轮距		前轮距/mm	1301
		后轮距/mm	1320
前悬/mm			600
后悬/mm			442
质量参数		整车整备质量/kg	820
		承载质量/kg	150
		满载质量/kg	1010
开闭件	前车门	最大开度/(°)	56
	后车门	最大开度/(°)	—
	发动机舱盖/(°)		78
	后背门/(°)		84

表 3-8　EV01 整车基本性能参数

电机型号				15kW
动力性(满载)		最高车速/(km/h)		>80
		续驶里程/km		130
		最大爬坡度(%)		≥20
安全性	制动性(93/14/EEC)	制动力	制动踏板制动力/N	≤350
			驻车制动力/N	≤200
		剩余效能		不低于测试减速度的60%
	视野	驾驶人前方视野		满足97/24/EEC
		驾驶人后方视野		
	侧倾稳定角(GB 7258—2017)	空载、静态状态下向左侧、右侧最大侧倾稳定角/(°)		≥35
环保性	噪声(97/24/EEC)	噪声要求/dB(A)		≤75
	通过性数据(GB/T 19234—2003)	接近角(满载)/(°)		28.3
		离去角(满载)/(°)		38.3
		最小离地间隙(空载)/mm		≥130
		最小转弯直径/m		≤7.5
平顺性(GB/T 4970—2009)		等效均值 Leq(70km/h)/dB		—

2. 人机工程校核

在汽车设计中，人机工程直接影响汽车的使用性、安全性、舒适性等，在进行布置设计时必须考虑人机工程是否满足舒适范围。本校核报告包括视野校核。上、下车方便性校核，人体坐姿校核，踏板布置校核以及手伸及界面校核等内容。EV01 整车布置和人机方案设计如图 3-13 所示。

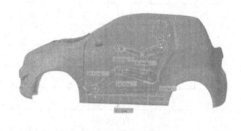

图 3-13　EV01 整车布置和人机方案设计

下面以相关标准和法规为基础，结合 EV01 车型布置设计情况，对 EV01 车型的人机工程进行校核。

（1）EV01 车型视野校核　风窗玻璃基准点如图 3-14 所示，双目障碍角在 P 点⊖水平面内的校核示意图如图 3-15 所示。

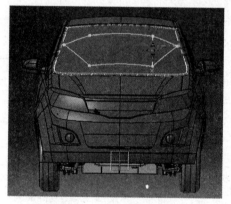

图 3-14　风窗玻璃基准点

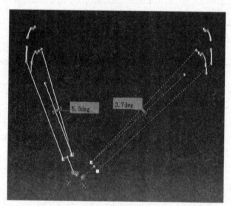

图 3-15　双目障碍角在 P 点水
平面内的校核示意图

驾驶人前方 180°内视野校核如图 3-16 所示，仪表板障碍视野如图 3-17 所示。视野校核结果见表 3-9。

表 3-9　视野校核结果

校核项目	法规	校核结果	结论
双目障碍角校核	GB 11562—2014	驾驶人侧 5.3°，乘员侧 3.7°	满足法规要求
外视镜的视野校核	97/24/EEC	驾驶人侧看到车后 10m、左侧 4.5m，乘客侧看到车后 20m、右侧 7m	满足法规要求
内视镜的视野校核	97/24/EEC	车后 60m 处，可视宽度 22.7m	满足法规要求

⊖ P 点是指当驾驶人水平观察物体时头部绕其旋转的点。

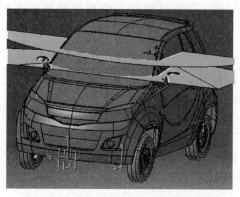

图 3-16　驾驶人前方 180°内视野校核

图 3-17　仪表板障碍视野

（2）EV01 车型上、下车方便性校核　EV01 上、下车通道宽度。上、下车通道宽度大于 400mm 时，上、下车方便性较好。EV01 上、下车通道宽度是 500mm，满足设计要求。表 3-10 是 EV01 车型与国内其他车型上、下车通道宽度的对比。

表 3-10　EV01 车型与国内其他车型上、下车通道宽度的对比

项　　　目	代号	EV01	炫丽	酷熊	威姿	威驰	推荐	备注
前车门最大开度时下部通道宽度	L18	500mm	446mm	420mm	456mm	481mm	>400mm	推荐标准引用 SAE J1100

（3）EV01 车型人体坐姿校核　EV01 选用 A50 人体校核，具体人体坐姿参数见表 3-11，EV01 人体坐姿校核如图 3-18。

表 3-11　人体坐姿参数

符号	尺寸名称	EV01 车型	舒适参考范围	结论
H30	胯点到踵点的垂直距离/mm	322.5	250~405	满足推荐要求
L53	胯点到踵点的水平距离/mm	761.2	—	—
L40	靠背角/(°)	21.0	20~30	满足推荐要求
L42	躯干与大腿夹角/(°)	100.0	95~115	满足推荐要求
L57	大腿与水平面夹角/(°)	11.0	—	—
L44	膝角/(°)	128.3	100~145	满足推荐要求
L46	脚角/(°)	99.7	87~130	满足推荐要求

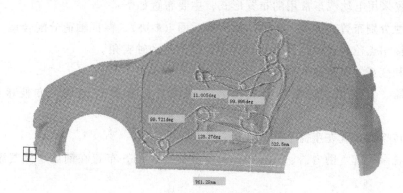

图 3-18　EV01 人体坐姿校核

aaa

（4）EV01 车型踏板布置校核　根据 GB/T 17346—1998《轿车　脚踏板的侧向间距》校核 EV01 车型踏板间距，校核结果见表 3-12。

表 3-12　踏板间距校核结果

代号	项　目	ECE 法规		DIN 73001	EV01
		最大值	最小值	推荐值	
E	加速踏板与制动踏板间距	100mm	50mm	70mm	52mm

EV01 车型踏板校核示意图和落差示意图分别如图 3-19、图 3-20 所示，表 3-13 为 EV01 车型踏板落差与不同车型踏板落差的对比。

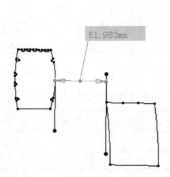

图 3-19　EV01 踏板校核示意图

图 3-20　EV01 踏板落差示意图

表 3-13　EV01 车型踏板落差与不同车型踏板落差的比较　　（单位：mm）

名　称	酷熊	嘉誉	哈弗	炫丽	EV01	推荐数值
制动踏板和加速踏板之间的落差	32	39	40	32	43.8	30~50

3.3.2　整车设计方案

1. 新能源动力系统设计概要

EV01 布置采用电动汽车常用的布置形式，主要布置如下：

1）蓄电池分别布置在前舱（2 块）和座椅后面（4 块），保证轴荷分配合理。

2）动力输出点位置参照标杆车，以保证合理的传动轴夹角。

3）电机和变速器布置在前舱底层。

4）控制器、充电机、转换器（直流转换器除外）布置在前舱，方便接线、维修、使用。

5）直流转换器布置在座椅下面。

6）制动总泵、真空助力器、真空泵、真空控制器、ABS 布置在前舱，储气罐布置在驾驶舱。

7）空调压缩机、冷凝器布置在前舱，压缩机控制器、蒸发器布置在驾驶舱。

8）其他各系统参考样车进行布置。EV01
整车布置如图 3-21 所示。

2. 整车主要参数

布置方案与整车参数有关，特别是和整车
质量参数有关。EV01 整车尺寸如图 3-22 所
示，整车主要参数见表 3-14。

3. 主要系统布置方案

（1）蓄电池布置方案

1）布置方案。电动汽车布置的关键是蓄
电池布置，蓄电池布置方案直接影响整车布置，
而且蓄电池位置直接决定前、后轴荷分配比例。

图 3-21 EV01 整车布置

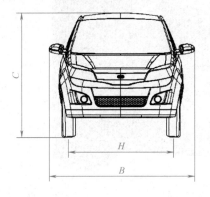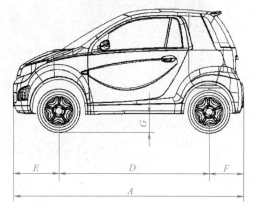

图 3-22 EV01 整车尺寸

表 3-14 EV01 整车主要参数

车 型		EV01
电机型号		5.5kW 直流
外形尺寸	总长（A）/mm	2893
	总宽（包含外视镜）（B）/mm	1554
	总高（空载）（C）/mm	1512
	轴距（D）/mm	1886
轮距	前轮距（H）/mm	1300
	后轮距/mm	1322
	前悬（E）/mm	566
	后悬（F）/mm	441
质量参数	整车整备质量/kg	852
	空载轴荷（前/后）/kg	489/363
	空载轴荷百分比（前/后）（%）	57.4/42.6
	承载质量/kg	150
	满载质量/kg	1002
	满载轴荷（前/后）/kg	524/462
	满载轴荷百分比（前/后）（%）	54/46

（续）

开闭件	前车门	最大开度/(°)	56
	后车门	最大开度/(°)	—
	前舱盖/(°)		78
	后背门/(°)		84

为了满足前轴荷在空载状态下不小于55%的要求，蓄电池采用前2后4的布置方案，即前舱布置2块蓄电池，座椅后面布置4块蓄电池，如图3-23所示。

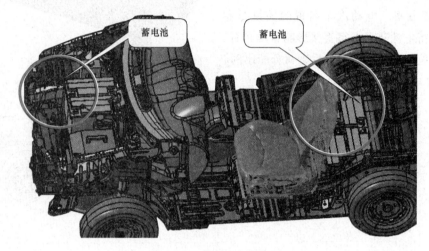

图 3-23　蓄电池布置位置

2）周边重要间隙。蓄电池周边重要间隙见表3-15。

表 3-15　蓄电池周边重要间隙

间隙名称	间隙值/mm	设计要求/mm	备注
蓄电池与真空助力器的最小间隙	12	≥5	合格
蓄电池与交流转换器的最小间隙	20	≥5	合格
蓄电池与电机的最小间隙	49	≥30	合格
蓄电池与后悬架横梁的最小间隙	35	≥15	合格
蓄电池与后减振器的最小间隙	22	≥15	合格

（2）电机与变速器布置方案

1）布置方案。根据动力输出点尽量与标杆车一致，传动轴角度合理，周边间隙合理的原则，电机与变速器布置在前舱底层，如图3-24所示。

2）周边重要间隙。电机与变速器周边重要间隙见表3-16。

（3）制动系统布置方案

1）布置方案。本车采用机械驻车制动，行车制动为液压制动，选配ABS并带真空助力。布置时主要考虑装配、使用、维修、管路连接合理性。布置位置如图3-25所示。

表 3-16　电机与变速器周边重要间隙

间隙名称	间隙值/mm	设计要求/mm	备注
变速器与转向器的最小间隙	25	≥15	合格
电机与右纵梁的最小间隙	194	≥15	合格
变速器与右纵梁的最小间隙	67	≥15	合格
电机与空调冷凝器的最小间隙	32	≥25	合格

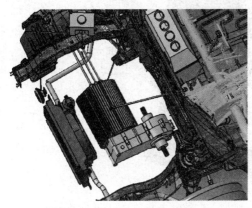

图 3-24　电机与变速器布置位置

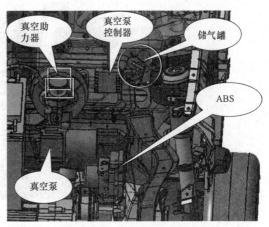

图 3-25　制动系统布置位置

2）周边重要间隙。制动系统周边重要间隙见表 3-17。

表 3-17　制动系统周边重要间隙

间隙名称	间隙值/mm	设计要求/mm	备注
真空助力器与充电机的最小间隙	11	≥5	合格
真空助力器与真空泵控制器的最小间隙	20	≥5	合格
ABS与真空泵的最小间隙	16	≥5	合格
储气罐周边最小间隙	14	≥10	合格

（4）电动汽车专用件布置方案

1）布置方案。电动汽车专用件主要包括控制器、充电机、转换器，布置要求拆卸合理、使用方便、接线简洁，布置位置如图 3-26 所示。

2）周边重要间隙。电动汽车专用件周边重要间隙见表 3-18。

（5）空调系统布置方案

1）布置方案。EV01 选配车载空调，空调系统自带动力压缩机，蒸发器带暖风功能。空调系统布置主要考虑安装固定合理、迎风冷却条件好及管路连接方便，布置位置如图 3-27 所示。

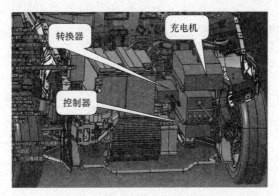

图 3-26　电动汽车专用件布置位置

表 3-18 电动汽车专用件周边重要间隙

间隙名称	间隙值/mm	设计要求/mm	备注
控制器与转换器的最小间隙	10	≥5	合格
控制器与变速器的最小间隙	19	≥12	合格
充电机与真空助力器的最小间隙	21	≥5	合格

图 3-27 空调系统布置位置

2）周边重要间隙。空调系统周边重要间隙见表 3-19。

表 3-19 空调系统周边重要间隙

间隙名称	间隙值/mm	设计要求/mm	备注
蒸发器周边最小间隙	41	≥5	合格
冷凝器与喇叭的最小间隙	28	≥8	合格
压缩机与电机的最小间隙	13	≥12	合格

4. 底盘系统设计流程及主要参数

底盘系统开发流程见图 3-28（见后附折页）。底盘设计参数见表 3-20。

表 3-20 底盘设计参数

车　型			EV01
悬置			三点橡胶悬置
悬架系统	前悬架		麦弗逊独立悬架
	后悬架		拖曳臂式整体驱动后桥
车轮定位（空载）	前轮外倾/(°)		1°±30′
	前轮前束/(°)		10′±10′
	主销内倾/(°)		12°30′±30′
	主销后倾/(°)		4°±30′
	后轮外倾/(°)		0°±20′
	后轮前束/(°)		10′±20′

（续）

车轮及轮胎	轮胎类型	子午线轮胎
	轮胎规格	155/65R13
	轮辋规格	5.5J×13 铝质轮辋
	轮胎气压	250kPa/250kPa（前/后）
转向系统	转向盘	三幅式转向盘
	转向器形式	齿轮齿条式机械转向器
	转向传动装置	双十字轴传动，不可调整式转向管柱
制动系统	结构型式	H 型液压制动系统
	行车制动器	前：盘式制动器，后：鼓式制动器
	驻车制动器	棘轮机构通过机械拉索操纵后制动器

5. 车身、内外饰设计流程及主要参数

车身附件系统开发流程如图 3-29（见后附折页），车身、内外饰方案参数见表 3-21。

表 3-21　车身、内外饰方案参数

车身本体		车身结构型式	承载式车身
		车门总成	顺开式车门，2 个
		前舱盖	前掀式
		车身模态	29.42Hz
		弯曲刚度	6362N/mm
		扭转刚度	5759N·m/(°)
内外饰仪表板		前、后保险杠	采用 PP+EPDM+T15 材料，注塑成型工艺
		门槛装饰板	采用 PP 材料，注塑成型工艺
		仪表板	ABS 注塑本体和套色工艺，支撑管梁，左置组合仪表
		A 柱、B 柱、C 柱及门内护板等	注塑成型，门护板上设置杂物盒
		车内扶手	采用 PP 注塑
		顶棚	整体热压件
		风窗、车门玻璃	风窗玻璃为夹层玻璃，车窗为钢化玻璃
	座椅	前排座椅	针织布座椅，前后位置、靠背、头枕高度可调
		后排座椅	无
		门把手	注塑门把手
车身附件		安全带	三点式安全带
		刮水器	前刮水器：连杆双臂式
		风窗洗涤器	双喷嘴，洗涤罐带 12V 电动机
		视镜	外视镜：手动外视镜，镜面可四向调节；内视镜：可多向手动调节，有防眩目功能，采用球头安装方式
		遮阳板	遮阳板无化妆镜，为上下转动式遮阳板

6. 电器系统设计流程及主要参数

电器系统设计流程如图 3-30 所示，电器方案参数见表 3-22。

电动汽车产品开发教程

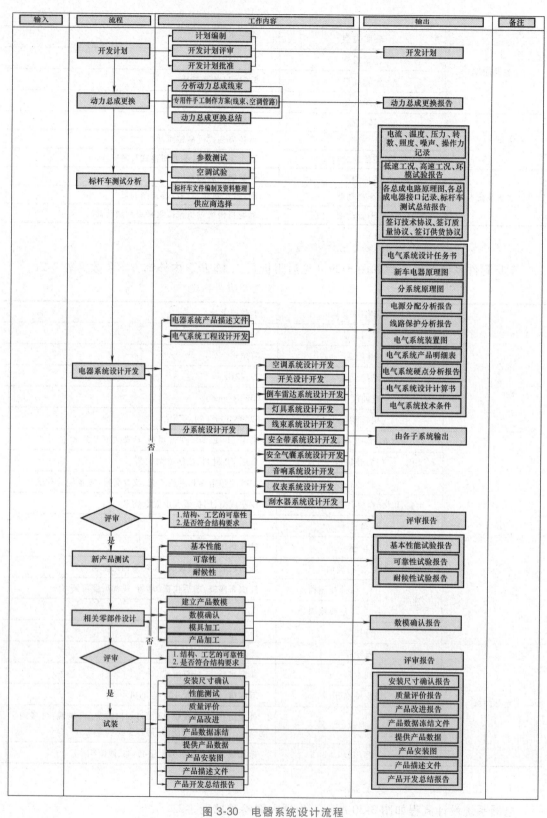

图 3-30　电器系统设计流程

表 3-22 电器方案参数

电器系统	线路	电器直流电压12V,动力电压108V,充电电压220V
	蓄电池	锂电池
仪表系统	组合仪表	指针式仪表,电压表、车速表、里程表数显
	指示灯	驻车制动指示灯、制动系统故障指示灯、安全带未系指示灯、灯光开启指示灯、远光灯开启指示灯、左转向信号指示灯、右转向信号指示灯、控制器过温保护指示灯、漏电保护指示灯、欠压保护指示灯
	传感器及开关	车速传感器
辅助电气系统	前风窗刮水系统	前刮水四档:HI、LO、INT、OFF
	音响设备	收音一体机
	天线	顶置式天线
	点烟器	电阻丝加热式
	车载电源	无
	后窗除霜	无
	锁	遥控电动门锁
	电动玻璃升降器	电动升降
	喇叭	盘式电喇叭,两个
	ABS	无
	点火系统	四档:START、ON、ACC、LOCK
	灯光、音响提示器	仪表指示灯提示
	倒车雷达	无
照明及信号系统	前照灯	白色(远光65W,2个;近光55W,2个)(双灯丝)
	前位灯	白色(5W,2个)
	行李舱照明灯	白色(5W,1个)
	转向灯	琥珀色(前21W,2个;后21W,2个)
	侧转向灯	琥珀色(5W,2个)
	后位灯	红色(5W,2个)
	制动灯	红色(21W,2个)
	高位制动灯	红色
	牌照灯	白色(5W,1个)
	倒车灯	白色(21W,1个)
	仪表照明灯	蓝色或橙色,待选
	前雾灯	无
	后雾灯	无
	前室内灯	白色(8W,1个)
	后室内灯	无
	前照灯高度调节	无

3.4 电动汽车的行驶工况与性能匹配

3.4.1 电动汽车的行驶性能

电动汽车与内燃机汽车在外表上没有什么区别，在车辆行驶时，车轮与地面之间相互接触、相互作用，它们之间的力学过程也不存在本质的区别。这两种汽车的转向装置、悬架装置及制动系统基本也是相同的。它们之间的主要差别是采用了不同的动力系统。内燃机汽车是燃油混合气体在内燃机中燃烧做功，从而推动汽车前进。电动汽车的电能由动力蓄电池提供，经过驱动系统和驱动电机驱动行驶。因此，电动汽车的操纵稳定性、平顺性及通过性与内燃机汽车相似。电动汽车本身除具有再生制动性能外，与内燃机汽车的制动性能也是相同的。电动汽车的能量供给和消耗，与动力蓄电池的性能密切相关，直接影响电动汽车的动力性和续驶里程，同时也影响电动汽车行驶的成本效益。

1. 驱动力和行驶阻力

电动汽车在行驶中，动力蓄电池输出电能给驱动电机，驱动电机输出功率，用于克服电动汽车机械装置的内阻力以及由行驶条件决定的外阻力所消耗的功率。内阻力通常由汽车内机械装置的效率表示。外阻力是电动汽车的行驶阻力。分析电动汽车行驶时的受力状况，建立行驶方程式，是分析电动汽车行驶性能的基础。

（1）驱动力　电动汽车的驱动电机输出轴输出转矩 M，经过减速齿轮传到驱动轴上的转矩为 M_t，使驱动轮与地面之间产生相互作用，车轮对地面作用一圆周力 F_0，同时，地面对驱动轮产生作用力 F_t。F_t 与 F_0 大小相等，方向相反，F_t 的方向与驱动轮前进方向一致，是推动汽车前进的外力，定义为电动汽车的驱动力，即

$$M_t = M i_g i_0 \eta$$
$$F_t = \frac{M_t}{r} = \frac{M i_g i_0 \eta}{r} \tag{3-1}$$

式中，F_t 为驱动力，单位为 N；M 为驱动电机输出转矩，单位为 N·m；i_g 为减速器或者变速器传动比；i_0 为主减速器传动比；η 为电动汽车机械传动效率；r 为驱动轮半径，单位为 m。

电动汽车机械传动装置是指与驱动电机输出轴有运动学联系的减速齿轮变速器、传动轴以及主减速器等机械装置。机械传动链中的功率损失有齿轮啮合点处的摩擦损失、轴承中的摩擦损失、旋转零件与密封装置之间的摩擦损失以及搅动润滑油的损失等。因为影响因素复杂，所以单独计算每个损失比较困难。现代机械传动装置生产技术水平比较高，传动装置中的损失较小，为了简化计算，将各项损失合并到啮合损失内。对于一般机械传动装置效率，可以按式（3-2）计算。

$$\eta = \eta_y^n \eta_z^m \tag{3-2}$$

式中，η_y 为圆柱齿轮副的效率，取值范围为 0.97~0.98；η_z 为锥齿轮副的效率，取值范围为 0.96~0.97；n 为传递转矩处于啮合状态的圆柱齿轮对数；m 为传递转矩处于啮合状态的

锥齿轮对数。

对于采用行星轮系或行星排的机械传动效率，计算方法更为复杂，在此不予讨论。单排行星减速器的效率一般取为 0.97~0.98，万向传动轴的效率取为 0.98。

汽车在各种行驶工况下行驶时，所需的转矩和功率是行驶速度的函数，取决于不同车速行驶时所遇到的行驶阻力。驱动电机的转矩-转速特性必须满足汽车的这种需要。假设驱动电机在不同转速时的功率保持不变，则有

$$P_{M} = \frac{Mn}{9549} \tag{3-3}$$

式中，n 为驱动电机转速，单位为 r/min；M 为驱动电机转矩，单位为 N·m；P_{M} 为驱动电机的输出功率，单位为 kW。

在驱动电机的工作转速范围内，转矩与转速成反比，转矩特性是一条在第一象限内的双曲线。转速低时转矩大，转速高时转矩小。这种特性比较接近汽车的行驶工况。但是各种驱动电机的转矩特性与这种理想的特性是有区别的。串励式直流驱动电机的功率与转矩特性如图 3-31 所示。串励式交流驱动电机的功率与转矩特性如图 3-32 所示。驱动电机存在不同的工作制，如 1min 工作制、5min 工作制、30min 工作制等，即存在瞬时功率、连续功率和小时功率。

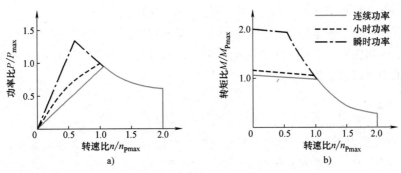

图 3-31　串励式直流驱动电机的功率与转矩特性
a）功率特性　b）转矩特性

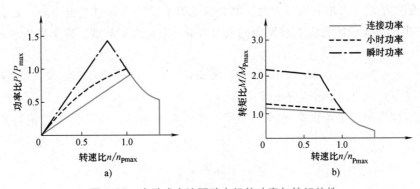

图 3-32　串励式交流驱动电机的功率与转矩特性
a）功率特性　b）转矩特性

这些特性图上有三条曲线，分别代表连续功率、小时功率和瞬时功率（起动功率）。瞬

时功率和小时功率均大于连续功率。由于驱动电机发热，瞬时功率与小时功率使用时间受到限制。这个特点使得车辆具有在一段时间得到较大加速度或者克服较大的坡道阻力的能力，因而得到了广泛的使用。

（2）行驶阻力 电动汽车在上坡加速行驶时，作用于电动汽车上的阻力与驱动力保持平衡，建立如下汽车行驶方程式：

$$F_t = F_f + F_w + F_i + F_j \tag{3-4}$$

式中，F_t 为驱动力；F_f 为行驶时的滚动阻力；F_w 为行驶时的空气阻力；F_i 为行驶时的坡道阻力；F_j 为行驶时的加速阻力。

1）滚动阻力 F_f。电动汽车在硬路面上行驶，由于橡胶轮胎的弹性迟滞形成的能量损失，相当于汽车车轮在前进方向上遇到的一个阻力消耗了汽车的能量。将这个阻力定义为汽车行驶的滚动阻力 F_f，通常与车轮上的法向载荷成正比，即

$$F_f = fG\cos\alpha \tag{3-5}$$

式中，G 为汽车的总重力，单位为 N，$G = mg$，m 为汽车质量，g 为重力加速度；α 为汽车在坡道上行驶时道路的坡度角；f 为滚动阻力系数。

滚动阻力系数 f 的数值由试验确定，影响滚动阻力系数的因素很复杂。通常滚动阻力系数与路面的种类，行驶车速和轮胎的材料、构造、气压等因素有关。为了降低滚动阻力系数，可以采用低弹性迟滞橡胶、薄胎面、高压子午线轮胎。

2）空气阻力 F_w。根据空气动力学原理，汽车在行驶过程中由于空气动力的作用，在汽车行驶方向上作用在汽车上的分力称为空气阻力。空气阻力通常与气流相对速度的动压力成正比。空气阻力可以表示为

$$F_w = \frac{C_D A v_a^2}{21.15} \tag{3-6}$$

式中，C_D 为空气阻力系数；v_a 为汽车行驶速度，单位为 km/h；A 为迎风面积，单位为 m²。

降低空气阻力的主要途径是降低 C_D 值。空气阻力系数 C_D 值与汽车表面的结构形状有关，由风洞试验确定。通常，轿车 $C_D = 0.3 \sim 0.46$，货车 $C_D = 0.6 \sim 0.7$，大客车 $C_D = 0.6 \sim 0.7$。

3）坡道阻力 F_i。汽车上坡行驶时，除必须克服滚动阻力与空气阻力外，还必须克服坡道阻力 F_i。由于汽车的重力沿上坡路面的分力 $G\sin\alpha$ 阻止汽车前进，此力称为坡道阻力，可表示为

$$F_i = G\sin\alpha \tag{3-7}$$

式中，G 为汽车总重力；α 为道路的坡度角。

道路的坡度角除了以角度表示外，工程上常以坡度表示，将坡度角的正切值定义为坡度，即

$$i = \tan\alpha = \frac{h}{s} \tag{3-8}$$

式中，h 为坡高；s 为坡底长。

一般路面的坡度较小，可以近似表示为

$$F_i = G\sin\alpha = Gi \tag{3-9}$$

4）加速阻力 F_j。设有两个物体，其质量均为 m，其中一个物体在运动时有一部分质量可以旋转，并与该物体有一定的运动学联系；另一个物体没有旋转质量。若以相同的力作用于该物体，两个物体所得到的加速度是不相等的，前者的加速度小于后者。这是因为物体受力作用而做加速运动时，有旋转质量的那一部分除随该物体做平移加速外，还将产生旋转加速度。因此，旋转质量加速旋转而形成附加惯性负荷，表现为对该物体整体的阻力。对于有旋转质量的物体，其加速度比没有旋转质量的物体的加速度要小一些。可以设想有旋转质量的物体，其质量比无旋转质量的物体增加了 δ 倍，δ 称为质量增加系数，或者质量换算系数，用牛顿第二定律表示为

$$F = \delta ma \tag{3-10}$$

电动汽车加速行驶时的加速阻力则可以表示为

$$F_j = \frac{\delta G}{g} \frac{dv}{dt} \tag{3-11}$$

式中，δ 为电动汽车的质量换算系数。

电动汽车的质量换算系数可进一步进行理论分析计算，通常由试验确定。因为还缺乏电动汽车的实验数据和近似的计算方法，所以可参考内燃机汽车的质量换算系数的计算方法。由于电动汽车没有笨重的内燃机和飞轮，其质量换算系数会相对小一些。

2. 驱动力与行驶阻力的平衡

电动汽车在行驶过程中，驱动力与行驶阻力始终保持平衡，这种平衡关系由电动汽车行驶方程式（3-4）表示。因此，可以利用行驶方程式通过解析法或者图解法分析电动汽车的动力性能。

绘制给定电动汽车的驱动力和行驶阻力平衡图，已知数据如下：驱动电机输出轴的转矩特性、汽车的总质量、减速器与主减速器的传动比、传动效率、车轮半径、汽车空气阻力系数和汽车的迎风面积。利用式（3-1）即可计算电动汽车车轮上的驱动力，车速可根据式（3-12），利用驱动电机的转速换算。

$$v_a = 0.377 \frac{nr}{i_g i_0} \tag{3-12}$$

式中，i_g 为减速器或者变速器传动比；i_0 为主减速器传动比；n 为原动机转速，单位为 r/min；r 为驱动轮半径，单位为 m。

利用上述计算结果，即可绘制驱动力图。

电动汽车等速行驶时，由式（3-4）得

$$F_t = F_f + F_w \tag{3-13}$$

将不同车速下的滚动阻力和空气阻力加起来画在驱动力图上，如图 3-33 所示。由驱动力曲线与 $(F_f + F_w)$ 曲线的交点即可求出电动汽车的最高车速。特别要注意，这个交点是在驱动电机的连续工作区，还是在短时工作区或者瞬时工作区，因为只有电动汽车的最高车速在驱动电机的连续工作区才有

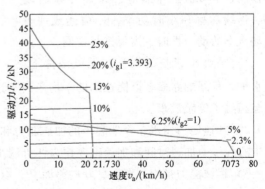

图 3-33 驱动力-行驶阻力平衡图

意义。

令
$$F_{fw} = F_f + F_w \qquad (3\text{-}14)$$

将式（3-4）改写为

$$F_i + F_j = F_t - F_{fw} \qquad (3\text{-}15)$$

汽车在坡道上以速度 v 等速行驶，$F_j = 0$，$F_i = G$，则

$$i = \frac{F_t - F_{fw}}{G} \qquad (3\text{-}16)$$

由式（3-16）可求出电动汽车以速度 v 等速爬坡行驶时的坡度 i。当车速 $v = v_{min}$ 时，即可求得电动汽车的最大爬坡度 i_{max}。注意此处 F_t 应该取短时间工作的转矩曲线对应的 F_t，如图 3-33 所示。五种不同主减速比的电动汽车爬坡度曲线如图 3-34 表示。

当汽车在水平良好硬路面上加速行驶时，$F_i = 0$，则有

$$F_j = F_t - F_{fw} \qquad (3\text{-}17)$$

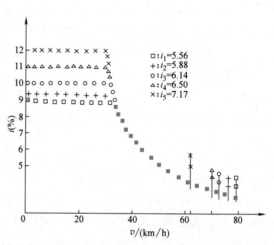

图 3-34　五种不同主减速比的电动汽车爬坡度曲线

$$\frac{dv}{dt} = \frac{g}{\delta G}(F_t - F_{fw}) \qquad (3\text{-}18)$$

利用式（3-18），在经过一些数学处理后，可由计算机编程计算汽车的加速性能。五种不同主减速比的电动汽车加速曲线如图 3-35 所示。

3. 动力性评价参数

和传统汽车一样，电动汽车的动力性也可以用最高车速、加速能力和爬坡能力来描述。与燃油汽车不同的是，驱动电机存在不同的工作制，如 1min 工作制、5min 工作制、30min 工作制等，即存在瞬时功率、连续功率和小时功率，在描述或评价电动汽车的动力性时，需要进行说明。

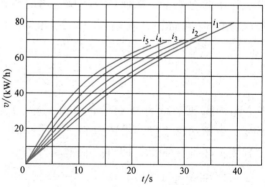

图 3-35　五种不同主减速比的电动汽车加速曲线

1）最高车速是指汽车在无风条件下，在水平、良好的路面上所能达到的平均最高车速。现在电动汽车的最高车速已经大大提高，甚至超过了传统汽车。

2）加速能力用汽车原地起步的加速能力和超车能力来表示，通常采用电动汽车加速过程中所经过的加速时间和加速距离作为评价汽车加速性能的指标。

3）爬坡能力是指汽车在良好的路面上，以低车速上坡的最大坡度，坡度值一般用百分比表示。对于电动汽车，不同的用途和使用工况对其爬坡能力的要求是不一样的。

4. 续驶里程

电动汽车的动力蓄电池组充满一次电后的最大行驶里程称为电动汽车的续驶里程。电动汽车的续驶里程短，是近一个世纪以来落后于内燃机汽车发展的重要原因。因此，如何降低不同行驶工况下电动汽车的能量消耗、提高电动汽车的效率、增加续驶里程是发展电动汽车必须解决的重要课题。

（1）续驶里程的计算方法 如上所述，不同电动汽车在不同的行驶工况下，单位行驶里程的能量消耗与续驶里程有显著的差别，虽然难以用统一的计算公式进行计算，但是可用试验方法求取。采用电动汽车在道路上滑行试验的方法求取汽车的滚动阻力和空气阻力，试验中采用五轮仪记录电动汽车在滑行过程中的 v-t 曲线，如图 3-36 所示。

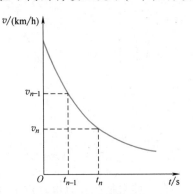

图 3-36 电动汽车滑行
试验 v-t 曲线

汽车滑行时的滚动阻力和空气阻力之和为

$$F_f + F_w = \frac{G}{g}\frac{dv}{dt} - \frac{M_m}{r} \tag{3-19}$$

式中，M_m 为传动系统作用于驱动轮的摩擦阻力矩；G 为汽车总重量，单位为 N；r 为驱动轮半径，单位为 m。

在式（3-19）中可忽略 M_m 项，对计算结果再进行修正。将式（3-19）两侧乘以平均速度，克服道路滚动阻力和空气阻力消耗的功率为

$$P = P_f + P_w = \frac{m}{3.6^2 \times 1000}\frac{v_n + v_{n-1}}{2}\frac{v_{n-1} - v_n}{t_n - t_{n-1}} \tag{3-20}$$

式中，P_f 为克服滚动阻力所消耗的功率；P_w 为克服空气阻力所消耗的功率。

经过单位换算后简化得

$$P = 3.86 \times 10^{-5} m \frac{v_{n-1}^2 - v_n^2}{t_n - t_{n-1}} \tag{3-21}$$

式中，m 为电动汽车的质量，单位为 kg；v 为电动汽车的速度，单位为 km/h；t 为时间，单位为 s。

电动汽车克服道路滚动阻力和空气阻力消耗的能量为

$$E = F_t S \tag{3-22}$$

式中，F_t 为电动汽车驱动力；S 为电动汽车行驶里程。

电动汽车行驶单位里程消耗的能量为

$$e = \frac{F_t S}{S} = \frac{P}{v} \tag{3-23}$$

式中，v 为电动汽车的速度，单位为 km/h。

电动汽车滑行时的平均车速为

$$\bar{v} = \frac{v_n + v_{n-1}}{2} \tag{3-24}$$

将式（3-20）与式（3-24）代入式（3-23），得到电动汽车在平均车速下，克服道路滚

动阻力和空气阻力的单位里程消耗的能量为

$$e = \frac{m}{3.6 \times 3600}\left(\frac{v_{n-1} - v_n}{t_n - t_{n-1}}\right) \quad (3-25)$$

经过修正后的电动汽车克服道路阻力所消耗的功率 P 与车速 v 的关系如图 3-37 所示，所需能量与车速之间的关系如图 3-38 所示。

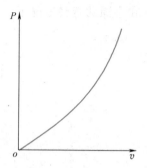

图 3-37　电动汽车行驶所需功率与车速关系　　　　图 3-38　电动汽车行驶所需能量与车速关系

在一些文献中，将电动汽车的能量经济性定义为电动汽车以不同形式规范达到的续驶里程与动力蓄电池再充电恢复到原有的充电状态所需要的交流电能量之比，即

$$电动汽车经济性 = \frac{预定行驶规范所行驶的续驶里程}{蓄电池再充电恢复到原充电状态所需的交流电能量} \quad (3-26)$$

设电动汽车行驶时单位里程能耗为 e（$kW \cdot h/km$），电动汽车总质量为 m，则每吨（t）的比能耗 e_0 为

$$e_0 = \frac{e}{m} \quad (kW \cdot h/km \cdot t^{-1}) \quad (3-27)$$

设电动汽车动力蓄电池组充满电的总能量为 E（$kW \cdot h$），可计算电动汽车的续驶里程 S 为

$$S = \frac{E}{e} = \frac{E}{e_0 m} \quad (3-28)$$

实际情况并不像式（3-28）那样简单，由于空气阻力消耗的能量与质量无关，同时动力蓄电池存在放电效率、放电深度、放电电流以及自放电现象，有的动力蓄电池每天自放电率高达 1% 以上，这些都会影响动力蓄电池组的输出总能量。另外，行驶工况的差别等因素都将影响电动汽车的续驶里程，因此，式（3-28）只能近似估算电动汽车的续驶里程。

（2）电动汽车续驶里程的影响因素　影响电动汽车续驶里程的因素比较复杂，与电动汽车在行驶过程中的能量消耗紧密相关，影响其主要因素来自电动汽车行驶的外部条件与本身的结构条件。

1）环境状况。在相同的车辆条件下，道路与环境气候影响电动汽车的能量消耗，道路状况较差、交通拥挤等都会使车辆的能量消耗增加，降低电动汽车的续驶里程；反之，道路状况良好、交通畅通等就会相对节省车辆的能量消耗，进而增加电动汽车的续驶里程。

2）环境温度。环境温度对电动汽车的续驶里程有着重要的影响。首先，温度对动力蓄电池的性能影响比较大，每种动力蓄电池都有自己最佳的工作温度，且在不同的温度时，动力蓄电池组放出的能量及内阻等有很大的差别。例如温度过低时，可用的能量和容量大为减少，动力蓄电池的内阻也会成非线性增长，严重制约了电动汽车的续驶里程。其次，汽车内部各润滑部分、气泵、转向油泵的工作效率以及空气阻力等都与环境温度有一定的关系。资料表明，温度由 25℃ 降低到 0℃ 的过程中，电动汽车的阻力增加 10%，电动汽车的能耗也相应增加，使得续驶里程大为减少。

3）电动汽车的总质量。对电动汽车车身的要求与普通燃油汽车基本一致，在满足刚度和强度要求的情况下，应力求车身的轻量化。在工况一定时，电动汽车的能耗和质量基本呈线性关系。

4）辅助装置的能量消耗。电动汽车上制动系统的空气压缩机、转向系统的油泵等均需要辅助电机驱动，其他还有照明、音响、通风、取暖、空调等都需要消耗动力蓄电池的电能。除空调之外，这部分能量消耗约占电动汽车总能耗的 6%～12%。

5）电池的性能。电池的性能参数主要是指动力蓄电池的能量密度、额定容量、放电率、放电电流、放电深度及内阻，特别是动力蓄电池组的一致性等是影响电动汽车能量消耗和续驶里程的重要因素。例如电池持续在高倍率的充放电状态下，动力蓄电池的可用放电容量和能量就会减少许多，使得电动汽车的续驶里程减少；动力蓄电池组在充放电过程中，如果并联电池组中的电池性能存在差异，电压高的电池组会对电压低的电池组进行充电，易导致充电时过充电、放电时过放电的问题，这就会消耗动力蓄电池组对外的输出功率，并影响续驶里程。

3.4.2 纯电动汽车的性能匹配

行驶工况的统计和分析在现代电动汽车的设计中起着重要的作用。匹配一辆电动汽车的动力系统，首先要确定电动汽车的行驶工况，在行驶工况分析的基础上，提出整车的动力性能指标，然后根据动力性能指标对动力系统进行参数匹配，最后采用计算机仿真技术对系统的参数匹配结果进行验证并提出优化方案。

在进行电动汽车的整车参数匹配时，首先要以运行工况为基础，根据动力性能指标和部件自身的技术发展水平来初步确定电驱动系统的部件性能要求，再根据部件的性能对汽车的动力性能进行校核，从理论上初步评定该方案是否符合设计目标和要求，然后对前面的部件性能进行修正，重复上述过程，直至达到设计目标。在上述工作的基础上再开展动力源匹配优化设计和仿真，从而完成整车系统参数匹配过程。

参数匹配过程大致可以分为初步设计、性能校核和动力源匹配三个阶段（如图 3-39 所示）。

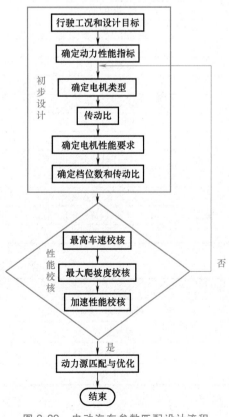

图 3-39 电动汽车参数匹配设计流程

初步设计首先确定电机类型，然后根据电机的特点确定变速器（或减速器）的传动比范围，进而确定变速器的档位数和传动比，最后得到驱动电机和变速器（或减速器）的基本参数。

电动汽车性能校核主要是根据动力性能指标要求对初步设计方案进行性能校核，常用的校核项目包括最高车速、最大爬坡度和加速性能度等。如果校核不合格，则需要返回初步设计，重新改进电机和变速器的参数。如果校核合格，则需要根据动力源的动力分配策略进行动力源的参数匹配与优化。在这一阶段，往往需要建立整车和各部件的仿真模型，并应用系统仿真的方法来细致、精确地评估动力系统的参数匹配效果。

3.4.3　纯电动汽车动力系统设计的输入条件

动力系统设计应用的理论基础是汽车的功率平衡方程，在此基础上结合所设计车型的具体参数进行动力系统匹配计算。动力系统的输入条件主要包括整车的主要参数及动力系统的设计要求。整车主要参数见表 3-23，动力系统设计指标见表 3-24。

表 3-23　整车主要参数

项　目		电动汽车	备　注
总长/mm		3590	
总宽/mm		1540	
总高/mm		1485	空载
前/后悬（mm/mm）		694/564	空载
轴距/mm		2332	
前轮距/mm		1315	
后轮距/mm		1320	
行李舱容积/L		150	
车门数		5 门 1 盖	
最小离地间隙/mm		107	满载
最小转弯直径/m		10.4	满载
空载	整备质量/kg	1100±20	
	轴荷分配比（前）	55%~60%	
	轴荷分配比（后）	40%~45%	
满载	整备质量/kg	1375~1425	
	轴荷分配比（前）	50%	
	轴荷分配比（后）	50%	

表 3-24　动力系统设计指标

项　目	设计目标
最高车速/（km/h）	≥120
续驶里程/km	≥200（40km/h 等速）
百公里加速时间/s	≤10
最大爬坡度	≥25%

第4章

电动汽车电控系统设计开发

本章以某 A00 级纯电动乘用车为例，介绍电动汽车电控系统设计的开发，命名为 EV01。

4.1 整车控制系统开发

4.1.1 整车控制系统开发概述

1. 整车控制系统功能

（1）车辆驾驶　采集驾驶人的驾驶需求，管理车辆动力分配。

（2）功率分配　通过综合车辆信息、电池和电机信息计算电机功率的分配，进行车辆的驱动和制动能量回馈控制，从而在系统的允许下获得最佳的驾驶性能。

（3）能量管理　通过对电动汽车车载耗能系统（如空调、电动泵等）的协调和管理，以获得最佳的能量利用率。

（4）网络管理　通过车载标准 CAN 端口，监控通信网络，功能配置，信息汇总调度，基于标准接口调试等。

（5）故障诊断处理　诊断传感器、执行器和系统其他部件故障并进行相应的故障处理，按照标准格式存储故障码，并能显示。

2. 整车控制系统的开发流程

纯电动汽车在整车控制系统的协调控制下，实现多个核心零部件的协调工作，形成不同的动力系统工作模式，以适应不同的行驶工况。整车控制系统开发涉及硬件、软件和控制算法等多方面内容，同时还要考虑后续车型的兼容性。

整车控制系统的开发采用典型的 V 形开发方式，如图 4-1 所示，主要包括功能设计、原型算法开发、离线仿真、生成可执行代码、单元与系统集成测试、台架与车载标定、原型样车与批量 7 个阶段。同时，采用基于模型的开发方法，在整车物理模型和控制模型的基础上，通过快速原型检验、自动代码生成、硬件在环测试等手段进行整车控制系统的开发，大大提高了整车控制系统的开发效率，并减少整车控制系统的错误率。采用 V 形开发方式，建立所有控制策略与动力系统仿真模型的框图化基本模块，通过自动代码生成技术把框图化的模型直接生成可执行代码，在专门设计的硬件平台上对控制功能进行仿真。

采用 V 形开发方式大大缩短了整车控制系统的开发周期，节约了开发成本，并且能保证代码的高质量和控制系统的可靠性，同时为整车控制系统的控制功能升级与优化提供了图形化的接口平台。整车控制系统 V 形开发方式的工具和软硬件包有 dSPACE 的 TargetLink 和

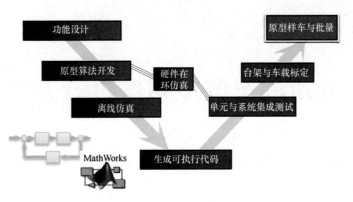

图 4-1　V形开发方式

AutoBox 等工具，MotoTron 的 Motohawk 以及快速原型 VCU 等。依托这些专用工具，快速进行整车控制系统软件开发平台的建立。

MotoTron 快速原型平台能够进行控制策略的快速验证，包括控制策略模型的建模仿真以及一键生成可执行代码等，由于 MotoTron 利用产品级控制器硬件平台，集成了车上常用的传感器和执行器的接口，无须用户重新开发，从而可以大大缩短从开发到产品化的周期，而且成本较低。同时，平台可以应用于 VCU 开发、标定及测试的各个阶段。因此，在整车控制系统开发前期采用 MotoTron 快速原型平台进行整车控制策略的开发。

整车控制系统由整车控制系统开发部门，根据《整车控制系统开发任务书》进行整车控制系统产品的开发立项和可行性分析。可行性报告通过评审后，开发部门按照公司整车控制系统设计指导书、设计规范等相关标准与文件要求，进行整车控制系统方案设计、整车控制系统模型建立与仿真、整车 CAN 通信协议开发、硬件开发、软件开发、控制器结构开发、试制、测试和装车测试验证等。整车控制系统部分设计规范及参照标准见表 4-1。

表 4-1　整车控制系统部分设计规范及参照标准

序号	种　类	参照文件或标准
1	整车控制系统设计规范	《整车控制系统设计指导书》
2		《整车控制系统设计规范及作业指导书》
3		《整车控制系统仿真设计指导书》
4		《乘用车整车控制原理与控制策略设计指导书》
5		《整车控制系统的结构设计规范》
6		《整车控制系统故障模式诊断规范》
7		《整车控制系统软件设计指导书》
8		《整车控制系统使用环境可靠性测试标准及方法》
9		《整车控制系统性能测试标准及方法》
10	整车控制系统设计参照标准	ISO 11898—1:2015《道路车辆—控制器局域网—第1部分:数据链层和物理信令》
11		ISO 26262—1:2018《道路车辆—功能安全　第1部分:术语》
12		GB 20816—2006《车辆防盗报警系统　乘用车》

（续）

序号	种 类	参照文件或标准
13	整车控制系统设计参照标准	QC/T 413—2002《汽车电气设备基本技术条件》
14		ISO 7637-3:2016《道路车辆—传导和耦合引起的电干扰 第3部分：通过电容耦合和电感耦合经由非电源线线路的瞬间传输》
15		GB/T 18655—2018《车辆、船和内燃机 无线电骚扰特性 用于保护车载接收机的限值和测量方法》
16		GB/T 19951—2019《道路车辆 电气/电子部件对静电放电抗扰性的试验方法》
17		GB/T 17619—1998《机动车电子电器组件的电磁辐射抗扰性限值和测量方法》
18		ISO 11452-4:2020《道路车辆—组件的电磁辐射抗扰性 第4部分：大电流注入法》

在系统设计、模型建立与仿真分析过程中，根据整车设计参数和整车动力性、经济性指标要求，采用 Cruise、MATLAB 软件及 Simulink 工具分别建立动力蓄电池、电机、整车动力学模型和整车控制策略模型。通过公司整车控制系统硬件在环实验台（HIL）进行仿真分析。为了满足整车不同的动力性能，采用不同的加速踏板曲线控制输出转矩，实现动力、经济控制模式，提高整车加速性能，尤其是在 50km/h 以上的加速的阶段，充分发挥永磁电机恒功率特性，使得所设计的电动汽车不仅在 0—50km/h 有强劲的加速能力，在 0—100km/h 的加速性能也有非常好的表现。针对整车续驶里程和百公里能耗要求，采用制动踏板曲线控制及制动空行程合理利用等设计措施，提高车辆在综合工况条件下的能量回馈，从而提高整车能量利用率。在这个阶段，根据设定的最高车速指标、能耗指标、加速指标要求，进行整车动力性能、经济性能的仿真，并进行仿真数据的评审。初步仿真计算的目标为确定整车控制系统能够满足整车参数设计要求，并形成后续软件开发的控制模型。

在整车控制系统软件设计、硬件设计和结构设计过程中，根据模型仿真结果和整车需求，同时能够满足汽车行业功能安全性标准，采用高性能 DSP 芯片，双微控单元（MCU）硬件目标架构，利用 Tasking、Altium Designer、Mentor、CATIA 等软件工具进行整车控制系统的详细设计，设计过程严格按照研发体系要求，进行过程评审，评审合格后，输出设计开发文件。其中，主要输出文件见表 4-2。

表 4-2 整车控制系统设计主要输出文件

序号	文 件 名 称
1	《整车控制系统电路原理图、PCB图》
2	《整车控制系统外观结构设计图、结构图和结构数模》
3	《整车控制系统 CAN 总线通信协议》
4	《整车控制系统源程序开发逻辑图》
5	《整车控制系统软件源代码》
6	《整车控制系统设计失效模式及后果分析》
7	《整车控制系统物料清单》

在整车控制系统软件、硬件、结构设计完成后，将相关图样外发给合格供应商进行PCB打样、PCB焊装、结构件打样。公司检验部门按照物料检验标准，进行样品检验，检验合格后入原材料库，由试制生产部门按照整车控制系统试制工艺流程图，进行样机装配试制。试制完成后，按照《整车控制系统使用环境可靠性测试标准及方法》《整车控制系统性能测试标准及方法》进行台架测试和装车测试。将测试结果与仿真结果进行分析比较，如果存在较大误差，将返回到模型仿真阶段，调整相关参数，重新仿真分析，然后修改软件参数。整个整车控制系统严格按照研发体系要求进行评审、改进和测试。

4.1.2　整车控制系统功能需求

开发适用于纯电动汽车及后续纯电动车型的整车控制系统，建立以整车控制系统为主节点的、基于高速CAN总线的分布式整车控制网络。根据整车开发任务书的要求，确定整车控制系统控制功能需求，其控制功能框图如图4-2所示。

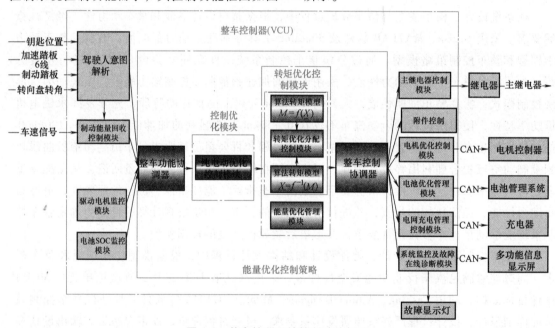

图4-2　整车控制系统控制功能框图

整车控制系统从整体控制功能上，主要包括驾驶人意图解析功能、制动能量回收功能、转矩优化控制功能、电机优化控制功能、电池优化管理功能、系统监控与故障在线诊断功能以及附件电器控制功能等。各功能模块具体的功能描述见表4-3。

表4-3　整车控制系统控制功能描述

序号	功能模块名称	功能简介
1	上、下电管理	对车辆的上电、下电过程进行管理(含高压电管理)等
2	驾驶意图解析	通过采集加速/制动/档位等人机接口信息,综合车速和关键部件状态,解析驾驶意图
3	驱动控制	根据驾驶意图,实现对整车驱动过程的优化控制与管理

（续）

序号	功能模块名称	功能简介
4	制动控制	以制动力矩需求、制动安全、动力系统及动力蓄电池实时状态为基础,对制动过程的能量回收进行管理与控制
5	模式管理算法	通过算法对整车的驾驶模式(经济模式、动力模式)进行优化控制,更好地满足整车对驾驶性和经济性的不同需求
6	故障及诊断	通过对各部件的实时信息进行监控,实现对车辆和零部件的故障状态进行有效识别与管理
7	附件电器控制	实现对冷却系统、空调系统和其他整车电器附件的控制
8	标定参数	标定参数列表

4.1.3 整车控制系统产品设计

1. 整车控制系统控制原理

整车控制系统负责解析驾驶人的踏板和开关输入,根据电机、电池等主要系统的状态决策电机输出力矩,并处理各种异常和故障。整车控制系统的控制原理框图如4-3所示。

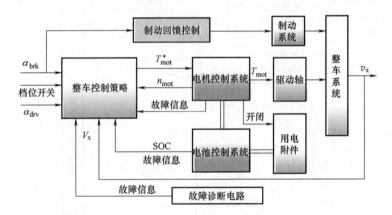

图 4-3　整车控制系统的控制原理框图

α_{brk}—制动踏板角度　α_{drv}—加速踏板角度　v_x—车速　T_{mot}^*—整车控制器发送至电机的

输出转矩　T_{mot}—电机发送至传动轴的转矩　n_{mot}—电机反馈给整车控制系统的转速

其工作过程为打开钥匙开关 ON 档,整车控制系统、电机驱动系统、动力蓄电池系统进行自检,自检完成后通过 CAN 通信发送 Ready 信号,整车控制系统收到 Ready 信号后,分别控制电池系统和驱动系统。动力蓄电池管理系统控制电池箱中主控制继电器闭合,电池电源通过高压配电后给电机控制器供电。整车控制系统通过采集车辆向前、向后操作档位状态及驾驶人踏板指令并判断各系统无故障后,向电机控制器发出相应指令,电机控制器输出三相交流电给驱动电机,电机直接通过传动系统,驱动整车运行。

当踩下加速踏板时,采用合适的踏板策略,根据驾驶人意图决策出期望转矩。电机控制器发出相应指令,使电机工作在驱动工况,为车辆提供驱动力。当踩下制动踏板时,电机控制器发出相应指令,使电机工作在制动工况,为车辆提供制动力。车辆的向前、倒车控制由副仪表板上的向前、向后档位来操作，由电机控制器根据操作指令改变电机控制器的输出相序，从而使驱动电机的相序发生变化实现驱动电机的正转或反转，驱动车辆向前或倒退行驶。

为了实现制动能量回收，乘用车的制动踏板存在一定间隙，在驾驶人踩下制动踏板初期，没有消除这段间隙时，摩擦制动没有起作用，而是通过电机制动产生制动力，并回收制动能量。紧急制动时，驾驶人踩下制动踏板的行程较大，间隙消除，制动踏板作用至制动油缸，摩擦制动开始起作用，制动强度增大，制动效能得到保证，同时电机制动也可以产生一定的制动力，实现一定程度的制动能量回收。采用这种方式可以使制动系统结构简单，又可以回收一定程度的制动能量，同时保证紧急制动情况下的制动安全。

整车控制系统的故障诊断模块实时检测系统的功能，如果发现系统故障则通过 CAN 总线发送给整车控制系统，整车控制系统根据故障的类型，决定进入停车模式、跛行模式或者警告模式。

2. 整车控制系统控制策略

纯电动汽车整车控制策略框图如图 4-4 所示。

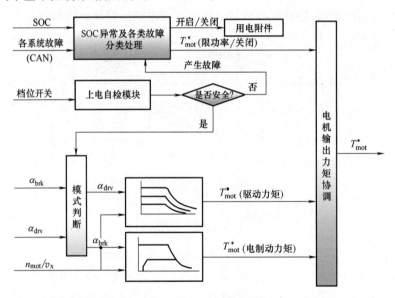

图 4-4　整车控制策略框图

注：各参数意义同图 4-3。

（1）上电、下电策略　驾驶人打开钥匙开关 ON 档后，整车控制系统、电池系统及驱动系统开始自检，待自检完成后，电池系统、驱动系统通过 CAN 通信发出 Ready 报文给整车控制系统；电池管理系统自检完成后，控制主、负极继电器吸合；整车控制系统获得 Ready 报文，并判断当前档位是否为 N 档，是否踩制动踏板，若这些条件均满足，整车控制系统控制预充继电器吸合，预充电压达到设定值后，整车控制器判断预充完成，控制主正极继电器吸合后发出 Ready 信号，整车上电完成。

驾驶人关闭开关 ON 档信号，整车正常下电，关闭所有整车高压电。如果电池系统、驱动系统或整车控制系统出现严重故障，将出现非正常下电。对于非正常下电，应根据不同系统的严重故障类别分别处理。例如，当电池系统出现绝缘严重故障时，电池系统通过 CAN 通信将故障发送给整车控制系统，同时执行非正常下电控制，整车控制系统收到该报文后，将发送停机报文给电机控制器，电机控制器接收整车控制系统停机指令后停机并回复电机控制器停机工作状态给整车控制系统，整车控制系统收到电机控制器停机工作状态后，向电池系统发送下电指令，电池系统下电并回复电池系统状态给整车控制系统，整个下电过程结束。

（2）加速踏板开度解析策略　驾驶人行驶车辆时，首先会对加速踏板做出动作，反映在整车控制参数上就是加速踏板开度的变化，因此踏板开度是驾驶人意图的直接体现，加速踏板开度反映了驾驶人对于电机转矩的需求。电机在运行过程中，每一个转速都对应一个最大转矩，因此电机转速反映了当前转速下电机的最大转矩输出能力。定义加速踏板开度与电机转矩负荷系数 λ 有以下关系：

$$\lambda = f(\alpha_{acc}) \tag{4-1}$$

式（4-1）代表了电机输出负荷 λ 与加速踏板开度 α_{acc} 的关系。在加速踏板全开时，为了保证汽车具有最大的动力性，电机转矩负荷系数也应该为 100%；在加速踏板未踩下（即开度为 0）时，电机不输出动力，电机转矩负荷系数为零。中间的对应关系则体现了该车对加速踏板的解析策略。一般而言有图 4-5 所示的三种踏板解析策略。

A 策略为动力性优先策略，该策略可以通过很小的加速踏板开度获得较高的电机输出力矩，使车辆的动力性较好，加速和起步较快。C 策略为经济性优先策略，该策略的动力性较差，但动力输出较平稳，在高速下仍然有持续的动力输出能力，车辆行驶过程较平稳，车辆经济性较好。B 是一种线性策略，处于 A 和 C 之间。

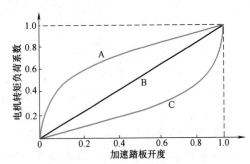

图 4-5　不同的加速踏板解析策略

（3）档位处理策略　汽车采用 R 位、N 位、D 位三个档位。R 位为倒车档位，N 位为空档，D 位为前进档位。打开钥匙开关（ON 档）后，驾驶人需要踩下制动踏板，然后从 N 位换入需要的档位，车辆才能处于可行驶状态。

（4）驱动控制策略　整车驱动控制策略是指在驱动工况下，根据车辆电机、电池状态对驱动电机提出转矩需求，响应驾驶人的操作。

驱动控制策略的目标在于兼顾整车经济性、动力性，改善驾驶人的驾驶感觉，保护电机、电池等关键动力总成。驱动需求转矩的确定是驱动控制策略的核心，因为其大小与加速踏板开度、加速踏板开度变化率、制动踏板开度、电机转速、电机温度、电池剩余电量（SOC）、电池电压、电流等因素有关。加速踏板开度和开度变化率反映了驾驶人对电机驱动转矩的需求，制动踏板开度则反映了对制动力的需求。

整车控制策略结合驱动系统输出能力响应驾驶人操作，计算需求转矩，其中电机转速决定了电机可输出的最大转矩，而电机本体温度反映了电机的过载能力，对当前状态下可输出的最大转矩进行修正；电池组总电压和 SOC 反映了电池组的当前功率及能量状态，同样对电机可输出转矩或功率加以限制。

根据整车状态和运行工况，将纯电动汽车无故障行驶过程分为起步模式、正常行驶驱动模式以及制动能量回收模式。如果出现系统故障，或者是电机/电池系统过热等需要降低功率（可视为故障），则进入故障处理策略。

（5）制动能量回收策略　由整车控制系统控制原理框图可知，车型的制动系统由两部分组成，一是液压机械制动系统，二是电机的电制动能量回收系统。两个系统是非解耦的，也就是说无论是否有电制动，机械制动依然存在。机械制动在 EV01 中处于基础地位，电制动是一个补充，用于回收部分制动能量，延长整车续驶里程。

整车控制系统的制动能量回收策略主要采用再生制动最大化控制策略。通过整合理论最大再生制动力分配策略、制动意图的模糊识别以及电池充电保护模型，得到再生制动最大化控制策略，如图 4-6 所示。

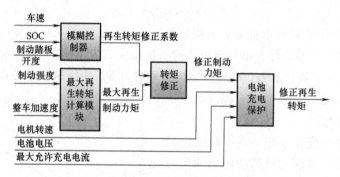

图 4-6　再生制动最大化控制策略

首先通过模糊控制器进行基于制动踏板开度、车速、SOC 的制动意图识别，解模糊得到再生转矩修正系数。通过对实时车速微分得到车辆实时的制动强度，通过整车控制系统输出转矩与整车加速度的对比关系校正干燥沥青路面的附着系数，从而得到理论的实时路况最大再生制动力矩。转矩修正模块读取再生转矩修正系数对转矩进行修正，得到修正后的再生制动力矩。电池充电保护模块通过电机转速、电池电压识别该再生转矩下的电池充电电流，并与电池最大允许充电电流进行比较，再次修正再生转矩，得到最终再生转矩，从而起到保护电池及保证实现舒适、安全的制动效果。再生制动最大化控制策略流程图如图 4-7 所示。

具体策略流程：首先判断制动踏板是否被踩下，如果回答为否，则策略结束，启用滑行能量回收策略；如果回答为是，则会进行模糊制动意图识别，同时计算理论最大再生转矩。为了协调配合 ABS 液压制动系统，策略同时从 CAN 总线读取 ABS Active 的启用信号，如果启用，认为是极限制动工况或者路面附着程度不高，那么采用最大再生转矩减半策略，不断减半直到 ABS 关闭，车轮恢复附着力。通过模糊制动意图识别、ABS 启用以及电池充电保护对再生制动转矩进行修正，最终输出合适的再生转矩，通过 CAN 总线控制电机控制器，完成再生制动全过程。

另外，车型在制动能量回收策略上，电机制动力矩在高转速段受最大功率限制，在低转速段采用线性控制。设计两个速度拐点，一个是电机最低回收转速，低于该转速停止电制动能量回收；另一个是电机正常回收转速，在该转速之上电机将按照最大回收力矩的某个百分

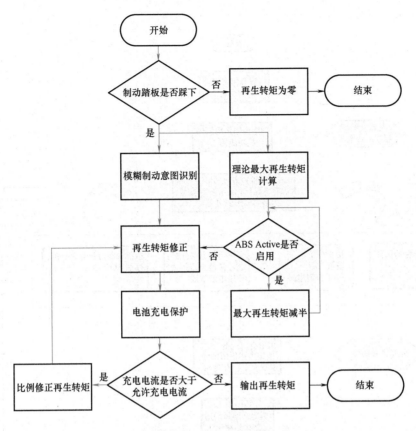

图 4-7　再生制动最大化控制策略流程图

比进行电制动能量回收，直至受到功率限制。在两个拐点之间设计一段随电机转速降低的回收力矩曲线。以上拐点和百分比数据需要在实车上进行匹配标定，从而在能量回收率和制动安全性及舒适性间寻求平衡。再生制动电机力矩与转速关系如图 4-8 所示。

通过以上控制策略的实施，尽可能提高车型的制动能量回收效率，从而提高整车的能量利用率。

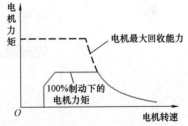

图 4-8　再生制动电机力矩与转速关系

3. 整车控制系统硬件开发

（1）整车控制系统硬件开发流程　整车控制系统硬件开发流程（图 4-9）主要包括以下环节：

1）工作环境及设计目标剖析。

2）确定控制系统硬件的功能需求。

3）硬件原理图设计。

4）硬件电路板（PCB）Layout。

5）样件试生产。

6）样件试验。

7）产品发布。

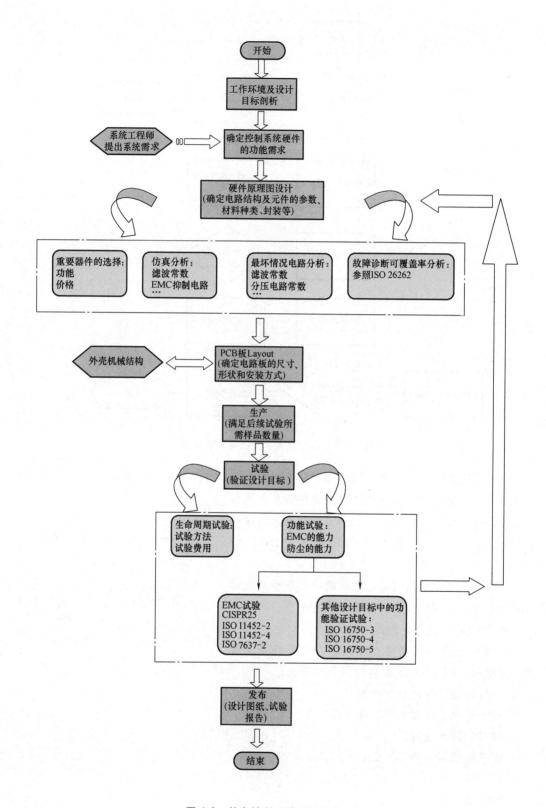

图 4-9　整车控制系统硬件开发流程

对于控制系统硬件开发而言，首先需要确定该控制系统在车上的安装位置，并以此来确定控制系统的工作环境。其次需要确定控制系统的设计目标，包括该控制器需要达到的生命周期等重要指标。随后根据整车电气系统设计，规划控制器需要包括的端口类型及各种类型的端口数量。在此基础上进行控制器硬件原理图和 PCB 的设计，通过对生产的样件进行试验以验证设计目标是否达到，最后根据试验结果对控制器硬件的设计进行必要的整改，直至最终产品发布。

（2）整车控制系统硬件的功能需求 整车控制系统硬件的功能需求主要是依据整车电气系统设计来确定控制器的端口类型及各种类型的端口数量，在此环节还需要对控制系统硬件的输入、输出信号特性进行确定，具体信息见表 4-4。

表 4-4 控制系统的功能需求

信号名称		信号特性	信号类型
输入信号	加速踏板信号 1	模拟电压信号（0~5V）	模拟信号
	加速踏板信号 2	模拟电压信号（0~5V）	模拟信号
	制动踏板信号	模拟电压信号（0~5V）	模拟信号
	钥匙信号	数字信号（0~24V）； 高电平有效（>12V）	数字信号
	空调信号	高、低电平信号（0~24V）； 高电平有效（>12V）	数字信号
	空调 start 信号	脉冲电平信号（0~24V）； 高电平有效（>12V）	频率/脉冲信号
	模式信号	高、低电平信号（0~24V）； 高电平有效（>12V）	数字信号
	插电式混动（plug-in）信号	高、低电平信号（0~24V）； 高电平有效（>12V）	数字信号
	解除制动能量回收信号	高、低电平信号（0~24V）； 高电平有效（>12V）	数字信号
	驻车制动信号	高、低电平信号（0~24V）； 低电平有效（<6V）	数字信号
	蓄电池电压	模拟电压信号（0~24V）	模拟信号
	其他信号		
输出信号	电机水泵继电器	低压继电器控制 I_L< 210mA	低端驱动
	集成式起动电机（ISG）使能	低压继电器控制 I_L<210mA	低端驱动
	驱动电机使能	低压继电器控制 I_L<210mA	低端驱动
	蓄电池管理系统（BMS）使能	高电平信号控制 I_L<175mA	高端驱动
	DC/DC 使能	高电平信号控制 I_L<175mA	高端驱动
	气泵使能	高电平信号控制 I_L<175mA	高端驱动
	其他信号		
通信信号	CAN 通信正端	信号传输率<1Mbit/s	通信信号
	CAN 通信负端	信号传输率<1Mbit/s	通信信号
	其他信号		

（续）

信号名称		信号特性	信号类型
电源信号	控制系统电源正端	控制系统供电电源正端 0~24V	电源功率信号
	控制系统电源负端	控制系统供电电源负端	电源功率信号
	传感器电源正端	控制系统输出给传感器的供电电源正端 5V/100mA	电源功率信号
	传感器电源负端	控制系统输出给传感器的供电电源负端	电源功率信号

（3）整车控制系统原理图设计　原理图设计是对功能需求的实现，首先根据功能需求中的信号类型和电气特点进行系统架构的设计，在此阶段完成对关键器件的选型工作，需要考虑的因素包括器件的功能是否满足需求、器件的性价比、器件是否满足应用环境要求以及器件的可获得性等。

根据以上整车控制功能需求，展开整车控制系统硬件开发，其中控制器硬件设计框图如图 4-10 所示。

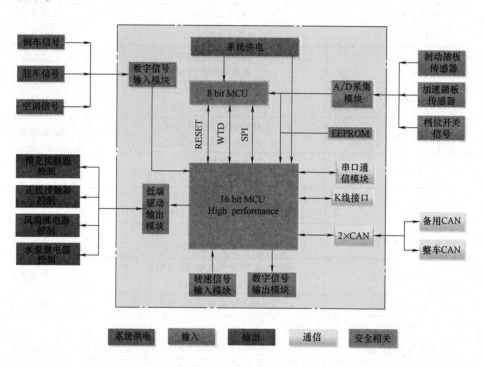

图 4-10　整车控制器硬件设计框图

整车控制系统硬件设计以英飞凌汽车级微控制器为平台进行开发，配合高性能的电源模块、输入/输出模块、通信模块及安全监控与保护模块等，采用可靠、成熟、高效的硬件电路，并严格按照汽车行业功能安全性国际标准、汽车零部件 EMC（电磁兼容）检测标准等国内外专业标准执行，确保开发出满足国内外及行业标准且低功耗、高可靠性、高安全性的整车控制系统产品。

印制电路板（PCB）若设计得当，将具有减少干扰和提高抗扰度的优点。元件布局须均衡、疏密有序，相关器件尽量靠近。有噪声的子系统、元件或电缆应该与敏感的电子设备

（如 MCU）进行物理隔离，以减少辐射噪声耦合。物理隔离可采取分离（距离）或屏蔽的形式。将交流到直流的供电电路与模拟和数字逻辑电路分开。

印制电路板（PCB）设计首先根据不同功能区域划分可用的电路板空间。PCB 布线之前妥善安放各元件，将低电平模拟信号电路、高速数字信号电路以及噪声电路（继电器、大电流开关等）分开放置，以将 PCB 子系统间的耦合降至最低。PCB 布线时须注意以下方面：

1）器件布置时应将相关器件尽量靠近。易产生噪声的器件、大电流电路应尽量远离信号电路。高、低频信号尽量隔开，避免平行。

2）布线时应尽量避免长距离的平行走线，导线宽度避免突变，导线的拐角应大于 90°，任意 2 条印制线之间的距离不小于 2 倍的印制线条宽度，以防止印制线间发生电磁串扰。

3）各电路搭铁线应尽可能短而粗，将 PCB 的电源大面积覆铜。关键信号采用屏蔽线，且信号线与动力线不在一起平行走线。电源线、搭铁线和某些大电流的信号线加粗。

4）数字电路与模拟电路应尽量分开走线，或者将模拟信号输入端用搭铁线包围起来，以降低分布电容耦合和隔断漏电通路，数字搭铁线和模拟搭铁线之间仅在一点上相连。

5）在电路中加入瞬态抑制元件，如铁氧体磁珠、电感、瞬态电压抑制器。

搭铁设计的基本目的是消除各支路电流流经共同搭铁线时所产生的噪声电压和避免受磁场或搭铁线电势差的影响。电子控制器中的搭铁线类别较多，有数字搭铁线、模拟搭铁线、信号搭铁线和屏蔽搭铁线等。设计时应遵循以下原则：

① 正确选择一点搭铁和多点搭铁。因为控制器信号工作频率较低，布线和器件间的电感影响较小，而搭铁电路形成的环流对电路干扰影响较大，因而应采用一点搭铁。

② 将数字电路和模拟电路部分分开。

③ 功率搭铁线电流大，应设计得宽些且与信号搭铁线分开布线。

④ 电源线应靠近搭铁线安装，以使电源回路面积最小化。

⑤ PCB 的所有空余面积应用附加的搭铁线添满，以便产生电磁屏蔽的效果。

滤波设计包括电源滤波和信号滤波。在机载环境下，大部分干扰通过电子控制器的外部供电线导入和导出，因此在电源设计中采用 LC 和 RC 滤波。信号线的特性往往对整个电子控制器的电磁兼容性也有重要影响，因此设计时应对输入的模拟信号和数字信号进行低通滤波，滤掉信号中掺杂的尖峰和高频信号。在各个关键部位配置去耦电容和旁路电容。去耦电容用来滤除由高频信号在 PCB 上引起的干扰电流，还能降低印制电路中的电流冲击的峰值。旁路电容用来消除 PCB 上能产生共模干扰的高频辐射噪声。

1）对门电路中未使用的输入端搭铁或接电源以防止积累电荷使其反复导通，增加系统的功耗。

2）输入/输出（I/O）驱动电路设计时应尽量将其靠近 PCB 边缘，使其尽快离开 PCB，以减少对其他电路的干扰。

3）时钟电路通常是最主要的干扰发射源，须很好地设计元件的布局，从而使时钟电路布线最短，同时保证时钟线在 PCB 的一面不通过孔，采用搭铁线将整个时钟电路包围起来，并使石英晶体振荡器外壳搭铁，最大限度地降低其噪声和辐射。

4）功率元件留出散热空间，并安装散热片。

4.1.4　整车CAN总线网络及拓扑结构

1. 概述

整车控制系统包含整车控制单元、通信协议、仪表或显示装置及通信接口等。根据整车的实际情况，开发出相应的整车控制单元和CAN通信协议，其电气系统主要由高压配电系统、整车控制器、电机驱动系统、动力蓄电池系统及仪表等部分组成，如图4-11所示。

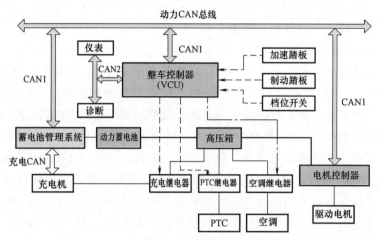

图4-11　乘用车整车控制系统电器结构图

纯电动汽车的CAN总线网络拓扑结构如图4-12所示。整车共有三条CAN总线，CAN1为动力总线，主要的控制系统如电机、电池和整车控制系统都挂接在CAN1上，故障诊断系统也与此相连接。CAN2为整车控制系统的另一个独立CAN接口，用于标定。CAN3为电池控制器与充电插座间的私有CAN总线。

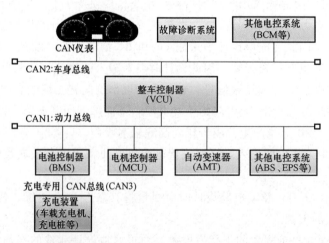

图4-12　纯电动汽车的CAN总线网络拓扑结构

2. 某纯电动乘用车CAN总线协议

（1）整车网络结构　某纯电动汽车CAN总线网络拓扑结构如图4-13所示，由高速和低速两个 CAN 网络构成。电机控制器、组合仪表、蓄电池管理系统、EPS 控制器均挂接在高速 CAN 上，保证控制实时性。充电机挂接在低速 CAN 上。

整车网络由以下子网构成：整车控制网络 CAN（高速），整车控制网络 CAN（低速），综合控制器兼用来实现跨子网数据通信。

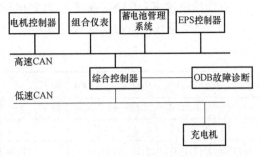

图 4-13　某纯电动汽车 CAN 总线网络拓扑结构

（2）整车网络通信硬件要求

1）网络系统的 2 个子网 CAN（高速）、CAN（低速）是物理上完全隔离的，其相互间的数据交换必须通过综合控制器才能实现。

2）网络系统支持热拔插。电源应具有反接保护和掉电检测功能。

3）控制器电源应符合有关标准的规定，设计的 ECU 应能在整车低压系统的实际电压范围内使用。

4）高速 CAN、低速 CAN 总线的通信电缆采用屏蔽双绞线（阻燃 0.5mm），型号为 FPF46Q-3 2 * 0.5（W20250020180）。

5）网络的接线拓扑为一个尽量紧凑的线形结构，以避免电缆反射。控制器接入总线主干网的电缆应尽可能短。为使驻波最小化，节点不能在网络上等间距接入，接入线也不能等长，且接入线最长不能大于 1m。

6）所有 CAN 总线每个部件均有终端电阻（120Ω），终端电阻必须方便安装及拆卸，以便调整。

7）CAN 网络线高速 CAN 和低速 CAN 在各部件的插座里各有两个插针，以便调整网络拓扑形式。

8）所有通信电缆应尽量离开动力线（0.5m 以上）、离开 12V 控制线（0.1m 以上）。

9）电缆屏蔽层在车内连续导通，建议每个部件的网络插座带有屏蔽层的接头，屏蔽线的搭铁方式由整车布线时选择合适位置单点搭铁。

（3）整车动力控制网络 CAN 通信协议

1）总线协议参考标准见表 4-5。

表 4-5　总线协议参考标准

标 准 号	标 准 名 称
ISO 11898—1:2018（或 SAE J1939）	《道路车辆-控制器局域网　第 1 部分：数据链层和物理信令》
GB/T 18858.2—2012	《低压开关设备和控制设备、控制器—设备接口》
GB/T 18487.1—2015	《电动车辆传导充电系统　第 1 部分：通用要求》
GB/T 18487.2—2017	《电动车辆传导充电系统　电动车辆与交流/直流电源的连接要求》
GB/T 18487.3—2001	《电动车辆传导充电系统　第 3 部分：非车载传导供电设备电磁兼容要求》
GB/T 18387—2017	《电动车辆的电磁场辐射强度的限值和测量方法》
GB/T 14023—2011	《车辆、机动船和内燃机　无线电骚扰特性　用于保护车外接收机的限值和测量方法》
GB/T 17619—1998	《机动车电子电器组件的电磁辐射抗扰性限值和测量方法》
QC/T 413—2002	《汽车电气设备基本技术条件》

总线通信速率：CAN（高速）为 250kbit/s，CAN（低速）为 20kbit/s

2）CAN 总线网络报文结构见表 4-6。

表 4-6　CAN 总线网络报文结构

IDENTIFIER 11bit					SRR	ID E	IDENTIFIER EXTENSION 18bit															
优先级 P	R	DP	PDU FORMAT(PF)		SRR	ID E	PF		PDU SPECIFIC(PS)							SOURCE ADDRESS(SA)						
3 2 1	0	0	8 7 6 5	4 3			2	1	8	7	6	5	4	3	2 1	8	7	6	5	4	3	2 1
28 27 26	25	24	23 22 21	20 19 18			17	16	15	14	13	12	11	10	9 8	7	6	5	4	3	2	1 0

表 4-6 为 29 标识符的分配表。其中，优先级为 3 位，可以有 8 个优先级；R 一般固定为 0；DP 现固定为 0；8 位的 PF 为报文的代码；8 位的 PS 为目标地址或组扩展；8 位的 SA 为发送此报文的源地址。

3）CAN（高速）网络地址分配表。CAN 总线结点地址从 SAE J1939 标准保留为未来公路设备用的自配置结点地址空间（128～167）中定义，报文编号为分配给每个结点的能进行目的寻址的报文编号空间，见表 4-7。

表 4-7　CAN（高速）网络地址分配表

结点名称	地址 SOURCE ADDRESS(SA)	目的寻址的报文编号(PF)	备注
整车控制系统	167	0～7	既收又发
电机控制器	166	8～15	既收又发
电池管理系统	165	16～23	只发不收
组合仪表	164	24～31	只收不发
EPS 控制器	163	32～39	既收又发

4）CAN（低速）网络地址分配见表 4-8。

表 4-8　CAN（低速）网络地址分配表

结点名称	地址 SOURCE ADDRESS(SA)	目的寻址的报文编号(PF)	备注
整车控制系统	167	0～7	既收又发
充电机	162	40～47	既收又发

5）整车动力控制网络 CAN 通信机制（高速）。根据试验测得 CAN 总线在 250kbit/s 速率的通信情况下，每帧报文的占用时间是 500μs。为了保证通信的可靠性和稳定性，同时考虑控制的实时性，网络通信周期定为 50ms，其通信机制采用应答式，具体如下：

综合控制器初始化运行后，每隔 50ms 以广播方式发送其两帧数据给各部件，各部件收到综合控制器发来的第二帧数据后，延迟［4×（167-地址）］ms 时间后，马上以点对点通信方式发送其自身数据给综合控制器，在一个周期里只发送一次（在收到综合控制器数据后的 50ms 内）

6）综合控制器网络报文协议（高速）见表 4-9～表 4-12。

表 4-9 综合控制器报文 1

OUT	IN	ID						周期/ms
综合控制器	控制器	PGN-						50
		P	R	DP	PF	PS	SA	
		2	0	0	0	166	167	
数据								
位置	数据名					SPN		
BYTE1	工作指令							
BYTE2	驱动指令	−100 ~ +100；0 时力矩为 0；+100 时为最大驱动力矩；−100 时为最大制动力矩（补码形式）						
BYTE3	驱动状态直流电压限制低字节	1V/bit						
BYTE4	驱动状态直流电压限制高字节							
BYTE5	制动状态直流电压限制低字节	1V/bit						
BYTE6	制动状态直流电压限制高字节							
BYTE7	备用							
BYTE8	综合控制器（报文 1）LIFE	每下发一次该数加一，0~255 循环						

表 4-10 工作命令字

BIT7	BIT6	BIT5	BIT4	BIT3	BIT2	BIT1	BIT0
备用	备用	备用	备用	备用	备用	0：正转 1：反转	0：停止工作 1：工作

表 4-11 综合控制器报文 2

OUT	IN	ID						周期/ms
综合控制器	组合仪表，EPS 控制器	PGN-						50
		P	R	DP	PF	PS	SA	
		2	0	0	1	164	167	
数据								
位置	数据名					SPN		
BYTE1	车速	255 对应表头最大车速						
BYTE2	电机电流	255 对应表头最大电流						
BYTE3	荷电状态	1/255/bit						
BYTE4	动力蓄电池电压	255 对应表头最大电压						
BYTE5	剩余行驶里程低字节	0.1km/bit						
BYTE6	剩余行驶里程高字节							
BYTE7	开关信号	见表 4-12						
BYTE8	综合控制器（报文 2）LIFE	每下发一次该数加一，0~255 循环						

表 4-12　开关信号（BYTE7）

BIT7	BIT6	BIT5	BIT4	BIT3	BIT2	BIT1	BIT0
备用	备用	0：电机及控制器过热关 1：电机及控制器过热开	0：运行准备就绪关 1：运行准备就绪开	0：EPS 指示关 1：EPS 指示开	0：系统故障关 1：系统故障开	0：动力蓄电池故障关 1：动力蓄电池故障开	0：充电指示关 1：充电指示开

7）电机控制器网络报文协议见表 4-13～表 4-16。

表 4-13　电机控制器报文 1（回复接收的内容）

OUT	IN	ID						周期/ms
电机控制器	综合控制器，组合仪表	PGN-						50
		P	R	DP	PF	PS	SA	
		3	0	0	8	167	166	

数据		
位置	数据名	SPN
BYTE1	工作指令	
BYTE2	驱动指令	
BYTE3	驱动状态直流电压限制低字节	
BYTE4	驱动状态直流电压限制高字节	
BYTE5	制动状态直流电压限制低字节	
BYTE6	制动状态直流电压限制高字节	
BYTE7	备用	
BYTE8	综合控制器 LIFE	

表 4-14　电机控制器报文 2

OUT	IN	ID						周期/ms
电机控制器	综合控制器，组合仪表	PGN-						50
		P	R	DP	PF	PS	SA	
		3	0	0	9	167	166	

数据		
位置	数据名	SPN
BYTE1	电机转速低字节	0.2r/min/bit
BYTE2	电机转速高字节	
BYTE3	电机控制器输出电流（如果是交流电流，为方均根值；如果是直流无刷电机电流，为导通项的方均根值）低字节	0.1A/bit
BYTE4	电机控制器输出电流高字节	

（续）

位置	数据名		SPN
BYTE5	电机控制器输入电压低字节	0.1V/bit	
BYTE6	电机控制器输入电压高字节		
BYTE7	电机驱动器实际执行的工作指令及状态	工作/停车,正转/反转（具体故障信息见表4-15）	
BYTE8	电机控制器（报文2）LIFE		

表 4-15 电机工作命令字（BYTE7）

BIT7	BIT6	BIT5	BIT4	BIT3	BIT2	BIT1	BIT0
0:正常 1:电机或电机控制器过温	0:正常 1:欠电压	0:正常 1:超速	0:正常 1:过电压	0:正常 1:过电流	0:正常 1:正在上电	0:正转 1:反转	0:停止工作 1:工作

表 4-16 电机控制器报文3

OUT	IN	ID						周期/ms
电机控制器	综合控制器,组合仪表	PGN-						50
		P	R	DP	PF	PS	SA	
		3	0	0	9	167	166	

数据			
位置	数据名		SPN
BYTE1	电机驱动器输入直流电流低字节	0.1A/bit 偏移量:-10000	
BYTE2	电机驱动器输入直流电流高字节		
BYTE3	电机温度低字节	范围:0.1℃/bit 偏移量:-1000	
BYTE4	电机温度高字节		
BYTE5	电机控制器温度低字节	范围:0.1℃/bit 偏移量:-1000	
BYTE6	电机控制器温度高字节		
BYTE7	电机驱动器实际执行的驱动指令		
BYTE8	电机控制器（报文3）LIFE		

电机控制器附加通信功能技术要求如下：

当电机控制器1s内无法收到或无法正确收到综合控器下发的指令时，将自动关闭输出，停止工作直至能够正确接收综合控器下发的指令。

8）蓄电池管理系统网络报文协议见表4-17～表4-19。

9）EPS控制器网络报文协议见表4-20。

10）整车动力控制网络CAN通信机制（低速）。根据试验测得CAN总线在20kbit/s速率的通信情况下，每帧报文的占用时间是6.25ms。为了保证通信的可靠性和稳定性，同时考虑控制的实时性，网络通信周期定为500ms，其通信机制采用自由发送，具体如下：

综合控制器初始化运行后，每隔500ms以广播方式发送其一帧数据给各部件，各部件也以500ms为间隔向总线发送数据。

表 4-17　蓄电池管理系统报文 1

OUT	IN	ID						周期/ms
蓄电池管理系统	综合控制器，组合仪表	PGN-						50
		P	R	DP	PF	PS	SA	
		4	0	0	9	167	165	
数据								
位置	数据名					SPN		
BYTE1	电池总电压低字节	0.1V/bit						
BYTE2	电池总电压高字节							
BYTE3	电池总电流低字节	0.1A/bit 偏移量：-10000						
BYTE4	电池总电流高字节							
BYTE5	电池 SOC 低字节							
BYTE6	电池 SOC 高字节							
BYTE7	电池使用状态	表 4-18						
BYTE8	蓄电池管理系统（报文 1）LIFE							

表 4-18　电池使用状态（BYTE7）

BIT7	BIT6	BIT5	BIT4	BIT3	BIT2	BIT1	BIT0
0：正常 1：绝缘电阻检测不安全	0：正常 1：过温	0：正常 1：欠电压	0：正常 1：过电压	0：正常 1：过电流	0：正常 1：电池需要充电	0：正常 1：电池电量已满	0：停止工作 1：允许工作

表 4-19　电池管理系统报文 2

OUT	IN	ID						周期/ms
电池管理系统	综合控制器，组合仪表	PGN-						50
		P	R	DP	PF	PS	SA	
		4	0	0	17	167	165	
数据								
位置	数据名					SPN		
BYTE1	电池单体最高电压低字节	0.01V/bit						
BYTE2	电池单体最高电压高字节							
BYTE3	电池单体最低电压低字节	0.01V/bit						
BYTE4	电池单体最低电压高字节							
BYTE5	电池测温最高温度低字节	范围：0.1℃/bit 偏移量：-1000						
BYTE6	电池测温最高温度高字节							
BYTE7	备用							
BYTE8	电池管理系统（报文 2）LIFE							

11）整车控制系统网络报文协议（低速）见表 4-21。

12）充电机网络报文协议（低速）见表 4-22。

表 4-20   EPS 控制器报文

OUT	IN	ID						周期/ms
EPS 控制器	综合控制器，组合仪表	PGN-						50
		P	R	DP	PF	PS	SA	
		4	0	0	32	167	163	
数据								
位置	数据名					SPN		
BYTE1	工作状态(正常/故障)	0:正常 1:故障						
BYTE2	备用							
BYTE3	备用							
BYTE4	备用							
BYTE5	备用							
BYTE6	备用							
BYTE7	备用							
BYTE8	EPS 控制器(报文)LIFE							

表 4-21   整车控制系统报文（低速）

OUT	IN	ID						周期/ms
综合控制器	充电机	PGN-						500
		P	R	DP	PF	PS	SA	
		2	0	0	0	162	167	
数据								
位置	数据名					SPN		
BYTE1	电池单体最高电压低字节	0.01V/bit						
BYTE2	电池单体最高电压高字节							
BYTE3	电池单体最低电压低字节	0.01V/bit						
BYTE4	电池单体最低电压高字节							
BYTE5	电池测温最高温度低字节	范围:0.1℃/bit 偏移量:-1000						
BYTE6	电池测温最高温度高字节							
BYTE7	备用							
BYTE8	蓄电池管理系统(报文1)LIFE							

表 4-22   充电机报文（低速）

OUT	IN	ID						周期/ms
充电机	综合控制器	PGN-						500
		P	R	DP	PF	PS	SA	
		4	0	0	40	167	162	
数据								
位置	数据名					SPN		
BYTE1	充电电压	0.1V/bit						
BYTE2	充电电压							

（续）

位置	数据名		SPN
BYTE3	充电电流	0.1A/bit	
BYTE4	充电电流		
BYTE5	充电进程	0.1%/bit	
BYTE6	充电进程		
BYTE7	备用		
BYTE8	充电机(报文1)LIFE		

4.1.5 整车控制系统的故障诊断

对于纯电动汽车而言，驱动、电池系统容易过热而发生危险，因此对这两个系统的实时监控十分必要。电机控制系统和电池系统都具备自己单独的控制器，可以检测到自身的故障，通过 CAN 总线发送给整车控制器（VCU）。电机控制系统出现轻微故障，它会进行降功率等处理，严重故障会上报 VCU 并使车辆停止行驶；蓄电池管理系统（BMS）会将检测到的故障上报 VCU，请求 VCU 做出相应的处理，在出现严重故障时，BMS 也会控制整车切断高压电，从而起到一定的保护作用。此外，VCU 也会检测自身相关传感器的故障，如加速踏板和制动踏板传感器的故障等，也需要进行处理。

对于纯电动汽车 VCU 故障处理而言，需要对故障进行分级，整车控制系统按照故障严重程度，将控制器故障分为四级。一级故障时报警，警示驾驶人车辆有轻微故障，应及时处理；二级故障时降功率，可以限制电机的最大输出功率，增加续驶里程；三级故障时停车，使车辆停止行驶，此时车辆已经出现严重故障，不允许再行驶；四级故障时切断高压电，使车辆进入非正常下电流程，保证驾驶人及车辆安全。整车故障信息表见表 4-23。

表 4-23 整车故障信息表

故障部位	故障内容	故障说明
VCU 故障	1. 加速踏板故障	1. 搭铁故障 2. 1 号信号线故障 3. 2 号信号线故障 以上任何一个故障发生均做停车处理
	2. 制动踏板故障	1. 搭铁故障 2. 信号线故障
	3. SOC 低于限值报警	1. 5%~10%之间,降功率至 30% 2. 0~5%之间,停车处理
BMS 故障	1. BMS 掉线	1. 掉线 10s,停车处理 2. 掉线 60s,切断高压电处理

（续）

故障部位	故障内容	故障说明
BMS 故障	2. 总电压过电压报警	1. 一级故障,报警 2. 二级故障,降功率至 30% 3. 三级故障,停车 4. 四级故障,切断高压电
	3. 总电压欠电压报警	
	4. 放电过电流报警	
	5. 充电过电流报警	
	6. 单体过电压报警	
	7. 单体欠电压报警	
	8. 单体电压不均衡报警	
	9. 整组温度不均衡报警	
	10. 电池温度过高报警	
	11. SOC 过低报警	
	12. 绝缘检测故障	1. 一级故障,停车 2. 二级故障,切断高压电
	13. BMS 故障状态汇总	将 BMS 故障分级后集中显示故障状态
MCU 故障	1. MCU 掉线故障	1. 掉线 10s,停车处理 2. 掉线 60s,切断高压电处理
	2. 母线过电流报警	1. 一级故障,报警 2. 二级故障,降功率至 30% 3. 三级故障,停车 4. 四级故障,切断高压电
	3. 母线欠电流报警	
	4. 母线过电压报警	
	5. 母线欠电压报警	
	6. 电机控制器温度报警	
	7. 电机温度报警	
	8. IGBT 模块故障	
仪表故障	1. 仪表掉线故障	1. 掉线 10s,停车处理 2. 掉线 60s,切断高压电处理
	2. DC/DC 报警	1. 一级故障,报警 2. 二级故障,降功率至 30% 3. 三级故障,停车 4. 四级故障,切断高压电

4.1.6 基于 Cruise 平台的整车模型仿真

搭建基于 Cruise 平台的纯电动汽车仿真模型,如图 4-14 所示。模型包括以下模块:整车模块、电机模块、主减速器模块、车轮模块、电池模块及驾驶室模块等。模块之间的连接和通信主要使用机械连接和总线连接两种方式,这些连接都只需要简单地点击即可完成。

联合仿真采用市郊工况 NEDC 与城市工况 FTP75 两种工况进行循环仿真。主要进行单循环与多循环仿真。仿真时车辆热起动,行驶阻力采用计算法确定,仿真模式选择 Simula-

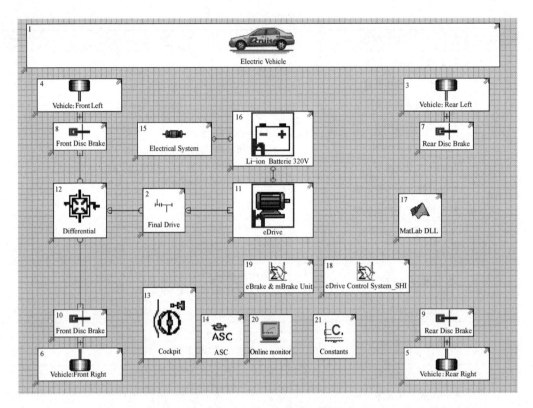

图 4-14　基于 Cruise 平台的纯电动汽车仿真模型

tion2，无转弯和轮胎滑移，驾驶人和道路模型都选择标准文件。图 4-15 描述了基于 Cruise 平台的 NEDC 循环和 FTP75 循环仿真过程。

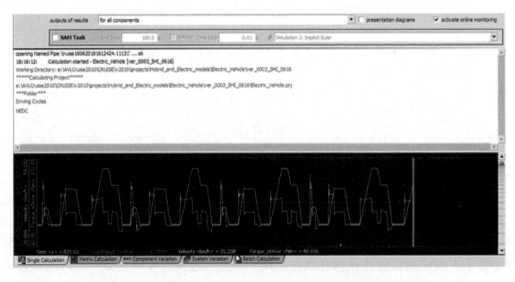

图 4-15　基于 Cruise 平台的 NEDC 循环和 FTP75 循环仿真过程

实际车速与目标车速偏差均在 ±1km/h 以内，仿真模型的精度能够满足要求。其中

NEDC 循环工况下的车速变化频率较小，制动强度较小，制动能量较低；而 FTP75 循环工况下的车速变化频率较大，制动强度较大，制动能量较高。

4.1.7 整车控制系统测试验证

通过整车控制系统模型的建立和系统仿真，控制策略和控制算法开发及模型代码软件开发等研发设计工作。利用硬件在环等研发工具，根据整车控制系统仿真模型搭建硬件在环系统，进行整车控制系统测试验证，如图 4-16 所示。硬件在环仿真结果显示，整车控制系统可以达到整车设计指标要求。

按照整车控制系统设计参照标准，主要进行图 4-17 所示的整车控制系统的试验项目。

通过整车控制系统的整车标定试验，对整车控制系统的主要控制参数进行详细标定，以提高整车动力性、经济性等指标达到并超过设计参数要求。

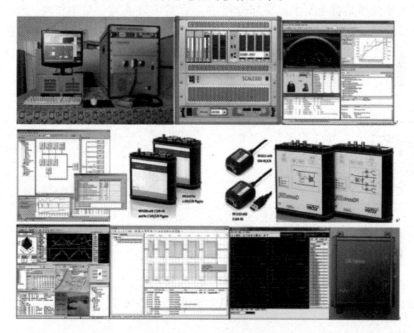

图 4-16 整车控制系统硬件在环试验台界面

温度循环试验　　　　　　盐雾试验　　　　　　振动试验

图 4-17 整车控制系统主要试验项目

4.2 动力蓄电池系统开发

动力蓄电池具有高能量密度。先进的 pack 结构设计保证热一致性好。采用高强度 Q235 钢材料设计，保证了整体结构的强度。采用有导热绝缘性的环氧板，该材料具有优良的绝缘性和环保性，在发生危险状况时不损害车内乘员，防止发生二次事故。

电池模块表面采用厚度为 3mm 的高强度 7 层玻璃纤维环氧板进行隔离保护，确保电池在车辆因碰撞、挤压引起变形时不发生短路、起火。模块外围采用 3mm 厚度的钢板进行强度保证，确保极端条件下模块整体强度及结构不变。另外在热管理方面，采用双箱体设计，其散热性能更好，下箱提供大功率，上箱提供小功率；电池模块中留有单层通孔，环氧板采用导热绝缘材料，将热量传递到外部环境中，保证热分布均匀。

动力蓄电池管理系统主要由以下部分组成：数据采集单元、采集模块、中央处理单元、主控模块、显示单元、均衡单元检测部件、电流传感器、电压传感器、温度传感器、漏电检测模块、控制部件、熔断装置及继电器等。动力蓄电池系统的开发流程如图 4-18 所示。

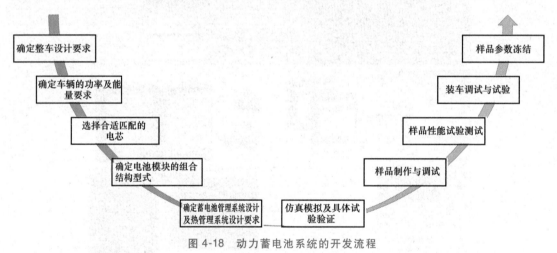

图 4-18 动力蓄电池系统的开发流程

4.2.1 动力蓄电池系统开发流程

1. 确定整车设计要求

在确定系统参数时，应明确系统工作电压范围，系统结构总体质量，系统电量要求，系统所提供的整车额定功率，系统所提供的最大功率/时间，系统的使用环境以及安装结构要求数据，并将这些系统参数作为研发数据输入，确定电池模块的配置。

2. 确定车辆的功率及能量要求

蓄电池系统应优先进行功率要求及能量要求的确定。功率要求用于确定系统配置最大功率能力，能量要求用于确定车辆行驶里程、能量密度等要求。

3. 选择合适匹配的电芯

电芯，即单体蓄电池，用来将化学能与电能进行相互转换。它需要通过电动汽车的动力需求以及各种高压部件等所需消耗的电力、时间和使用温度来确定具体的选取方案。

按电池的结构形状不同，主要分为圆柱形电池、方形电池和软包电池三种，各自的优缺点也十分明显。在一定程度上，电芯的性能决定了蓄电池模块的性能，进而影响整个动力蓄电池系统的性能。因此在进行动力蓄电池系统设计时，一定要根据整车的设计要求去选择电芯的材料及形状。三种结构电池的性能比较见表 4-24。

表 4-24　三种结构电池的性能比较

电池结构	圆柱形	方形	软包
优点	工艺成熟度高、生产效率高、过程控制严格，成品率及电芯一致性高。壳体结构成熟，工艺制造成本低	对电芯的保护作用高，可以通过减少单体电池的厚度保证内部热量快速传导，电芯的安全性能有较大改善	外部结构对电芯的影响小，电芯性能优良；封装采用的材料重量轻，电池的能量密度最高
缺点	集流体上电流密度分布不均，造成内部各部分反应程度不一致；电芯内部产生的热量很难得到快速释放，累积会造成电池安全隐患	壳体在电芯总重中所占的比例较大，导致单体电池的能量密度较低，内部结构复杂，自动化工艺成熟度相对较低	大容量电池密封工艺难度增加、可靠性相对较差；所采用的铝塑复合封装膜机械强度低，铝塑复合膜的寿命制约了电池的使用寿命

电芯按正极材料来分，主要包括钴酸锂、锰酸锂、磷酸铁锂以及镍钴锰酸锂三元材料等。根据专业资料统计得到的不同正极材料电芯基本性质见表 4-25。

表 4-25　不同正极材料电芯基本性质

正极材料	磷酸铁锂（LFP）	锰酸锂（LMO）	钛酸锂（LTO）	钴酸锂（LCO）	镍钴锂（NCA）	镍钴锰（NCM）
能量密度/$(W \cdot h/kg)$	120~150	130~150	70~80	150~200	80~220	140~180
功率密度/(W/kg)	1400~2400	1000	750	600	1500~1900	500~3000
单体电压/V	3.2	3.8	2.3	3.7	3.6	3.6
循环寿命（次）	2000	>500	>4000	>700	>1000	1000~4000
工作温度/℃	−20~+60	−20~+60	−40~+60	−20~+60	−20~+60	−20~+55

选择电芯时，首先确定备选电芯的能量 W_1，然后根据整车要求能量 W_2 确定电芯数量 $N = W_2/W_1$，依据电芯功率表确定额定功率 P_2，提供需求额定功率 P_1，应满足公式 $N \times P_2 \geq P_1 \times 110\%$。依据电芯功率表，确定电芯最大 30s 短时功率 P_3，参考系统提供最大功率 P_4，应满足 $N \times P_3 \geq P_4 \times 110\%$。若不满足以上两式，应增加 N 的值使其满足要求。

4. 确定蓄电池模块的组合结构型式

动力蓄电池模块是指动力蓄电池单体经由串、并联方式组合并加保护电路板及外壳后，能够直接提供电能的组合体，是组成动力蓄电池系统的次级结构之一。电池模块包括单体蓄电池、固定框架、电连接装置、温度传感器及电压检测线路等。

依据工作电压范围，确定锂离子蓄电池组的电池串数，最高工作电压 V_1，最低工作电压 V_2；串数 P_1 表示为 $P_1 = V_1/4.15$，串数 P_2 表示为 $P_2 = V_2/4.125$。参考 P_1、P_2 中的最大串数 N_1 用于模块传输验证蓄电池系统的最高及最低电压是否在系统要求的电压内。由电芯数量 N/N_1 可得电池并数 N_2，在确定 N_1、N_2 后，配置蓄电池系统串并联方式。

在进行蓄电池模块设计时要考虑动力蓄电池的温度特性。因为动力蓄电池在不同温度下的输出/输入会发生变化，容量、输出性能会随使用时间逐渐退化。蓄电池的性能与选择一旦出现设计错误，将不能满足低温时的加速性能和爬坡性能，并且当蓄电池老化时还会给系统性能造成影响。

在结合整车设计要求的前提下对蓄电池模块进行设计，蓄电池模块设计需要考虑以下方面：

1) 蓄电池成组的固定连接方式，应根据动力蓄电池系统设计的整体要求和选定好的电芯结构型式确定。

2) 装配蓄电池模块时要求松紧度适中，各结构部件应具有足够的强度，防止蓄电池因内、外部力的作用而发生变形或破坏。

3) 电芯及蓄电池模块要有专门的固定装置，应结构紧凑且要根据蓄电池箱体的散热情况设置通风散热通道。

4) 单体蓄电池之间的导线连接距离应尽量短且连接可靠，最好采用柔性连接，各导线连接部位的导电能力应满足用电设备的最大过电流能力。

5) 应充分考虑蓄电池串、并联高压连接之间的绝缘保护问题，如绝缘间隙和爬电距离等。

电气系统主要包括高压系统、连接线束等，其中高压系统主要由继电器、电流传感器、电阻和熔断器等器件组成。

在设计高压系统时，需要考虑电力供给端和输出端的平衡。电力供给端对于纯电动汽车指的是驱动用蓄电池；输出端是指由高电压电力驱动的机器，如用于驱动的电机、空调设备、DC/DC 转换器等。高压系统的安全设计尤为重要，如在高压线路上配置手动维修开关、自动断路器、动力控制继电器、系统互锁和高压熔断器。

蓄电池箱体固定安装在整车上，是电动汽车的一个重要的零部件。因此，蓄电池箱体必须具备一些基本功能，如与整车的信号通信、电源输出、增程器充电输入及设计维护开关等。整个箱体内采用电木和环氧板进行高压绝缘；箱体外部与底盘可靠连接；蓄电池箱作为蓄电池模块的承载体，对蓄电池模块的安全工作和防护起着关键作用。蓄电池箱的外观设计主要从材质、表面防腐蚀、绝缘处理及产品标识等方面进行。蓄电池箱的设计目标须满足强度、刚度要求和电气设备外壳防护等级 IP67 设计要求，并且能提供碰撞保护，箱内蓄电池模块位于底板上，线束走向合理、美观且固定可靠。设计的通用要求须满足相关标准。

5. 确定蓄电池管理系统设计及热管理系统设计要求

蓄电池管理系统（battery management system，BMS），通过检测蓄电池组中各单体蓄电池的状态来确定整个蓄电池系统的状态，并根据它们的状态对动力蓄电池系统进行相应的控制调整和策略实施，实现对动力蓄电池系统及各单体蓄电池的充、放电管理，以保证动力蓄电池系统安全稳定地运行。蓄电池管理系统的基本功能可以分为检测、管理、保护三大板块。

BMS 在硬件上可以分为主控模块和从控模块两大块。BMS 主要由数据采集单元（采集模块）、中央处理单元（主控模块）、显示单元、均衡单元检测模块（电流传感器、电压传感器、温度传感器、漏电检测）及控制部件（熔断装置、继电器）等组成。中央处理单元由高压控制回路、主控板等组成，数据采集单元由温度采集模块、电压采集模块等组成。一般采用 CAN 现场总线技术实现相互间的信息通信。

BMS 中的软件功能一般包括电压检测、温度采集、电流检测、绝缘检测、SOC 估算、

CAN 通信、均衡功能、系统自检功能、系统检测功能、充电管理及热管理等。整体的设计指标包括最高可测量总电压、最大可测量电流、SOC 估算误差、单体电压测量精度、电流测量精度、温度测量精度、工作温度范围、CAN 通信、故障诊断、故障记忆功能及在线监测与调试功能等。

BMS 通过通信接口与整车控制系统、电机控制器和车载显示系统等进行通信，整个工作过程大致如下：首先利用采集模块采集蓄电池的电流、电压和温度等数据；然后将采集到的数据发送给主控模块，主控模块对数据进行分析和处理后，发出对应的程序控制和变更指令；最后对应的模块做出处理措施，对蓄电池系统或蓄电池进行调控，同时将实时数据发送到显示单元。

BMS 技术应满足以下要求：

1）蓄电池管理系统与动力蓄电池相连的带电部件和其壳体之间的绝缘电阻值不小于 2MΩ。

2）蓄电池管理系统应能经受相关的绝缘耐压性能试验，在试验过程中应无击穿或闪络等破坏性放电现象。

3）SOC 的估算精度要求不大于 10%。

4）蓄电池管理系统应能在相关规定条件下，如过电压运行、欠电压运行、高低温运行情况下满足状态参数测量精度的要求。

根据蓄电池管理系统控制功能、均衡方式、不同蓄电池包产品的实用性及单体蓄电池串/并联数目等，确定蓄电池管理系统总体框架采用分级式；根据管理系统控制功能，对标专业标准要求及行业竞争产品，确定管理系统参数检测精度要求，提出蓄电池管理系统电路及零部件选型设计要求；根据系统电性能、EMC、功能安全等要求，完成原理图与 PCB 的设计；根据蓄电池包和整车装配空间与装配要求，确定蓄电池管理系统的安装要求。

根据整车使用环境要求，确定蓄电池包使用环境要求，根据单体蓄电池的电性能和结构参数，建立单体蓄电池热模型，结合蓄电池包结构设计与蓄电池成组方式，建立蓄电池包热仿真模型，进行蓄电池包不同环境条件与工况下的温度场数据分析，然后结合蓄电池包使用环境要求与蓄电池工作温度范围，确定热管理系统散热与加热方式，确定保温措施等，最后提出具体的热管理系统设计要求。

6. 仿真模拟及具体试验验证

根据整车参数，确定仿真模型，对结构、电器性能进行仿真，并修改不合格项至符合设计要求后，输出材料表、图样、文件等，进行研发定型。

7. 样品制作与调试

样品制作时，依据材料表进行材料准备，并依据图样等文件确定工艺参数，制作样品完成后，进行充、放电等模拟测试，并进行材料、工艺等调整使其符合要求。

8. 样品性能试验测试

样品模拟测试合格后，需要进行极限试验，安规⊖试验，重量及结构尺寸等参照图样检验，合格后可以进行初步方案定型。

⊖ 安规是指产品认证中对产品安全的要求，包含产品零件的安全的要求、组成成品后的安全要求。

9. 装车调试及试验

整车调试是蓄电池系统检验的关键数据调试环节，需要按照整车设计各种路况，在各种复杂条件下进行试验，确保其符合要求，如最大功率、爬坡距离等。

10. 样品数据冻结

全部试验通过后，为设计定型。需要归档各项调试、测试过程中的数据、报告等，输出最终的材料表、图样、规格书等相关文件，为小批量生产做准备。

4.2.2 动力蓄电池系统设计规范

动力蓄电池系统是电动汽车的重要组成部分，为电动汽车行驶提供能量来源，属于高电压高能量密度产品。在设计蓄电池系统时，主要从箱体设计、蓄电池成组设计、蓄电池安全以及蓄电池管理系统设计等方面进行，具体研发分工如图 4-19 所示。

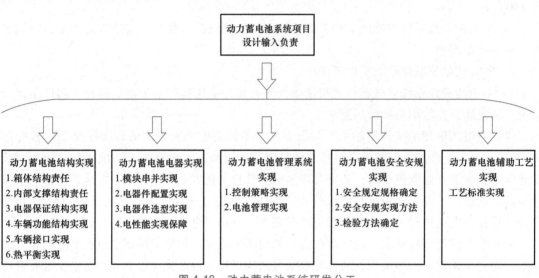

图 4-19　动力蓄电池系统研发分工

整个动力蓄电池系统的各个设计部分均需要符合相关规范和标准要求，一些在动力蓄电池系统设计过程中涉及的相关标准及设计规范等见表 4-26～表 4-28。

表 4-26　动力蓄电池相关标准

标　准	名　称
GB/T 31484—2015	《电动汽车用动力蓄电池循环寿命要求及试验方法》
GB 38031—2020	《电动汽车用动力蓄电池安全要求》
GB/T 31486—2015	《电动汽车用动力蓄电池电性能要求及试验方法》
GB/T 31467.1—2015	《电动汽车用锂离子动力蓄电池包和系统　第1部分:高功率应用测试规程》
GB/T 31467.2—2015	《电动汽车用锂离子动力蓄电池包和系统　第2部分:高能量应用测试规程》
GB/T 18384—2020	《电动汽车安全要求》
GB 4208—2017	《外壳防护等级(IP代码)》

表 4-27 动力蓄电池相关设计规范

序　号	内　容
1	动力蓄电池模块设计规范
2	动力蓄电池系统设计规范
3	动力蓄电池线束设计规范
4	动力蓄电池箱体设计规范
5	动力蓄电池滥用评价规范

表 4-28 动力蓄电池设计指标

输入项目	车辆要求	说　明
整车系统平台电压	350V	—
电池系统电压范围	250~400V	—
电池电量要求	≥18kW·h	—
电机额定功率	30kW	—
电机最大功率 & 持续时间	50kW/30s	—
车辆续驶里程	≥150km	NEDC 工况法测试
整车对电池质量要求	≤166kg	系统净重
整车充电环境温度	-10~50℃	—
整车行驶环境温度	-20~60℃	—
车载充电机额定功率	3.3kW	—
整车快充时间要求	1h(80%SOC)	—
整车质保要求	8 年或 15 万 km	—

4.2.3　动力蓄电池 pack 结构设计

1. 边界条件

动力蓄电池箱（简称蓄电池箱）的外观尺寸主要根据车体的结构要求进行设计，包含安装点确定、外形结构确定、整车输出接口确定及箱体结构确定等，强度性能满足 GB 38031—2020 安全要求。如图 4-20 所示为蓄电池箱结构边界尺寸图。

2. 电芯单体选型

根据整车开发要求，选取合适的电芯，根据电芯倍率充电性能、倍率放电性能、高温性能及低温性能等特征综合评价，选出合适的电芯，所选电芯必须通过国家指定检验机构检验测试。电芯性能要求见表 4-29，动力蓄电池系统设计参数见表 4-30。

图 4-20 蓄电池箱结构边界尺寸图

表 4-29　电芯性能要求

项目	规格	说明
电芯型号	INR18650-26P	—
电芯类型	三元材料	—
标称电压	3.7V	—
1C 倍率下的容量	2.2A·h	—
工作电压	2.8~4.125V	容量工作范围
质量	45g	单体净重
内阻	<40mΩ	AC1kHz
充电温度范围	−10~50℃	—
放电温度范围	−20~60℃	—
标准充电电流	0.33C	—
标准放电电流	0.33C	—
额定放电电流	1C	—
快充电流	1C	—

表 4-30　动力蓄电池系统设计参数

项目	规格
蓄电池包成组方式	90 串 25 并
标称电压/标称容量	333V/55A·h
蓄电池包总质量	≤163 kg
工作电压范围	252~371.25V
绝缘电阻	总正对箱体电阻>500MΩ(1000V DC) 总负对箱体电阻>5000MΩ(1000V DC)
防尘防水	IP67
充电温度范围	−10~50℃
放电温度范围	−20~60℃
标准充电	最大 0.33C,使用车载充电机
额定输出功率	18kW
最大输出功率/时间	50kW/30s

3. 蓄电池箱体结构设计

蓄电池模块采用固定支架模式组成,镍带和铜排采用激光焊接技术,电芯与镍带连接采用电阻焊技术,这两项技术可以保证长期具有高的可靠性及低阻抗。镍带与电芯连接形状设计充分考虑焊接过程的应力,确保高可靠性。模块间用加热板进行低温加热,两端用固定板进行紧固及结构安全保障。如图 4-21 所示,模块由电芯+固定支架+镍带+铜排+加热板

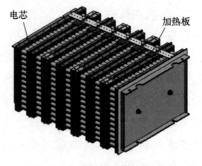

图 4-21　蓄电池模块构成

组成。

根据整车空间，综合考虑整车车身强度、碰撞安全性等因素，确定动力蓄电池系统可用空间 $0.136m^3$，采用 A、B 两个蓄电池箱组成，形状如图 4-22、图 4-23 所示。

图 4-22 A 蓄电池箱结构图

图 4-23 B 蓄电池箱结构图

箱体采用钣金件，以便实现批量化生产和标准化生产。钣金箱体制造工艺为冲压、折弯、铆接、焊接、表面处理、喷涂及泄漏测试。

蓄电池箱外箱防护等级技术要点：A、B 外箱箱体均按照 IP67 要求设计，分别安装透气不漏水阀，使得箱内压力平衡。箱体设计有盲孔，确保底座与箱体外壁密封。制作线束时，应确保导线与所穿过橡胶塞孔紧密配合，空余引脚使用相匹配的盲堵。MSD 底座内部小腔体和外箱腔体连通，利用透气阀共同"呼吸"，保持压力平衡。A 蓄电池箱包括 7 个模块+箱体、箱盖+高、低压线束+连接器+电压温度采集模块+热管理组件，B 蓄电池箱包括 3 个模块+箱体、箱盖+高、低压线束+连接器+电压温度采集模块+热管理组件。箱内采用紧固结构技术，选用足够强度等级的螺栓、螺母，具有足够的紧锁力和抗机械冲击力。选用防松螺母，保证长期使用中连接处的抗机械冲击和热冲击能力。其结构如图 4-24、图 4-25 所示。

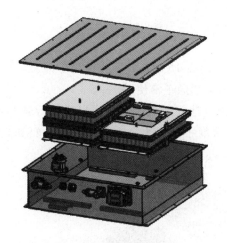

图 4-24 A 蓄电池箱结构爆炸图

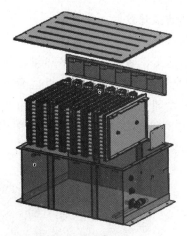

图 4-25 B 蓄电池箱结构爆炸图

4. 动力蓄电池组的电连接设计

电连接技术：箱体内高、低压插接器，选用 REF-ZB0RD1-25-A。低压插接器支持全自动压接。REF 系列插接器主要用于电动汽车行业，为设备之间提供稳定的高压、大电流传输。插接器外壳采用工程塑料压铸，具有阻燃、耐高温的特点；并且相较于同类金属单芯插接器，其成本更低、重量更轻、体积更小。

插头、插座采用锁扣连接，带有二次锁紧结构，并增加高压互锁功能；插接器要求操作空间小，特别适用于安装在空间有限的场合，其外形如图4-26所示。

项目选用工作电流为100~250A，接触件规格选择φ10mm，接线范围包括25~62mm²，最大额定工作电流为120A，加速时可保证300A<30s，预留50%余量装配车辆。

产品有三种防误插的键位，能够满足同一设备同时安装多个此类插接器的要求，防误插性能设计满足要求。选用的插头、插座防护等级高，插头与插座对接后能实现IP67

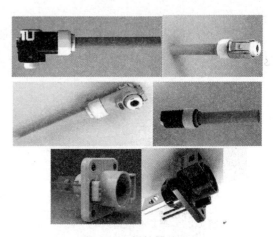

图4-26　插接器外形

的防护等级。线束插头端带有柔软的密封胶体用于密封，胶体外加装橡胶压套、金属压套，性能高于IP67要求。密封结构示意图如图4-27所示。

蓄电池箱外部线束设计有防护套，高压线束采用封闭的橙色波纹管，低压线束采用黑色波纹管，有效降低因挤压摩擦产生的线束破损概率。

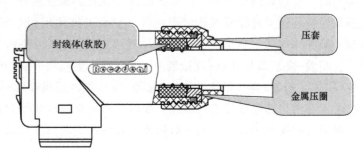

封线体(软胶)　压套　Recodeal　金属压圈

5. 动力蓄电池的热管理

根据车辆的要求及选用的三元电芯的温升数据，动力蓄电池采用自然冷却系统，及时

图4-27　密封结构示意图

带走蓄电池工作时产生的过多热量，使蓄电池温升控制在15℃以下，确保夏季高温环境的车辆正常使用。同时配有加热板，确保冬季寒冷季节车辆的正常使用。

自然冷却和加热板的应用，使动力蓄电池系统内电池间的温度均衡可以满足行驶要求。同时通过BMS的相关控制，蓄电池组内电芯的绝对温度小于55℃。A和B蓄电池箱加热板示意图如图4-28、图4-29所示。

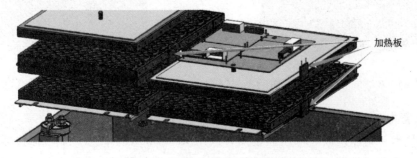

加热板

图4-28　A蓄电池箱加热板示意图

加热板

图 4-29　B 蓄电池箱加热板示意图

6. 蓄电池系统的热仿真分析

随着电池技术的发展，动力蓄电池的功率密度越来越高，其所需占用的体积则越来越小，但相应的产热量则越来越多，且温度对锂离子蓄电池有很大影响。

对于纯电动汽车而言，其动力蓄电池系统的单体蓄电池数量一般都在 100 节以上，考虑到动力蓄电池在整车上紧凑合理的安装布置，蓄电池箱中的各个单体蓄电池往往是非常紧密地排列在一起，各个单体蓄电池在充、放电过程中产生的热量会在蓄电池箱内不断叠加累积，如果散热条件较差，蓄电池箱内的温度会持续升高。如果使用环境温度较高，动力蓄电池组非常容易出现热失控的现象，严重影响电池性能，甚至造成事故。因此，需要设计蓄电池热管理系统，对车辆行驶过程中电池产生的热量进行强制散发。然而实际工作中难以通过进行各种蓄电池热管理方案设计，并利用试验来对比评估各个热管理方案的效果，然后从中选取最优方案。因为这种方法不仅费时、费力，而且很难全面把握整个蓄电池组的温度场分布情况，难以分析、保证蓄电池组中各单体温度的一致性。更可行的方法是利用仿真分析，对各种热管理方案进行评价，全面、细致、直观地分析蓄电池组温度场的分布情况和各单体蓄电池温度的一致性问题。

通过 ANSYS 软件对蓄电池包进行仿真分析，蓄电池包在自然冷却的散热方式下，环境温度为 30℃，以 1C（52A）电流放电至截止电压，蓄电池包的最高温度为 45.6℃，温升为 15.6℃，各温度监测点的温差控制在 5℃ 以内，满足设计要求。图 4-30~图 4-33 所示为蓄电池包的温度场分析。

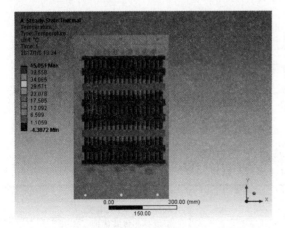

图 4-30　A 蓄电池箱电池温度图

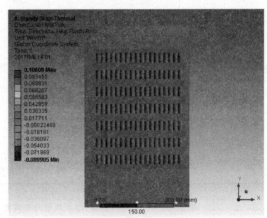

图 4-31　A 蓄电池箱电池热流图

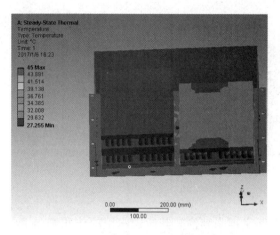

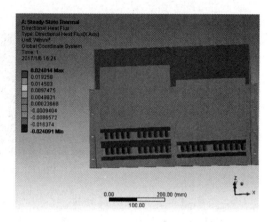

图 4-32　B 蓄电池箱电池温度图　　　　　图 4-33　B 蓄电池箱电池热流图

通过仿真试验验证，如果蓄电池包充、放电最高温度小于设计规范限定数值，则满足设计要求。

7. 动力蓄电池系统的热管理性能试验

根据车辆的要求和选用的电芯的温度特性，动力蓄电池系统可以采用自然冷却方式，确保电池温升能够得到有效控制，确保车辆在夏季高温环境下正常使用，避免电池系统发生热失控。同时配有加热板，确保冬季寒冷季节车辆正常使用。

通过上述自然冷却和加热板的应用，进行动力蓄电池内电池间的温度均衡。同时通过 BMS 的相关控制，电池组内电芯的热力学温度小于 55℃，能满足整车使用要求。

样品完成试制后进行实测试验，如图 4-34 所示，外部测试仪通过线缆连接到蓄电池内部温度传感器，检测充、放电过程中的温度变化。通过试验对比，实测结果与理论分析基本相符，符合蓄电池包的设计指标。

图 4-34　温度实测试验

4.2.4　动力蓄电池系统 EMC 设计

电磁兼容性（electro magnetic compatibility，EMC）是动力蓄电池系统设计需要考虑的关键部分。

1. 高压线束 EMC 防护设计规范

蓄电池包高压线束 EMC 防护规范见表 4-31。

表 4-31　高压线束防护规范

序号	设计规范要点	备注
1	电池高压线、充电高压线、电源线走向双规制	减少互相干扰、串扰
2	高压器件选择带有屏蔽层、金属外壳	金属外壳屏蔽搭铁
3	高压导线带有屏蔽层与高压器件屏蔽层连接	线束外漏全部屏蔽包裹

2. 低压线束 EMC 防护设计规范

蓄电池包低压线束 EMC 防护规范见表 4-32。

表 4-32　低压线束防护规范

序号	设计规范要点	备注
1	前端采集、电源、内网 CAN 线分离布线	合理地与搭铁做紧耦合布线
2	内网通信 CAN 带屏蔽层	高频 CAN 线用双绞屏蔽处理
3	低压线束与高压线束 10 mm 以上空间隔离	减少车辆功率器件干扰

3. 线束布置

蓄电池包线束布置图如 4-35 所示。蓄电池包的线束包括高压线束、低压线束及采集线束三部分，其中采集线束主要用于采集单体蓄电池的参数信息。

4. 其他蓄电池包防护主动措施

通过蓄电池包线束设计开发前期的线束合理化设计与布置，以及对蓄电池包设计阶段 EMC 防护的重点考虑，有效地避免了强电线束工作时

图 4-35　蓄电池包线束布置图

产生的干扰，并通过搭载台架、实测认证，不断优化线束布置方案与 EMC 设计。目前所采用的线束布置形式和 EMC 防护方案与措施见表 4-33，在量产项目中可以得到充分的验证和认可。

表 4-33　蓄电池包防护主动措施

序号	设计规范要点	备注
1	BMS 电源环路控制设计	减少电源 EMC 干扰设计
2	增加滤波器"搭铁"处理措施	减少引线寄生电感
3	线缆中保证足够的信地比	合理地安排和配置，降低自噪声
4	BMS 电源增加抗浪涌设计	减少开断电源对外和抗扰能力

4.2.5　动力蓄电池系统样件试制试验

1. 蓄电池 pack 样件试制

乘用车的蓄电池开发和试制工作已完成，并形成小批量试生产能力。这表明试制生产线已拥有完善的工艺开发和试生产能力，并且因其扩展性强、设备精度高，也利于后续新产品的研发生产。蓄电池试制设备详见表 4-34。

表 4-34　蓄电池试制设备列表

序号	使用设备名称	设备类别	设备功能说明	实物图片
1	电池分选机	生产设备	用于蓄电池的筛选，进行电压、内阻的成组配置	

（续）

序号	使用设备名称	设备类别	设备功能说明	实物图片
2	自动点焊机	生产设备	用于电芯的成组工艺，将正、负极镍带使用电阻焊方式连接，保障电气连接	
3	综合测试仪	测试设备	用于蓄电池系统的测试，可以进行能量、容量、通信系统等电池性能摸底测试	
4	绝缘电阻测试仪	测试设备	进行绝缘等级测试	
5	升降车	生产设备	用于蓄电池模块的吊装及周转包装等大质量蓄电池系统的转运工作	
6	气体泄漏仪	测试设备	通过气体增压确定泄漏指标控制进行 IP67 模拟试验，该设备压力最高可达约 0.2MPa	
7	BMS 测试仪	测试设备	实现 BMS 全功能测试	

（续）

序号	使用设备名称	设备类别	设备功能说明	实物图片
8	BMS 均衡测试仪	测试设备	实现 BMS 均衡能力测试	

2. 动力蓄电池系统的安全性与可靠性测试

对于动力蓄电池系统测试，建立了可靠性和安全性功能测试要求，范围覆盖了能量、容量、效率、大倍率充电温升、大倍率放电温升、高温和低温性能以及温度冲击试验、湿热循环、高气压和低气压测试、过充/过放保护测试、绝缘电阻测试、IP67 模拟测试、振动、机械冲击、翻转、碰撞、挤压、海水浸泡、外部火烧、盐雾腐蚀等。

在进行安全性试验测试之前要满足一般条件，并做好准备工作。

1）在一般无特殊情况的条件下，试验测试工作的温度为（25±2）℃，湿度为15%~90%。

2）测试样品交付时需要包括必要的操作文件以及和测试设备相连所需的接口部件，如插接器，包括冷却接口、蓄电池包和蓄电池系统的典型结构。制造商需要提供蓄电池包或系统的工作限值，以保证整个测试过程的安全。

3）测试过程中，为了蓄电池包或系统的内部反应和温度平衡，某些测试步骤之间需要静置一定的时间。静置过程中蓄电池包或系统的低电压控制单元正常工作，如蓄电池电子部件和蓄电池控制系统等。

测试蓄电池系统前的准备工作：将蓄电池系统的高压、低压、冷却装置及控制器和测试平台设备相连，开启蓄电池系统的主动和被动保护。测试平台保证测试参数和条件与测试规程的要求一致，并保证蓄电池系统工作在合理的限值之内，这些限值由控制器通过总线传输至测试平台。蓄电池系统测试过程中，蓄电池系统通过总线和测试平台通信，将蓄电池状态参数和工作限值实时传输给测试平台，再由测试平台根据蓄电池状态和工作限值控制测试过程。测试平台检测蓄电池系统的电流、电压、容量等参数，并将这些数据作为检测结果和计算依据。蓄电池系统上传的参数不作为检测结果或测试依据。动力蓄电池的测试项目见表4-35。

表 4-35　动力蓄电池的测试项目

序号	检验项目	检验方法或依据标准	检验设备或仪表
1	电池能量测试/容量测试 0.33C 测试	常温下，通过 0.33C 充电、0.33C 放电进行容量测试,使用车辆模拟负载模拟整车使用进行能量测试	使用车辆模拟负载进行测试
2	电池能量测试/容量测试 0.5C 测试	常温下，通过 0.5C 充电、0.5C 放电进行容量测试,使用车辆模拟负载模拟整车使用进行能量测试	
3	电池能量测试/容量测试 1C 测试	常温下，通 1C 充电、1C 放电进行容量测试,使用车辆模拟负载模拟整车使用进行能量测试	

（续）

序号	检验项目	检验方法或依据标准	检验设备或仪表
4	总体效率测试	常温下,使用 0.33C 标准充电,1C 放电,使用充放电仪测算电池效率	使用车辆模拟负载进行测试
5	大倍率充、放电温升测试	采用大功率 1C 充满电,2C 放电 30min,通过 BMS 测试电池系统内部温升	使用车辆模拟负载进行充、放电测试,高、低温高湿箱进行温度控制
6	低温-20℃放电能力测试	测试 25℃ 环境温度 0.33C 满充后,-20℃ 环境温度 0.33C 放电的容量	
7	低温-10℃充电能力测试	测试 25℃ 环境温度 0.33C 满放后,-10℃ 环境温度 0.33C 充电的容量	
8	高温 50℃ 充电能力测试	测试 25℃ 环境温度 0.33C 满放后,50℃ 环境温度 0.33C 充电的容量	
9	高温 60℃ 放电能力测试	测试 25℃ 环境温度 0.33C 满充后,60℃ 环境温度 0.33C 放电容量	
10	温度冲击试验	GB 38031—2020 8.2.8	
11	湿热循环试验	GB 38031—2020 8.2.5	
12	过温保护试验	GB 38031—2020 8.2.11	
13	高海拔低气压测试	GB 38031—2020 8.2.10	高、低压箱
14	过充电保护试验	GB 38031—2020 8.1.3	车辆模拟负载
15	过放电保护试验	GB 38031—2020 8.1.2	
16	外部短路试验	GB 38031—2020 8.1.4	—
17	加热试验	GB 38031—2020 8.1.5	—
18	振动试验	GB 38031—2020 8.2.1	振动试验仪
19	机械冲击试验	GB 38031—2020 8.2.2	机械冲击试验台
20	模拟碰撞试验	GB 38031—2020 8.2.3	锂电池碰撞试验台
21	挤压试验	GB 38031—2020 8.1.7	锂电池挤压试验台
22	浸水试验	GB 38031—2020 8.2.6	锂电池海水浸泡试验机
23	外部火烧试验	GB 38031—2020 8.2.7	锂电池外部火烧试验台
24	盐雾腐蚀试验	GB 38031—2020 8.2.9	锂电池盐雾腐蚀试验箱

通过严格的各项测试及仿真试验,使蓄电池系统的各项电性能参数符合设计标准,蓄电池安全标准符合相关标准,设计满足整车要求,各种环境测试符合整车指标。

目前,电动汽车方面相关标准对蓄电池包的要求主要是安全方面的,总体的设计原则如下:

1）满足整车安装条件,包括尺寸、安装接口等。

2）蓄电池箱体与蓄电池模块之间的绝缘,蓄电池箱体与整车之间的绝缘均符合相关要求。

3）防水、防尘满足 IP54 或以上要求。

4）减少蓄电池包内部使电池产生自放电的可能性。

5）各种接口（通信、电气、维护、机械）完全、合理。

6）模块在蓄电池箱体内的固定、蓄电池包在整车上的固定满足振动、侧翻等要求。

7）温度场设计合理，要求蓄电池包中模块的内部电池温差不超过2℃。

8）禁止有害或危险性气体在蓄电池包内积累，更不能进入乘员舱。

9）部分应用（纯电动汽车）要求快速更换。

3. 安全性要求

（1）振动

1）试验开始前，将试验对象的SOC状态调至不低于制造商规定的正常SOC工作范围的50%。

2）按照试验对象车辆安装位置和GB/T 2423.43《电工电子产品环境试验 第2部分：振动、冲击和类似动力学试验样品的安装》的要求，将试验对象安装在振动台上。每个方向分别施加随机和定频振动载荷。

3）试验过程中，监控试验对象内部最小监控单元的状态，如电压和温度等。

（2）机械冲击

1）对试验对象施加半正弦冲击波，±Z轴方向各6次，共计12次。

2）相邻两次冲击的间隔时间以两次冲击在试验样品上造成的响应不发生相互影响为准，一般应不小于5倍冲击脉冲持续时间。

（3）模拟碰撞

按照试验对象车辆安装位置和GB/T 2423.43《电工电子产品环境试验 第2部分：振动、冲击和类似动力学试验样品的安装》的要求，将试验对象水平安装在带有支架的台车上。根据试验对象的使用环境给台车施加规定的脉冲（汽车行驶方向为x轴方向，另一垂直于行驶方向的水平方向为y轴方向）。对于试验对象存在多个安装方向（$x/y/z$）时，按照加速度大的安装方向进行试验。

（4）挤压

1）挤压板形式：挤压板为半径75mm的半圆柱体，半圆柱体的长度大于试验对象的高度，但不超过1m。

2）挤压方向：x方向和y方向（汽车行驶方向为x轴方向，另一垂直于行驶方向的水平方向为y轴方向），为保护试验操作安全，可分开在两个试验对象上执行测试。

3）挤压速度：不大于2mm/s。

4）挤压程度：挤压力达到100kN或挤压变形量达到挤压方向的整体尺寸的30%时停止挤压。

（5）湿热循环

1）按照GB/T 2423.4《电工电子产品基本环境试验规程试验D_b：交变湿热试验方法》执行试验。其中最高温度是60℃或更高温度（如果制造商要求），循环5次。

2）浸水试验对象按照制造商规定的安装状态全部浸入水中。对于高度小于850mm的试验对象，其最低点应低于水面1000mm；对于高度等于或大于850mm的试验对象，其最高点应低于水面150mm。试验持续时间30min。水温与试验对象温差不大于5℃。试验对象按照整车连接方式连接好线束、接插件等零部件。

（6）**外部火烧**　试验环境温度为 0℃ 以上，风速不大于 2.5km/h。测试中，盛放汽油的平盘尺寸超过试验对象水平投影尺寸 20cm，不超过 50cm。平盘高度不高于汽油表面 8cm。试验对象应居中放置。汽油液面与试验对象底部的距离设定为 50cm，或者为车辆空载状态下试验对象底面的离地高度。外部火烧试验分为：

1）预热。在离试验对象至少 3m 远的地方点燃汽油，经过 60s 的预热后，将油盘置于试验对象下方。如果油盘尺寸太大无法移动，可以采用移动试验对象和支架的方式。

2）直接燃烧。试验对象直接暴露在火焰下 70s。

3）间接燃烧。将耐火隔板盖在油盘上。试验对象在该状态下测试 60s。或经双方协商同意，继续直接暴露在火焰中 60s。耐火隔板由标准耐火砖拼成，也可以用耐火材料参考此尺寸制作。

4）离开火源。将油盘或者试验对象移开，在试验环境温度下观察 2h 或试验对象外表温度降至 45℃ 以下。

（7）**温度冲击**　试验对象置于（-40℃±2℃）~（60℃±2℃）（如果制造商要求，可采用更严苛的试验温度）的交变温度环境中，两种极端温度的转换时间在 30min 以内。试验对象在每个极端温度环境中保持 8h，循环 5 次。

（8）**盐雾**　按照 GB/T 28046.4—2011《道路车辆　电气及电子设备的环境条件和试验　第 4 部分：气候负荷》中 5.5.2 的测试方法和 GB/T 2423.17《电工电子产品环境试验　第 2 部分：试验方法　试验 K_a：盐雾》的测试条件进行试验。盐溶液采用氯化钠（化学纯、分析纯）和蒸馏水或去离子水配制，其浓度为 5%±1%（质量分数）。35℃±2℃ 下测量 pH 值在 6.5~7.2 之间。将试验对象放入盐雾箱进行试验，一个循环持续 24h。在 35℃±2℃ 下对试验对象喷雾 8h，然后静置 16h，在一个循环的第 4 小时和第 5 小时之间进行低压上电监控。共进行 6 个循环。

（9）**高海拔**　为保护试验操作人员和实验室安全，制造商应提供电流锐变限值、电压异常限值作为异常终止条件。测试环境：气压条件为 61.2kPa（模拟海拔高度为 4000m 的气压条件），温度为试验环境温度，搁置 5h。搁置结束后，对试验对象按制造商规定的电流放电至制造商规定的放电截止条件。

（10）**过温保护**

1）在试验开始时，影响试验对象功能并与试验结果相关的所有保护设备都应处于正常运行状态，冷却系统除外。试验对象应由外部充放电设备进行连续充电和放电，使电流在电池系统制造商规定的正常工作范围内尽可能快地升高电池的温度，直到试验结束。

2）室内或温度箱的温度应从 20℃±10℃ 或更高的温度（如果电池系统制造商要求）开始逐渐升高，直到达到试验确定的温度，然后保持在等于或高于此温度，直到试验结束。

3）当符合以下任一条件时，结束试验：

① 试验对象自动终止或限制充电或放电。

② 试验对象发出终止或限制充电或放电的信号。

③ 试验对象的温度稳定，温度变化在 2h 内小于 4℃。

(11）外部短路保护

1）试验条件如下：

① 试验应在 20℃±10℃ 的环境温度或更高温度（如果电池系统制造商要求）下进行。

② 在试验开始时，影响试验对象功能并与试验结果相关的所有保护设备都应处于正常运行状态。

2）外部短路过程如下：

① 在开始试验时，用于充电和放电的相关主要接触器都应闭合（如电池系统回路中包含相关继电器），来表示可行车模式以及允许外部充电的模式。如果这不能在单次试验中完成，则应进行两次或更多次试验。

② 将试验对象的正极端子和负极端子相互连接。短路电阻不超过 5mΩ。

3）保持短路状态，直至符合以下任一条件时，结束试验。

① 试验对象的保护功能起作用，并终止短路电流。

② 试验对象外壳温度稳定（温度变化在 2h 内小于 4℃）后，继续短路至少 1h。

(12）过充电保护

1）试验条件如下：

① 试验应在 20℃±10℃ 的环境温度或更高温度（如果电池系统制造商要求）下进行。

② 按照电池系统制造商推荐的正常操作（如使用外部充放电设备），调整试验对象的 SOC 到正常工作范围的中间部分。只要试验对象能够正常运行，可不需要精确的调整。

③ 在试验开始时，影响试验对象功能并与试验结果相关的所有保护设备都应处于正常运行状态。用于充电的所有相关的主要接触器都应闭合（如电池系统回路中包含相关继电器）。

2）充电过程如下：

① 外部充电设备应连接到试验对象的主端子。外部充电设备的充电控制限制应禁用。

② 试验对象应由外部充电设备在电池系统制造商许可的用时最短的充电策略下进行充电。

3）充电应持续进行，直至符合以下任一条件时，结束试验：

① 试验对象自动终止充电电流。

② 试验对象发出终止充电电流的信号。

③ 当试验对象的过充电保护控制未起作用，继续充电，使得试验对象温度超过电池系统制造商定义的最高工作温度再加 10℃ 的温度值。

④ 当充电电流未终止且试验对象温度低于最高工作温度再加 10℃ 的温度值时，充电应持续 12h。

(13）过放电保护

1）试验条件如下：

① 试验应在 20℃±10℃ 的环境温度或更高温度（如果电池系统制造商要求）下进行。

② 按照电池系统制造商推荐的正常操作（如使用外部充放电设备），调整试验对象的 SOC 到较低水平，但应在正常的工作范围内。只要试验对象能够正常运行，可不需要精确的调整。

③ 在试验开始时，影响试验对象功能并与试验结果相关的所有保护设备都应处于正常运行

状态。用于放电的所有相关的主要接触器都应闭合（如电池系统回路中包含相关继电器）。

2）放电过程如下：

① 外部放电设备应连接到试验对象的主端子。

② 应与电池系统制造商协商，在规定的正常工作范围内以稳定的电流进行放电。

3）放电应持续进行，直至符合以下任一条件时，结束试验：

① 试验对象自动终止放电电流。

② 试验对象发出终止放电电流的信号。

③ 当试验对象的自动中断功能未起作用，则应继续放电，使得试验对象放电到其额定电压的25%为止。

④ 试验对象的温度稳定，温度变化在2h内小于4℃。

4.3 蓄电池管理系统开发

电动汽车蓄电池管理系统（BMS）主要由一个主板BCU和多个子板BMU组成，BCU与BMU之间通过CAN总线实时通信。蓄电池管理系统的主要功能是对蓄电池的电压、电流、温度进行实时检测，同时还进行漏电检测、热管理、电池均衡管理、报警提醒，计算剩余容量、放电功率，报告SOC与SOH状态，还根据蓄电池的电压、电流及温度，用算法控制最大输出功率和充电功率，通过CAN总线与整车控制系统、电机控制器、车载显示系统等进行实时通信。

蓄电池管理系统的主板硬件主要包括微控制器模块、电源模块、晶振模块、CAN通信模块、A/D采样模块、唤醒激活模块、运放模块、低端驱动模块及绝缘监测模块等。子板硬件主要包括电源模块、微控制器模块、晶振模块、CAN通信模块、均衡模块、电压采集模块及温度采集模块等。

4.3.1 蓄电池管理系统开发流程

BMS的开发分为硬件开发和软件开发，硬件开发是满足整体功能的实现形式，软件开发是为了实现具体的功能逻辑。整体开发过程是从需求分析到需求的实现来满足整体设计的。BMS的V形模式开发流程如图4-36所示，BMS的硬件开发流程如图4-37所示，软件开发流程如图4-38所示。

随着电子设备复杂性和功能性

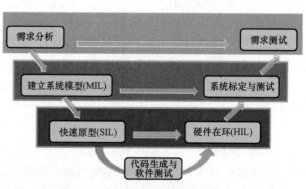

图 4-36 BMS 的 V 形模式开发流程

的不断增加，为确保最终产品质量，需要通过自动化测试手段来减少从定义、分析、设计到实现不同产品周期环节的人为失误。此外，还面临如何在最短的开发周期内以最经济的成本

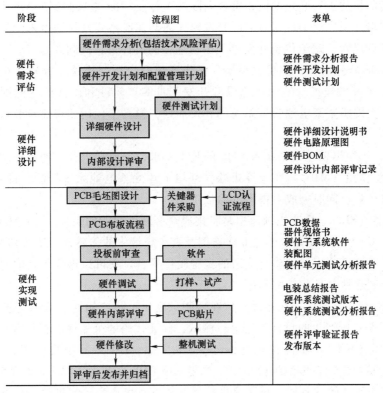

图 4-37　BMS 硬件开发流程

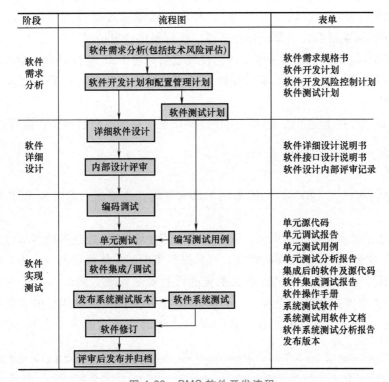

图 4-38　BMS 软件开发流程

将产品推向市场的挑战。V形开发模式符合国际汽车行业标准（ASAM/ASAP[⊖]），目前在汽车电子开发领域得到了广泛的应用。V形开发模式强调在产品开发早期引入设计缺陷和错误的验证，降低设计风险，避免传统开发流程中易存在的设计盲目性问题。

通过优化 BMS 软件架构，实现驱动层、操作系统及应用层模块化管理。在系统软件开发过程中采用 V 形开发模式，使用快速原型开发工具实现软件和硬件开发的同步进行，独立测试，从而大大缩短了蓄电池管理系统的开发周期，提高了代码的可靠性和可维护性，便于算法升级。

1）需求分析。根据蓄电池系统对 BMS 的技术要求，完成需求分析和算法设计。

2）建立系统模型（MIL）。在计算机软件环境下建立蓄电池系统模型，即对 BMS 的控制对象进行建模仿真。同时完成对模型的验证工作。

3）快速原型（SIL）。快速控制原型是将集成众多硬件功能的工控产品按 BMS 硬件设计配置出等同于 BMS 硬件的设备，通过 I/O 连接至真实环境中的传感器、执行器并进行测试，用以在真实环境下验证应用层策略与算法的实时硬件平台。它可以提高仿真的时效性、确定性和稳定性，起到软件在环测试的作用。

4）代码生成与软件测试。在通过软件在环测试之后，将应用层的策略与算法自动或手工生成 C 代码，并对所产生的目标代码进行测试，验证代码的可靠性是否符合行业标准。

5）硬件在环（HIL）。硬件在环（hardware in loop，HIL）是指将已下载目标代码的 BMS 通过 I/O 连接至虚拟蓄电池组模型中，并测试该 BMS 在各种工况下的功能性和稳定性。硬件在环是一个闭环的测试系统，可重复进行动态仿真：可在实验室里仿真夏季和冬季的道路试验，无须真实的测试环境组件，从而节约测试成本，可进行临界条件测试和模拟极限工况，没有实际风险；并可通过软件（模型）、硬件（故障输入模块）模拟开路、与搭铁短接、BMS 引脚间短接等错误，以及模拟传感器、执行器出错等情况。

6）系统标定与测试。在完成关键的硬件在环之后，将 BMS 连接至真实蓄电池系统环境下，根据真实环境中设备、被控对象的细微差异，对系统参数进行标定。之后进行台架试验、道路试验等。

7）需求测试。经过上述开发及测试工作，验证系统是否符合最初的产品需求。

4.3.2　蓄电池管理系统功能需求

动力蓄电池管理系统（BMS）一般采用主从式架构，主要由一个主板 BCU 和多个子板 BMU 组成。

主板 BCU 通过电流传感器采集充、放电电流，综合从 BMU 处获得的蓄电池数据，动态估算 SOC，有效实施单体蓄电池均衡管理，可靠进行蓄电池包绝缘监测与动力蓄电池安全监控，实时发送故障诊断信息，实现蓄电池系统的可靠安全管理。同时，对动力蓄电池的快充、慢充过程进行有效控制与安全监控。子板 BMU 主要负责各个单体蓄电池电压、温度等系统参数的采集，有效实施蓄电池包中各个单体之间的均衡功能等。主板 BCU 的功能见

⊖　ASAM，即 Association for Standardization of Automation and Measuring Systems，自动化和测量系统标准化协会；ASAP，即 the working group for the standardization of application systems，应用系统标准化工作小组。

表 4-36，子板 BCU 的功能见表 4-37。

表 4-36　主板 BCU 的功能

要求	功能描述
系统自检	上电后对自身、BMU 和蓄电池系统进行检测,保证系统工作正常
SOC 估算	根据电压、温度、电流等特性,采用扩展卡尔曼滤波算法实时估算动力蓄电池的 SOC 状态
电流检测	通过霍尔式电流传感器,实现对充、放电电流的实时检测
通信功能	通过自身的 CAN 通道,实现与整车控制系统、BMU、充电机和充电桩等的实时通信
故障诊断	当动力蓄电池出现过电流、过电压、欠电压等故障时,BCU 根据故障状态和电池本身特性,实时执行相应的报警或保护措施
绝缘监测	通过监测动力蓄电池组正极、负极与车身之间的绝缘电阻,来判断蓄电池对车身是否漏电
均衡管理控制	根据 BMU 的检测数据,按照优化的均衡控制策略,实现对单体的均衡管理,提高蓄电池包中单体的一致性,提高蓄电池包性能与使用寿命
充、放电控制	通过蓄电池的电压、温度、电流以及剩余电量来实时控制蓄电池的充、放电功率,并对整个过程进行实时的检测与保护

表 4-37　子板 BCU 的功能

要求	功能描述
电压检测	通过电压检测线,实时采集各个单体蓄电池的电压
温度检测	对蓄电池包内单体温度进行检测,以实现蓄电池包热管理控制、蓄电池包安全预警等功能
均衡功能	在每块子板上都设计了均衡电路,均衡功能通过 BCU 根据均衡控制策略进行整体控制与协调
总线通信	通过 BMS 内部 CAN 网络,将蓄电池包内各个单体的电、热等参数发送给 BCU

蓄电池管理系统至少应具备以下功能:

（1）数据采集　数据采集是蓄电池管理系统实现所有功能的基础,蓄电池管理系统的性能直接受数据采集速度和精度的影响。一般蓄电池管理需要实时检测蓄电池的电压、电流和温度。

（2）蓄电池状态估算　蓄电池状态估算包括蓄电池剩余容量估算（SOC）和蓄电池寿命估算（SOH）两方面。SOC 用来描述动力蓄电池的剩余容量,提示驾驶人还可行驶的里程。SOH 用来描述动力蓄电池的健康状态,提示驾驶人电池的使用期限。

（3）均衡管理　均衡电路设置在蓄电池组各个单体之间,通过一定的控制策略使得各个单体在充、放电过程中的电压、电流和容量等性能参数尽量一致。

（4）能量管理　在能量管理中,用电压、温度、电流、SOC、SOH 等作为输入完成这些功能,控制充电过程用 SOC、SOH 和温度限制电源系统输入、输出功率。

（5）安全管理　其具体功能是监测蓄电池的电压、电流、温度是否超过正常范围,防止单体蓄电池过充电。

（6）热量管理　蓄电池的热量管理对于大功率放电和在高温条件下使用蓄电池非常重要。热量管理的目的是使单体蓄电池温度平衡并保持在一定的范围内,使高温电池降温、低温电池升温。

（7）通信功能　蓄电池管理系统与车载设备的通信是 BMS 的重要功能之一。根据实际的应用需要，可以采用不同的通信接口进行数据交换，如 PWM 信号、模拟信号、CAN 总线或 I2C 串行接口，其中 CAN 总线是一种可靠率高、通信速率高的现场总线。

（8）人机接口　设置显示和控制按键、旋钮等来输入指令给 BMS。

（9）保证充电功能　电池能量管理系统实时检测电池的工作状态，特别是对煤质电池的工作状态进行监测分析，将监测的数据在充电前通知充电机，即车与机的对话，告诉充电机蓄电池组的工作状态和每个蓄电池的技术状态。系统计算此时充电机应采取何种充电方式给蓄电池充电才能达到给电充足，使性能好的蓄电池不过充，而性能差的蓄电池又能满充，从而保证整车能量的供应。

（10）故障诊断功能　BMS 能够与车辆检测仪器进行通信，诊断系统故障，方便车辆维修。蓄电池系统包括 MASTER 和 SLAVE 两个系统，MASTER 系统管理 SLAVE 系统，SLAVE 系统管理 12 节单体电池。MASTER 系统负责对蓄电池包中的各个蓄电池组的各个蓄电池信息进行分析，并控制需均衡的蓄电池组及单体。

4.3.3　蓄电池管理系统性能要求

1. 绝缘电阻要求

蓄电池管理系统与动力蓄电池相连的带电部件和其壳体之间的绝缘电阻值应不小于 2MΩ。

2. 绝缘耐压性能

蓄电池管理系统应能经受绝缘耐压性能试验，在试验过程中应无击穿或闪络等破坏性放电现象。

3. 状态参数测量精度

蓄电池管理系统检测状态参数的测量精度要求见表 4-38。

表 4-38　BMS 的状态参数测量精度要求

参数	总电压值	电流值	温度值	单体（模块）电压值
精度要求	≤±2% FS	≤±3% FS	≤±2% FS	≤±0.5% FS

注：FS 指满量程。

应用在具有可外接充电功能的电动汽车上时，电流值精度还应同时满足 ≤±1.0A（当电流值小于 30A 时）。

4. SOC 估算精度

SOC 估算精度要求见表 4-39。进行试验后，分别比较在不同 SOC 范围内蓄电池管理系统上报的 SOC 值与 SOC 测试值的偏差。

表 4-39　SOC 估算精度要求

SOC 范围	SOC≤30%	30%<SOC<80%	SOC≥80%
精度要求	≤8%	≤12%	≤8%

5. 电池故障诊断

根据故障严重程度，蓄电池系统故障类别由低到高分为三类，见表 4-40。制造商根据故障状态确定故障类别，并做相应处理。

表 4-40　蓄电池系统故障类别

故障类别	故障描述
Ⅰ类	报警,不限功率运行
Ⅱ类	报警,限功率运行
Ⅲ类	退出

　　蓄电池管理系统对于蓄电池系统进行故障诊断的基本项目和可扩展项目分别见表 4-41 和表 4-42。表 4-41 中所列的故障诊断项目是基本要求。注意,根据整车功能设计和蓄电池系统的具体需要,蓄电池管理系统的具体诊断内容可以不限于表 4-41 和表 4-42 所列项目。

表 4-41　蓄电池系统故障诊断基本项目

序号	故障状态	蓄电池管理系统故障诊断项目
1	蓄电池温度>温度设定值	蓄电池温度高
2	蓄电池温度<温度设定值	蓄电池温度低
3	单体(模块)电压>电压设定值	单体(模块)电压高
4	单体(模块)电压<电压设定值	单体(模块)电压低
5	单体(模块)一致性偏差>设定条件	单体(模块)一致性偏差大
6	充电电流(功率)>最大充电电流(功率)	充电电流(功率)大
7	放电电流(功率)>最大放电电流(功率)	放电电流(功率)大

表 4-42　可扩展的故障诊断项目

序号	故障状态	蓄电池管理系统故障诊断项目
1	绝缘电阻<绝缘电阻设定值	绝缘薄弱
2	SOC 值>SOC 设定值	SOC 高
3	SOC 值<SOC 设定值	SOC 低
4	总电压<总电压设定值(与放电电流、温度等参数有关)	总电压低
5	总电压>总电压设定值(与放电电流、温度等参数有关)	总电压高
6	外部通信接口电路故障	外部通信接口故障
7	内部通信接口电路故障	内部通信接口故障
8	蓄电池系统内部温差>温差设定值	蓄电池系统偏差大
9	内部通信总线脱体	内部通信网络故障
10	蓄电池连接电阻>连接电阻设定值 (或者其他等效的判断条件)	蓄电池连接松动

　　制造商可以自行规定故障诊断项目的具体名称、故障等级划分以及相关故障条件的设定值。蓄电池系统具有均衡功能,但该项目不作为基本要求项目。

6. 过电压运行

　　蓄电池管理系统应能在标准试验规定的电源过电压下正常工作,并满足前文所述状态参数测量精度的要求。

7. 欠电压运行

　　蓄电池管理系统应能在标准试验规定的电源欠电压下正常工作,并满足前文所述状态参数测量精度的要求。

4.3.4 蓄电池管理系统使用环境要求

（1）基本工作环境要求 蓄电池管理系统一般工作环境要求为温度在−20～55℃之间，严寒地区为−30℃，在此温度范围之外，蓄电池管理系统的使用应在商家和用户之间进行协商；相对湿度在5%～95%之间；海拔高度≤2000m，当海拔高度>2000m时，应设计高原型设备。

（2）特殊工作环境要求

1）高温运行。蓄电池管理系统应能在标准试验规定的高温运行试验条件下运行，在试验过程中及试验后应能正常工作，并满足状态参数测量精度的要求。

2）低温运行。蓄电池管理系统应能在标准试验规定的低温运行试验条件下运行，在试验过程中及试验后应能正常工作，并满足状态参数测量精度的要求。

3）耐高温性能。蓄电池管理系统应能在标准试验规定的高温试验条件下运行，在试验后应能正常工作，并满足状态参数测量精度的要求。

4）耐低温性能。蓄电池管理系统应能在标准试验规定的低温试验条件下运行，在试验后应能正常工作，并满足状态参数测量精度的要求。

5）耐温度变化性能。蓄电池管理系统应能经受标准试验规定的温度变化试验，在试验后应能正常工作，并满足状态参数测量精度的要求。

6）耐盐雾性能。蓄电池管理系统应能经受标准试验规定的盐雾试验，在试验后应能正常工作，并满足状态参数测量精度的要求。商家如果能证明电池电子部件或电池控制单元实车安装在车辆内部或者具备防尘、防水条件的蓄电池包内部，可不要求该零部件进行耐盐雾性试验。试验条件的差异性内容需在试验报告中说明。

（3）电磁兼容性能要求 电池管理系统开发电磁兼容性的要求主要包括：静电放电抗扰度、电快速瞬变脉冲群抗扰度、射频电磁场辐射抗扰度、浪涌（冲击）抗扰度、射频场感应的传导骚扰抗扰度、电压暂降、短时中断和电压变化的抗扰度和发射要求。

4.3.5 蓄电池管理系统接口要求

蓄电池管理系统（BMS）与蓄电池、变流器的接口采用CAN/RS485，支持CAN2.0B/MODBUS-RTU通信协议。蓄电池管理系统与监控系统采用以太网接口，支持IEC61850通信协议。

4.3.6 蓄电池管理系统控制策略

根据BMS的功能需求，该系统的软件控制策略主要包括均衡控制策略，充、放电模式控制策略，充电控制策略，SOC估算策略及故障诊断策略等。

1. 均衡控制策略

当蓄电池系统处于充电状态、温度处于正常工作范围内且单体压差>10mV时，启动被动均衡。

2. 充、放电模式控制策略

当钥匙信号和充电信号均有效时，BMS工作时优先检测充电信号和充电报文，如果能够检测到充电信号或充电 CAN 报文，BMS 进入充电模式，吸合主继电器。若 BMS 未检测到充电信号和充电 CAN 报文，但能检测到钥匙信号，则 BMS 进入放电模式，闭合主继电器，允许车辆行进。BMS 未检测到任何一个信号时，断开主继电器，10s 后进入休眠状态。

3. 充电控制策略

BMS 与充电设备建立实时通信，充电过程中 BMS 负责实时检测各蓄电池模块的电压、温度和充电电流。

（1）慢充　充电机以 3kW 恒功率充电，当任意蓄电池模块的电压到达 4.08V 时，BMS 发出信号通知充电设备以 6A 恒流充电到 4.10V，之后以 2.5A 恒流充电至 4.2V 停止充电，响应时间要小于 5s，如果 5s 未响应，则应断开相应的慢充继电器。当任一蓄电池模块的电压超过 4.2V 时，BMS 发出信号切断总正继电器，响应时间要求小于 1s，以保护蓄电池不被过充。

（2）快充　充电机以 25A 恒流充电，当任一蓄电池模块的电压到达 4.0V 时，BMS 发出信号通知充电设备以 8A 恒流充电至 4.1V，之后以 5A 恒流充电至 4.2V 停止充电，5s 未响应应切断相应的快充继电器。当任一蓄电池模块的电压超过 4.2V 时，BMS 发出信号切断总正继电器，响应时间要求小于 1s，以保护蓄电池不被过充。

不管是快充或慢充，充满电时，BMS 都要断开充电继电器。

4.3.7　蓄电池管理系统 CAN 网络设计

1. 动力蓄电池管理系统总体结构

动力蓄电池管理系统的总体结构示意图如 4-39 所示。

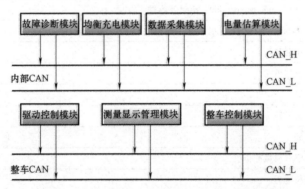

图 4-39　动力蓄电池管理系统的总体结构示意图

2. CAN 通信框图

动力蓄电池管理系统的 CAN 通信框图如图 4-40 所示。

3. CAN 总线设计规范

（1）引用文件　表 4-43 所示文件，凡是注明日期的引用文件，仅所注日期的版本适用于本文件。凡是不注明日期的引用文件，其最新版本（包括所有的修改单）适用于本文件。

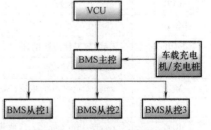

图 4-40　动力蓄电池管理系统的 CAN 通信框图

表 4-43　CAN 总线设计引用文件

引用文件	内容
SAE J1939	11　Physical Layer, 物理层，250kbit/s；Twisted Shielded Pair, 屏蔽双绞线
SAE J1939	21　Data Link Layer, 数据链路层
SAE J1939	31　Network Layer, 网络层
SAE J1939	71　Vehicle Application Layer, 车辆应用层
SAE J1939	73　Application Layer, 应用层
SAE J1939	81　Network Management, 网络管理
ISO 11898	1　Data link layer and physical signaling, 数据链路层和物理层
ISO 11898	2　High speed medium access unit, 高速介质存取单元

（2）符号和缩写　表 4-44 给出了 CAN 总线设计引用文件符号和缩写。

表 4-44　CAN 总线设计引用文件符号和缩写

符号	名称
ACK	acknowledgement, CAN 数据帧的应答位
BMS	battery management system, 蓄电池管理系统
Bus-Off	CAN 节点的总线关闭状态
CAN	controller area network, 控制器局域网
CAN_H	CAN 总线高信号线或者 CAN 收发器相应引脚
CAN_L	CAN 总线低信号线或者 CAN 收发器相应引脚
DLC	data length code, CAN 数据帧的数据场长度
ECU	electronic control unit, 电控单元
EMC	electro magnetic compatibility, 电磁兼容性
ESD	electro-static discharge, 静电放电
GND	ground, 搭铁
PDU	协议数据单元
PG	参数组
PGN	参数组号码
SOF	帧开始
LS	最低字节或最低位
DLC	数据长度码
DA	目标地址
CRC	循环冗余校验
DC/DC	直流变换器
Identifier	CAN 数据帧的标识符
ID	identifier 的缩写
MCU	motor control unit, 电机控制器
Node	节点
REC	receive error counter, 接收错误计数器
SJW	synchronization jump width, 位时间的同步跳转带宽

（续）

符号	名称
t_B	位时间长度
TCU	transmission control unit，变速器控制单元
TEC	transmit eror counter，发送错误计数器
TSEG	位时间的时间段
VMS	vehicle management system，整车控制系统
BMU	BMS 中的主控制器（battery management unit）
BSU	BMS 中的采集均衡模块（battery sample unit）

（3）术语和定义

1）共模总线电压。以控制器搭铁为参考的 CAN_H 和 CAN_L 电压，分别用 V_{CAN_H} 和 V_{CAN_L} 表示。

2）差分电压。CAN_H 和 CAN_L 相对于每个单独控制器搭铁的电压有 V_{CAN_H} 和 V_{CAN_L}。V_{CAN_H} 和 V_{CAN_L} 间的差分电压 $V_{diff} = V_{CAN\_H} - V_{CAN\_L}$。

3）总线电平。总线电平具有"隐性"和"显性"两种逻辑状态。在隐性状态下，CAN_H 和 CAN_L 的电压被固定在中值电压大小，差分电压基本为零。隐性状态在总线空闲或隐性位期间发送。显性状态由大于最小门限值的差分电压表示。显性状态可以覆盖隐性状态，并且在显性位期间发送。

4）终端电阻。为了减小总线终端反射，在总线两端以终端电阻终结，用 R_L 表示。

5）内部电阻和内部电容。内部电阻和内部电容是指控制器脱离总线时，在隐性状态下 CAN_H（或 CAN_L）相对控制器搭铁的电阻和电容，用 R_{in} 和 C_{in} 表示。

6）差分内部电阻和差分内部电容。差分内部电阻和差分内部电容是指控制器脱离总线时，在隐性状态下 CAN_H 和 CAN_L 之间的电阻和电容，用 R_{diff} 和 C_{diff} 表示。

7）位信号沿。位信号沿是指位时间同步段的差分电压跳变沿。由于 CAN 采用不归零编码方式，跳变沿只产生于隐性位到显性位（或者显性位到隐性位）之间。位信号沿时间为差分电压的（上升或下降）跳变沿从 10% 到 90% 所经历的时间。

8）内存要求。每个控制器都必须具有至少 1kB 的非易失性内存（EEPROM），用于存储各自的故障信息。

9）位时间。位时间是一个位的持续时间，用 t_B 表示。在这个时间内执行总线管理功能，如同步、传输延迟补偿、采样点定位等。位时间分为同步段、传播段、相位缓冲段 1 和相位缓冲段 2，如图 4-41 所示。

图 4-41　位时间的分段

① 同步段用于同步总线上不同的控制器。这一段内要有一个跳变沿。

② 传播段用来补偿网络内的物理延迟时间。这些延迟时间是由总线上的传播时间和控制器的内部延时造成的。

③ 相位缓冲段用来补偿相位误差，并且可以通过重同步延长或缩短。

④ 采样点是读取总线电平并解释各位值的一个时间点，位于相位缓冲段 1 之后。有时，将传播段和相位缓冲段 1 合称为时间段 1，而将相位缓冲段 2 称为时间段 2。

（4）电信号　控制器的设计必须满足表 4-45～表 4-50 的电压、电阻和电容参数。

表 4-45　V_{CAN_H} 和 V_{CAN_L} 限制（控制器脱离总线）

名义电池电压/V	符号	电压值/V	
		最小值	最大值
24	V_{CAN_H}	−3.0	32.0
	V_{CAN_L}	−3.0	32.0

表 4-46　隐性状态的直流参数（控制器脱离总线）

参数	符号	单位	最小值	正常值	最大值
总线电压输出特性	V_{CAN_H}	V	2.0	2.5	3.0
	V_{CAN_L}	V	2.0	2.5	3.0
差分电压输出特性	V_{diff}	mV	−1200		50
差分内部电阻	R_{diff}	kΩ	10		100
内部电阻	R_{in}	kΩ	5		15
差分电压输入范围	V_{diff}	V	−1.0		0.5

表 4-47　显性状态的直流参数（控制器脱离总线）

参数	符号	单位	最小值	正常值	最大值
总线电压输出特性	V_{CAN_H}	V	3.0	3.5	5.0
	V_{CAN_L}	V	0	1.5	2.0
差分电压输出特性	V_{diff}	V	1.5	2.0	3.5
差分电压输入范围	V_{diff}	V	1.0		5.0

表 4-48　隐性状态的总线电压参数（所有控制器接入总线）

参数	符号	单位	最小值	正常值	最大值	测试条件
总线电压	V_{CAN_L}	V	0.1	2.5	4.5	以每个控制器搭铁为参考测得
差分电压	V_{diff}	mV	−400	0	12	当每个控制器接入总线时测得

表 4-49　显性状态的总线电压参数（所有控制器接入总线）

参数	符号	单位	最小值	正常值	最大值	测试条件
总线电压	V_{CAN_H}	V		3.5	7.0	以每个控制器搭铁为参考测得
	V_{CAN_L}	V	−2.0	1.5		

（续）

参数	符号	单位	最小值	正常值	最大值	测试条件
差分电压	V_{diff}	V	1.2	2.0	3.0	当每个控制器接入总线时测得
					5.0	仲裁期间

表 4-50　控制器交流参数（控制器脱离总线）

参数	符号	单位	最小值	正常值	最大值	条件
位时间	t_B	μs	3.98	4.00	4.02	速率 250kbit/s
内部延迟时间	$t_{控制器}$	μs	0.0		0.9	
内部电容	C_{in}	pF	0	50	100	CAN_H 和 CAN_L 对搭铁，速率为 250kbit/s
内部差分电容	C_{diff}	pF	0	25	50	
可用时间	t_{avail}	μs	2.5			40m 总线长度
信号上升/下降时间	t_R，t_F	ns	200		500	信号从 10% 到 90% 测得

1）为了产生对称的波形和减小 EMI 辐射，CAN_H 和 CAN_L 的 R_{in} 应该具备同等大小的值，相互差值应小于 5%。

2）在 CAN_H 和 CAN_L 之间接入等效于两个终端电阻的等效电阻（60Ω）。

3）必须满足表 4-46 和表 4-47 分别定义的共模电压范围。

4）在出现故障时可能发生 $V_{diff}<-1.0V$ 的情况，但应被解释为隐性状态。

在 CAN_H 和 CAN_L 之间接入等效于两个终端电阻的等效电阻（60Ω）。

总线差分电压取决于隐性状态时所有 CAN 结点的输出特性。因此 V_{diff} 约为 0（表 4-48），其最小值取决于对单个收发器在 $V_{diff}=1.2V$ 时能够表现显性位的要求。

5）V_{CAN_H} 的最小值取决于 V_{CAN_L} 的最小值与 V_{diff} 的最小值之和。V_{CAN_L} 的最大值取决于 V_{CAN_H} 的最大值与 V_{diff} 最小值之差。

6）当控制器接入网络时，由于 R_{diff} 的缘故，总线负载增加，从而使 V_{diff} 减小。V_{diff} 的最小值决定了总线上允许加载的控制器数量。V_{diff} 的最大值由仲裁期间的上限值定义。控制器单独运行（获得仲裁之后）的 V_{diff} 的最大值不允许超过 3V。

7）此数值包括初始误差、温度、老化的影响。

8）SAE J1939 的位时间误差为 0.05%，过小。

9）$t_{控制器}$ 的值应能保证差分电压 $V_{diff}=1.0V$ 时隐性到显性的传输以及差分电压 $V_{diff}=0.5V$ 时显性到隐性的传输。最小的内部传输时间可能为 0，最大的允许值由位时间和总线延迟时间决定。

10）除了内部电容外，总线连接应该有一个尽可能低的电感。C_{in} 和 C_{diff} 的最小值可能为 0，最大的允许值由位定时和网络布局参数 L 和 D 决定。在各个控制器内部，如果产生的电缆共振波没有抑制显性电平差低于 $V_{diff}=1V$，且没有增大隐性电平差高于 $V_{diff}=0.5V$，就保证了正确的功能性。

11）为了保证参数的可靠性，并联加在控制器上的 CAN_H 和 CAN_L 间的负载应为

60Ω，电容为 200pF。

（5）CAN 电缆接插件（网络插接器）　控制器与总线、支线与主线之间的 CAN 电缆接插件的电气参数见表 4-51。

表 4-51　CAN 电缆接插件的电气参数

参数	符号	单位	最小值	正常值	最大值	测试条件
电压	V_{CAN_H} V_{CAN_L}	V			32	
电流	I	mA	0	25	80	
峰值电流	I_P	mA			500	时间限制：101 个 t_B
特征阻抗	Z_e	Ω	100	120	140	
传输频率	f	MHz	25			
接触电阻	R_T	mΩ			10	

控制器（接收方）检测的差分电压取决于它自己和发送方之间的线电阻。因此，信号线总电阻受限于每个控制器的总线电平参数。

（6）位定时要求　本协议的总线传输速率为 250kbit/s，位时间为 4μs，误差小于0.5%，即 3.98~4.02μs。考虑到芯片的振荡器误差一般约为 0.5%，因而没有参考 SAE J1939—2018 规定的 0.05% 误差。根据经验和实践，在 0.5% 的位时间误差下，采样点应位于 81±3%。据此，控制器寄存器的设置应遵守表 4-52 的要求。此外，对于高速 CAN 通信，不推荐使用三次采样。

表 4-52　CAN 时间片、时间段和同步跳转带宽

时间片（time quantum）	时间段 1（time segment 1）	时间段 2（time segment 2）	同步跳转带宽
10	7	2	2
12	9	2	2
14	10	3	3
16	12	3	3
18	14	3	3
20	15	4	3

CAN 电路应满足下列要求：

1）PCB 应预留空间和焊点，用于焊接终端电阻 R_1 或 R_2、R_3 以及电容 C_2 和 C_3、共模电感 L。当没有焊接共模电感 L 时，应用电阻保证 CAN_H/L 的通路。

2）收发器应尽可能地靠近 PCB 边缘的插接件。收发器与插接件之间不允许有其他集成电路芯片。

3）在 CAN_H/L 与 T_x/R_x 之间不允许有任何跳线连接。

4）C_1 应尽可能靠近 V_{cc} 引脚。

5）在插接件和收发器之间的 CAN_H/L 电路应尽可能紧凑，并且 CAN_H 与 CAN_L 的间距应尽可能缩短。

6）CAN_H/L 和 T_x 和 R_x 电路应做防护措施（guard track），保证线间距或布置搭铁防

护线。

7）收发器及滤波电容搭铁，必须连到控制器的信号搭铁。

8）所有搭铁的跳线，其宽度至少 20mm，长度不超过 40mm。

（7）CAN 收发器外围要求 为了保证总线的可靠传输，外围电路设计需要考虑 EMC 问题，各供应商应保证结点可靠的 EMC 性能。根据收发器的不同，部分收发器提供了用于连接分裂式终端的引脚，部分收发器无此引脚。CAN 收发器应满足下列要求：

1）PCB 应预留空间和焊盘，用于焊接终端电阻 R_1 和 R_2、电容 C_4 以及共模电感 L。当没有焊接共模电感 L 时，应采用电阻保证 CAN_H/L 的通路，是否焊接共模电感根据 EMC 性能要求决定。对于不需要在内部焊接终端电阻的 ECU，则不需要焊接 R_1、R_2 和 C_4。除 R_1、R_2、C_4 以及 L 以外的其他所有元器件在每个 ECU 内部都需要焊接。

2）收发器应尽可能靠近 PCB 边缘的插接件。收发器与插接件之间不允许存在其他集成电路芯片。

3）在插接件和收发器之间的 CAN_H 和 CAN_L 布线应尽可能紧凑。

4）CAN_H、CAN_L、T_x 和 R_x 电路应做防护措施。

5）ECU 内部 CAN_H/L 的布线总长度不超过 10cm。

6）在收发器芯片下的焊接面上，应布置搭铁平面。

7）布线时，将 C_2、C_3、C_4 及 ESD 搭铁直接接到搭铁平面，不要与 C_1、C_5 的搭铁共线以后再接入搭铁平面。

8）电路中所有的搭铁应与车身相连。

9）CAN 通信的输入、输出信号 $CANT_x$ 和 $CANR_x$ 可采用光耦进行光电隔离，应选用高速光电隔离器件，以减少 CAN 总线有效回路信号的传输延迟时间，CAN 控制器与收发器之间是否采用光电隔离，根据 EMC 性能要求决定。

10）如果采用屏蔽双绞线，则需将 ECU 通过 R_3、C_5 搭铁，PCB 需预留其接口。

（8）CAN 收发器要求 在满足 ISO 11898-2 的基础上，CAN 收发器还应满足以下要求：

1）收发器允许采用定制的芯片，选择需得到确认，但建议采用容易获得且广泛应用的汽车级芯片，推荐使用表 4-53 中的收发器类型。

表 4-53 CAN 收发器类型

序号	制造商	收发器型号
1	NXP	TJA1050
2	NXP	TJA1040
3	NXP	TJA1041A
4	Infineon	TLE6250G
5	Infineon	TLE6251

2）不管使用哪种收发器，如果在未供电情况下，应表现出较佳的被动状态。当供电电压为 0 时，总线引脚的漏电流也应为 0。

3）如果结点需要进入睡眠状态，则收发器需支持低功耗模式。

4）$T_x D$ 输入显性钳位检测。当 $T_x D$ 引脚在 $t_{T_x D}$（一般要求 300us$<t_{T_x D}<$1000us）时间内

始终为显性时，收发器将禁止总线输出。

5）如果结点需要具备从总线唤醒的功能，则收发器也必须支持总线唤醒功能。

6）收发器睡眠时应可正确识别总线唤醒信号，避免由于短暂的显性干扰错误地唤醒结点。具体数值可根据所选芯片不同而发生改变。

（9）CAN 控制器要求　CAN 控制器由 ECU 供应商选择，选择需得到确认。ECU 中的 CAN 控制器要求必须满足 ISO 11898-1，不允许采用定制的芯片。CAN 控制器建议采用容易获得且广泛应用的汽车级芯片。CAN 控制器允许采用独立芯片或 MCU 芯片内部自带的 CAN 控制器模块。CAN 控制器一致性须经 ISO 16845 一致性测试的验证认可。

（10）CAN 通信线束布局　CAN 通信线路应尽量远离动力线和信号线，且尽量避免平行走线。该数据链路层定义了通过 CAN 通信网络发送的报文格式。

4. CAN 通信系统软件设计

CAN 总线系统的通信软件可分为 3 部分：CAN 初始化、数据发送和数据接收。熟悉这三部分程序的设计就能编写出利用 CAN 总线进行通信的一般应用程序。CAN 控制器从上电到能正常工作，一般需要经过硬件复位和软件配置。整车 CAN 通信网络上的结点由于所使用的 CPU 不同，其软件配置及硬件复位稍有不同。

（1）CAN 初始化　CAN 控制器的初始化是 CAN 总线系统设计中极为重要的一部分，是系统正常工作的前提。CAN 控制器协议寄存器用来处理各种中断，监控总线状态以及配置控制器。报文处理寄存器包括中断寄存器、发送请求寄存器、新数据寄存器及中断队列寄存器等。

（2）数据发送　数据发送有定时发送、查询方式发送和应答式发送。具体设计方式跟 ECU 所采用的控制芯片有关。报文发送是由 CAN 控制器自动完成的。用户只需要根据接收的远程帧的识别符，将对应的数据转移到发送缓存器中，启动发送，等待 CAN 收发器将 CAN 报文发送到 CAN 总线上。

（3）数据接收　数据接收一般设置为接收中断处理，当 CPU 在 CAN 总线上检测到报文时进入到接收中断中，软件解析收到的数据帧，从数据帧中解析出数据。

（4）帧的类型　帧有两种不同的格式，不同之处为标识符场的长度。具有 11 位识别符的帧为标准帧，含有 29 位识别符的帧为扩展帧。

报文传输由以下 4 种不同类型的帧表示和控制：

1）数据帧。数据帧将数据从发送器传输到接收器。

2）远程帧。总线单元发出远程帧，请求发送具有同一识别符的数据帧。

3）错误帧。任何单元检测到总线错误就发出错误帧。

4）过载帧。过载帧用以在先行的和后续的数据帧（或远程帧）之间提供附加延时。

数据帧和远程帧可以使用标准帧及扩展帧两种格式。它们用一个帧的空间与前面的帧分隔。

本协议规定主要参考 CAN2.0B 协议和 SAE J1939 的相关规定，使用 CAN 扩展帧的 29 位标识符的通信方式。通信速率为 250kbit/s，要求在充电机与 BMS 两端加接 120Ω 左右的终端电阻。本协议指定 BMS 的 CAN 总线结点地址为 244（0xF4）；充电机控制系统（CCS）的 CAN 网络结点地址为 229（0xE5）；CAN 总线广播地址（BCA）为 80（0x50）。本协议采用 29 位扩展帧，符合 CAN2.0B 协议。表 4-54 给出了 CAN 扩展帧格式。

表 4-54　CAN 扩展帧格式

IDENTIFIER 11bit				SRR	ID E	IDENTIFIER EXTENSION 18bit			
PRIORITY (P)	R	DP	PDU FORMAT (PF)	SRR	ID E	PF	PDU SPECIFIC(PS)	SOURCE ADDRESS(SA)	
3 2 1	0	0	8 7 6 5 4 3			2 1	8 7 6 5 4 3 2 1	8 7 6 5 4 3 2 1	
28 27 26	25	24	23 22 21 20 19 18			17 16	15 14 13 12 11 10 9 8	7 6 5 4 3 2 1 0	

其中，优先级（P）为3位，可以有8个优先级；R 一般固定为0；DP 现固定为0；8
位的 PF 为报文的代码；8 位的 PS 为目标地址或组扩展；8 位的 SA 为发送此报文的源地址。

（5）报文格式　CAN 网络地址见表4-55。

表 4-55　CAN 网络地址

结点名称	结点地址	备注
BMS	244(0xf4)	
CCS	229(0xE5)	
BCA	80(0x50)	

CAN 协议的规则如下：

1）遵循 CAN 总线技术规范 2.0B 中规定的扩展帧格式（29 位标识符）。

2）CAN BUS 比特率为 250kbit/s。

3）两字节数据高字节在前，低字节在后；同一字节中高位在前，低位在后。

4）传输介质为屏蔽双绞线。

5. 蓄电池管理系统 CAN 通信协议

系统通信的物理介质为屏蔽双绞线，通信比特率为 250kbit/s，采用 CAN2.0B 扩展格
式，低位先发送。

（1）蓄电池管理系统发送的 CAN 数据　蓄电池管理系统发送的 CAN 数据及报文见
表 4-56～表 4-60，BMS 状态见表 4-61。

表 4-56　蓄电池管理系统发送的 CAN 数据 1

报文代号	报文描述	优先权	数据字节	刷新速率/ms	29 位标识符
BEE	蓄电池紧急呼叫指令	0	4	事件触发	00 00 00 04
BGS1	蓄电池组电气状态 1	6	8	10	19 40 00 04
BGS2	蓄电池组电气状态 2	6	8	50	19 41 00 04
BGS3	蓄电池组电气状态 3	6	8	100	19 42 00 04
BGS4	蓄电池组电气状态 4	6	8	10	19 43 00 04
BUS	蓄电池单体模块状态	6	8	应答响应	19 44 00 04
BGG	蓄电池组构成	7	6	应答响应	1D 45 00 04
BCS	蓄电池 ECU 序列号	7	8	应答响应	1D 46 00 04
CCS	充电机序列号	7	8	应答响应	1D 47 00 04
BTS	蓄电池序列号	7	8	应答响应	1D 48 00 04
BER	蓄电池故障	6	8	50	1D 49 00 04

表 4-57　蓄电池管理系统发送的 CAN 数据 2

报文代号	报文描述	BYTE7	BYTE6	BYTE5	BYTE4	BYTE3	BYTE2	BYTE1	BYTE0
BEE	蓄电池紧急呼叫指令	×	×	×	×	×	B	B	B
BGS1	蓄电池组电气状态 1	蓄电池组电压		蓄电池组电流		—	蓄电池组 SOC	BMS CAN 通信 LIFE	D00 ~ D07
	负极接触器状态	D00 ~ D01(00:断开,11:吸合)							
	正极接触器状态	D02 ~ D03(00:断开,11:吸合)							
	预充接触器状态	D04 ~ D05(00:断开,11:吸合)							
BGS2	蓄电池组电气状态 2	最高单体电压		最高单体电压箱号	最高单体电压位置	最低单体电压		最低单体电压箱号	最低单体电压位置
BGS3	蓄电池组电气状态 3	—	平均温度	最低温度位置	最低温度箱号	最低温度	最高温度位置	最高温度箱号	最高温度
BGS4	蓄电池组电气状态 4	×	D60 ~ D67	蓄电池组放电截止电压		蓄电池组最大允许放电电流		蓄电池组最大允许充电电流	
	蓄电池组故障等级	D60 ~ D61(00:无故障,01:一般故障,11:严重故障;)							
BUS	蓄电池单体模块状态	模块编号 N		单体 N 位置	单体 N 箱号	单体 N 的 SOC	单体 N 的温度	单体 N 的电压	
BGG	蓄电池组构成	×	×	每箱单体数	单体箱数	单体模块电压		容量	
BCS	蓄电池 ECU 序列号	类型	序号	生产厂家		生产日期			
CCS	充电机序列号	类型	序号	生产厂家		生产日期			
BTS	蓄电池序列号	类型	序号	生产厂家		生产日期			
BER	蓄电池故障	故障数	BERR7	BERR6	BERR5	BERR4	BERR3	BERR2	BERR1
			B	B	B	B		D08 ~ D0F	D00 ~ D07

表 4-58　BMS 报文 1

OUT	IN	ID 0x0CF814F3						周期/ms
蓄电池管理系统	全体	PGN-						20
		P	R	DP	PF	PS	SA	
		3	0	0	248	20	243	

（续）

数据		
位置	数据名	备注
BYTE1	蓄电池组总电压低字节	0.1V/bit
BYTE2	蓄电池组总电压高字节	
BYTE3	蓄电池组充/放电电流低字节	0.1A/bit
BYTE4	蓄电池组充/放电电流高字节	偏移量：-300A
BYTE5	SOC	0.4%/bit
BYTE6	蓄电池最高温度	1°/bit 偏移量：-40
BYTE7	蓄电池最低温度	1°/bit 偏移量：-40
BYTE8	蓄电池最大压差	1°/bit 偏移量：-40

表 4-59　BMS 报文 2

OUT	IN	ID 0x18F815F3						周期/ms
蓄电池管理系统	全体	PGN-						500
		P	R	DP	PF	PS	SA	
		6	0	0	248	21	243	

数据		
位置	数据名	备注
BYTE1	最高单体电压低字节	0.01V/bit
BYTE2	最高单体电压高字节	
BYTE3	最高单体电池电压位置号	1/bit
BYTE4	最低单体电压低字节	0.01V/bit
BYTE5	最低单体电压高字节	
BYTE6	最低单体电池电压位置号	1/bit
BYTE7	蓄电池温度差	1°/bit 偏移量：-40
BYTE8	保留	

表 4-60　BMS 报文 3

OUT	IN	ID 0x18F816F3						周期/ms
蓄电池管理系统	全体	PGN-						500
		P	R	DP	PF	PS	SA	
		6	0	0	248	22	243	

（续）

数据		
位置	数据名	备注
BYTE1	故障报警 1	无
BYTE2	故障报警 2	无
BYTE3	故障报警 3	无
BYTE4	BMS 状态	无
BYTE5	保留	无
BYTE6	保留	无
BYTE7	保留	无
BYTE8	保留	无

表 4-61 BMS 状态

数据字节	状态	
8bit(MSB)	保留	
7bit	保留	
6bit	BMS 输出接触器状态	0:连接,1:断开
5bit	充电枪连接状态	0:连接,1:断开
4bit	00:正常,01:一级故障,10:二级故障,11:保留	
3bit		
2bit	00:正常,01:充电中,10:完成,11:充电故障	
1bit		

（2）蓄电池管理系统接收的数据　蓄电池管理系统接收的数据见表 4-62。

表 4-62 蓄电池管理系统接收的数据

报文代号	优先权	数据字节	刷新速率/ms	29 位标识符
PKS	3	4	事件触发	0D 1A 00 01
BCC	7	6	事件触发	0D 1D 00 01

报文代号	报文描述	BYTE7	BYTE6	BYTE5	BYTE4	BYTE3	BYTE2	BYTE1	BYTE0
				数据					
PKS	驾驶开关	×	×	—		—		D10~D17	D00~D07
	起动钥匙	D00~D03(0000:停车位置,0011:钥匙位置 1,1100:钥匙位置 2,1111:钥匙 3)							
	空调开关	D04~D05(00:空调开,11:空调关)							
	主继电器状态	D10~D11(00:主继电器闭合,11:主继电器断开)							
BCC	蓄电池信息查询	×	×	模块编号 N	单体 N 位置	单体 N 箱号		D10~D17	D00~D07

（续）

		数据							
报文代号	报文描述	BYTE7	BYTE6	BYTE5	BYTE4	BYTE3	BYTE2	BYTE1	BYTE0
BCC	蓄电池单体模块状态 BUS 报文发送触发	D10~D11（00:禁止发送 BUS 报文,10:循环发送 BUS 报文（单体 1~N）11:按照模块编号 N、单体 N 位置和单体 N 箱号发送相应数据）							
	蓄电池组构成 BGG 报文发送触发	D00~D01（00:禁止发送 BGG 报文,11:发送 BGG 报文）							
	蓄电池 ECU 系列号 BCS 报文发送触发	D02~D03（00:禁止发送 BCS 报文,11:发送 BCS 报文）							
	充电机系列号 CCS 报文发送触发	D04~D05（00:禁止发送 CCS 报文,11:发送 CCS 报文）							
	蓄电池系列号 BTS 报文发送触发	D06~D07（00:禁止发送 BTS 报文,11:发送 BTS 报文）							

（3）故障报警通信协议 故障报警通信协议见表 4-63~表 4-65。

表 4-63 故障报警 1

数据字节	报警内容	状态
8bit（MSB）	SOC 过低一级报警	0:正常,1:故障
7bit	压差过大一级报警	0:正常,1:故障
6bit	高温一级报警	0:正常,1:故障
5bit	低温一级报警	0:正常,1:故障
4bit	总电压过低一级报警	0:正常,1:故障
3bit	总电压过高一级报警	0:正常,1:故障
2bit	放电电流过大一级报警	0:正常,1:故障
1bit（LSB）	充电电流过大一级报警	0:正常,1:故障

表 4-64 故障报警 2

数据字节	报警内容	状态
8bit（MSB）	SOC 过低二级报警	0:正常,1:故障
7bit	压差过大二级报警	0:正常,1:故障
6bit	高温二级报警	0:正常,1:故障
5bit	低温二级报警	0:正常,1:故障
4bit	总电压过低二级报警	0:正常,1:故障
3bit	总电压过高二级报警	0:正常,1:故障
2bit	放电电流过大二级报警	0:正常,1:故障
1bit（LSB）	充电电流过大二级报警	0:正常,1:故障

表 4-65　故障报警 3

数据字节	报警内容	状态
8bit(MSB)	保留	—
7bit	保留	—
6bit	绝缘二级报警	0:正常,1:故障
5bit	绝缘一级报警	0:正常,1:故障
4bit	单体电池电压过低二级报警	0:正常,1:故障
3bit	单体电池电压过高二级报警	0:正常,1:故障
2bit	单体电池电压过低一级报警	0:正常,1:故障
1bit(LSB)	单体电池电压过高一级报警	0:正常,1:故障

所有 BMS 的 CAN 通信协议中包含的接收报文名称、收发状态、ID 以及周期和收发的结点必须在发送报文汇总列表中体现。

4.3.8　蓄电池管理系统典型硬件电路设计

蓄电池管理系统（BMS）包括采集模块与主控模块，彼此间通过 CAN 网络连接，采集模块可以多个级联，模块间互相独立工作。采集模块主要负责电压采集、温度采集、热管理控制；主控模块主要是进行数据分析、数据存储、继电控制、数字和模拟量检测、充电管理、整车通信及绝缘检测等。BMS 框图如图 4-42 所示。

BMS 采用的电子元器件均按汽车级的要求进行选型，是以英飞凌 32 位单片机、AD 公司的 16 位高速 ADC、凌特高性能电池管理器 LTC6804 以及 IR 公司的 MOS 管为

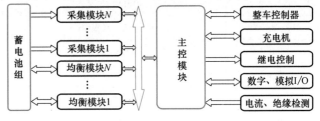

图 4-42　BMS 框图

核心检测系统，并形成了比较突出的技术特点，如电压采集方案、被动均衡方案、绝缘检测方案及蓄电池管理系统控制策略等。

1. 电压采集方案

采用凌特汽车级的集成式电池管理器 LTC6804 进行电压采集，具有 12 通道 16 位的 ADC，采用光耦隔离的 SPI 通信，速度达 1Mbit/s。在 LTC6804 电压采集前端加入 RC 电路和稳压管，进行滤波处理及过电压保护。

2. 被动均衡方案

在设计过程中综合考虑了均衡电路的效率、能量利用率、电路体积以及成本，BMS 采用被动均衡的方案，具有结构简单、体积小、控制策略逻辑清晰等优点，是目前成熟、使用广泛的一种均衡方式。

均衡电路主要由熔丝（防止电流过大）、二极管（稳压）、MOS 管（控制均衡的开关）、穿心电容及电阻等组成。使用功率电阻和 MOS 开关与电池单体串联形成单体电池的放电回路，在单体电量高时，使用功率电阻对其进行放电，以维持整个蓄电池组电量的一致性，该方案电路结构容易实现，电路安全、可靠性。

因目前电池的设计一致性和生产一致性有很大提高，使用小电流的被动均衡即可满足设计要求，设计峰值最大均衡电流不大于 100mA，默认均衡电流不大于 30mA，同时均衡不多于四路。发热量满足要求，不需使用强制散热。

4.3.9 蓄电池管理系统的 SOC/SOH 估算

1. SOC 估算

电池荷电状态 SOC（stage of charge）用来描述电池剩余电量，是电池使用过程中的重要参数之一。由于 SOC 受充/放电倍率、温度、自放电、老化等因素的影响，使得电池在使用过程中表现出高度的非线性，这为准确估算 SOC 带来很大的难度。SOC 估算的方法种类繁多，但是精度问题一直没有得到彻底解决。蓄电池组由于存在不均匀性，成组电池的 SOC 定义仍然是一个问题。在实际使用过程中，常将蓄电池组等效为一个单体蓄电池，为了确保蓄电池组的安全性，常使用放电能力最差的电池单体 SOC 来定义蓄电池组的 SOC。

常用的 SOC 估算方法有放电法、安时积分法、开路电压法、负载电压法、内阻法、神经网络法及卡尔曼滤波法等。

（1）放电法 放电法是最可靠的 SOC 估算方法，采用恒流放电至放电截止电压，放电电流与时间的积分即为电池的剩余电量。放电法适用于所有的电池。但是由于放电法需要大量的时间，并且电池无法进行正常工作，放电法不适合行驶中的电动汽车。

（2）安时积分法 安时积分法是最常用的 SOC 估算方法。如果充放电起始状态为 SOC_0，那么当前 SOC 可由下式计算：

$$SOC = SOC_0 - \frac{1}{C_N}\int_0^t \eta I d\tau \tag{4-2}$$

式中，C_N 为额定容量；I 为电池电流；η 为充放电效率。

安时积分法中的主要问题是：电池初始 SOC 值难以确定；电流测量误差会产生累计误差；电池的充放电效率确定困难。安时积分法是一种可以应用于所有电动汽车蓄电池 SOC 估算的方法，如果解决好上述主要问题，安时积分法是一种简单、可靠的 SOC 估算方法。

（3）开路电压法 电池的开路电压在数值上接近电池电动势。铅酸蓄电池电动势是电解液浓度的函数，电解液浓度随电池放电成比例降低，因而用开路电压可以比较准确地估算 SOC。镍氢电池和锂离子蓄电池的开路电压与 SOC 关系的线性度不如铅酸电池，但其对应关系也可以估算 SOC，尤其在充电初期和末期效果较好。

开路电压法的显著缺点是需要长时间静置电池以达到电压稳定，电池状态从工作恢复到稳定需要几个小时，这就给测量造成了困难，另外静置时间如何确定也是一个问题。因此该方法单独使用只适用于电动汽车驻车状态。由于开路电压法在充电末期估算 SOC 较好，常与安时积分法结合使用。

（4）负载电压法 电池放电开始瞬间，电池的电压迅速从开路电压状态进入负载电压状态，在电池负载电流保持不变时，负载电压随 SOC 变化的规律与开路电压随 SOC 变化的规律相似。在电池放电时，根据放电电压和电流查表可以得到 SOC 估算值。

负载电压法的优点是能实时估算电池组的 SOC，在恒流放电时具有较好的效果。实际应用中，剧烈波动的电池电压给负载电压法的应用带来困难。负载电压法很少应用到实车上，但常用来作为电池充放电截止的判据。

（5）内阻法　电池内阻有交流阻抗和直流阻抗之分。交流阻抗和直流阻抗都与SOC密切相关。电池交流阻抗为电池电压与电流之间的传递函数，是一个复数变量，表示电池对交流电的反抗能力，要用交流阻抗仪来测量。电池交流阻抗受温度影响大，且是在电池处于静止后的开路状态还是在充放电过程中进行交流阻抗测量存在争议，因此很少用于实车上。

直流内阻表示电池对直流电的反抗能力，等于在统一很短的时间段内电池电压变化量与电流变化量的比值。实际测量中将电池从开路状态开始恒流充电或放电，相同时间内负载电压和开路电压的差值除以电流值就是直流内阻。试验表明铅酸电池在放电后期，直流内阻明显增大，可以用来估算电池SOC；镍氢电池和锂离子蓄电池直流内阻变化规律与铅酸电池不同，应用较少。

直流内阻的大小受计算时间段的影响。如果时间段短于10ms，只有欧姆内阻能够检测到；如果时间较长，内阻将变得复杂。准确测量电池单体内阻比较困难，这是直流内阻法的缺陷，内阻法适用于放电后期电池SOC的估算，可与安时积分法组合使用。

（6）神经网络法　电池是高度非线性的系统，对其充放电过程很难建立准确的数学模型。神经网络具有非线性的基本特性，且具有并行结构和学习能力，对于外部激励能给出相应的输出，故能够模拟电池动态特性以估算SOC。

估算电池SOC常采用三层典型神经网络。输入、输出层神经元个数由实际需要来确定，一般为线性函数。中间层神经元个数取决于问题的复杂程度及分析程度。估算电池SOC常用的输入变量有电池的电压、电流、温度、内阻、累积放出电量及环境温度等。神经网络输入变量的选择是否合适，变量数量是否恰当，直接影响模型的准确性和计算量。神经网络法适用于各种电池，缺点是需要大量的参考数据进行训练，估算误差受训练数据和训练方法的影响很大。

（7）卡尔曼滤波法　卡尔曼滤波理论的核心思想是对动力系统的状态做出最小方差意义上的最优估算。应用于电池SOC估算，电池被看成动力系统，SOC是系统的一个内部状态。电池模型的状态方程为

$$x_{k+1} = A_k x_k + B_k \boldsymbol{u}_k + w_k = f(x_k, \boldsymbol{u}_k) + w_k \tag{4-3}$$

观测方程为

$$y_k = C_k x_k + v_k = g(x_k, \boldsymbol{u}_k) + v_k \tag{4-4}$$

系统的输入向量$\boldsymbol{u}_k$中通常包含电池电流、电池温度、电池剩余电量和内阻等变量，系统的输出y_k通常为电池的工作电压，电池SOC包含在系统的状态量x_k中。$f(x_k, \boldsymbol{u}_k)$和$g(x_k, \boldsymbol{u}_k)$都是由电池模型确定的非线性方程，在计算过程中要进行线性化处理。估算SOC算法的核心是一套包括SOC估算值和反映估算误差的协方差矩阵的递归方程。协方差矩阵用来给出估算误差范围。下面的公式在电池模型状态方程中将SOC描述为内部状态的依据。

$$\mathrm{SOC}_{k+1} = \mathrm{SOC}_k - \frac{\eta(i_k) i_k \Delta t}{C} \tag{4-5}$$

式中，$\eta(i_k)$为电池效率；i_k为电流；Δt为时间；C为电池容量。

卡尔曼滤波估算电池SOC适用于各种电池，与其他方法相比，尤其适合于电流波动比较剧烈的混合动力汽车的电池SOC估算，它不仅给出了SOC的估算值，还给出了SOC的估

算误差，缺点是对电池模型准确性和计算能力要求高。

2. SOH 估算

SOH（state of health），表面指电池的健康状况，包括容量、功率、内阻等性能，更多情况下是对电池组寿命的预测。通常认为是指测量的容量与额定容量之比。测量的容量是在标准放电条件下全充满电电池的放电容量，是电池寿命情况的一种反映，在纯电动汽车中可以此来进行表述，因为纯电动汽车应用基本上是全充全放状态，每次可以进行相互比较。而在混合动力汽车中，使用的只是中间部分的荷电状态，电池容量应用过程中是无法进行检测的；而且更令人感兴趣的是电源系统的输入、输出功率能力的变化，但功率能力方面也是不能正常检测的，功率能力特点可以通过系统的直流内阻来反映。因此，在混合动力汽车的应用中更多以电池内阻来反映电源系统的 SOH。

随着电池使用，发生变化的参数主要有电池的容量、电池的功率能力、电池的内阻等。对于寿命的预测主要通过这三个参数分别或联合来进行。但这三个参数与寿命不是直接的线性关系，还受多种因素影响，如电流、温度、储存时间等。在实际应用中，还必须考虑这些参数是否容易得到、如何计算等。通过可得到的参数，建立电源系统的寿命预测模型。

建立电池的寿命预测模型，前提是基于以下假设：

1）系统的故障与寿命必须完全区分开，假设电池按正常衰减机理退化。

2）系统内的电池均是一致的，包括环境、应用条件、衰减程度等。

下面介绍两种电池的寿命预测模型，即多参数模型和电阻折算法预测模型。

（1）多参数模型　在电池应用过程中，容易检测到的参数是有限的，主要有电压、电流、温度及时间等。对于部分电池也有可能会检测到电池的内压（通过电池壳体的变化或直接内置传感器）和电池的应用历史状况。根据检测到的参数通过计算可以间接得到的参数主要有电池的直流内阻、充放电累计能量等。因此在电动汽车应用过程中，主要通过对上述参数的检测或计算来预计电池的寿命。这就需要了解这些参数在寿命循环过程中的变化。

根据上面分析，循环寿命应符合下述函数形式

$$n = f(T, I, S) \tag{4-6}$$

式中，n 为电池组循环次数；T 为温度参数；I 为电流；S 为电池荷电状态 SOC。

这三个影响因素之间是相互影响的，如温度升高，电池可以承受的大电流放电能力就会相应提高，因此在与温度较低时比较，同样电流下其影响就会降低。同样，温度升高，电池适应的工作 SOC 范围也会发生改变，因此这三个影响因素间的相互作用是不容忽略的。电池的加速寿命试验也是建立在这三个参数的变化影响之上的。但在实际应用中，有些影响因素是不会发生变化的，如车辆控制的 SOC 应用范围，在正常的温度范围内是不会发生较大调整的，除非由于温度变化引起一些控制因素（如电压）等达到了极限值。

（2）电阻折算法　电阻折算法是较早采用的模型，首先要知道电阻值与衰减后容量的关系曲线，需要对电池进行测试。通过检测电压、电流和温度等数据，根据合适的电池模型间接算得电阻值，然后根据关系曲线计算求得 SOH。采用循环次数折算法设计一个工况时，需将实际电池的运行状况等效成设定的循环工况次数，或采用合适的控制策略等效成循环次数。例如单次放电荷电状态的变化超过 10%，则认为循环次数加 1。然后根据曲线查表求得衰减后的容量，从而求得电池的 SOH。

系统差分方程为

$$U_k = aU_{k-1} - R_0 I_k + [a(R_0 + R_p) - R_p] I_{k-1} \qquad (4-7)$$

式中，U_k 为 k 时刻的电池输出电压；U_{k-1} 为 $k-1$ 时刻的电池输出电压；I_k 为 k 时刻电池的加载电流；I_{k-1} 为 $k-1$ 时刻的电池加载电流；R_0 为电池欧姆内阻；R_p 为电池极化内阻。

待辨识的参数为 a、R_0、R_p、C_p，C_p 的值在获得 a 和 R_p 之后可由 $a = e^{-TR_p C_p}$ 推出（T 为采样步长，C_p 为极化电容）。

在模型结构确定以后，可以根据试验方法所获得的数据对系统模型中的参数进行辨识。在参数辨识领域中，常采用最小二乘法。

4.3.10　蓄电池管理系统软件设计

蓄电池管理系统（BMS）由电压温度检测模块、均衡模块、电流检测模块及主控模块四个硬件模块组成，其中均衡模块内部不包含单片机，对它的控制由电压温度检测模块完成，其余的三个模块都需要实现相应的软件部分。由于各模块采用了相同的单片机，部分功能也有相似之处，因此通过模块化设计的方法，共享部分流程图。除了这几个硬件模块，系统中还包括 PC 端的监控软件，它的作用主要是方便系统的调试和运行数据的记录，PC 机和其余模块的连接由 USB 转 CAN 的转换器实现。整个系统的软件组成如图 4-43 所示。

BMS 的软件系统是基于 C 语言实现的，按照各自的功能主要包括以下部分：数据采集、SOC 估计、充放电均衡管理、CAN 通信、电池状态判定、绝缘监测。

1. 主程序

主程序负责系统初始化和各个模块

图 4-43　BMS 的软件组成

子程序调用，使各个模块能够协调稳定地工作。主程序主要包括系统初始化子程序、电池信息采集子程序、均衡管理子程序、电池加热子程序、SOC 估算子程序、充电管理子程序、高压绝缘检测子程序、电池状态检测子程序及 CAN 通信子程序等。主程序流程图如图 4-44 所示。

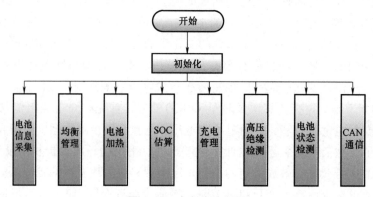

图 4-44　主程序流程图

2. 电池信息采集子程序

采集的电池信息包括单体电池的电压、电流、温度和环境温度。其中电压采集是需要由控制模拟多路开关来完成的，各个单体电池的电压值分时进入信号处理器（DSP）。一次采集四个量的电压、电流、电池温度及环境温度，循环开通多路开关的每一路完成对电池组中多个电池电压模拟量的采样。其程序流程图如图 4-45 所示。

3. 均衡管理子程序

均衡管理程序首先获取单体电池的电压信号，然后通过冒泡程序获得电压最高和电压最低的电池，最后对电压最高和电压最低的电池进行均衡。控制流程图如图 4-46 所示。

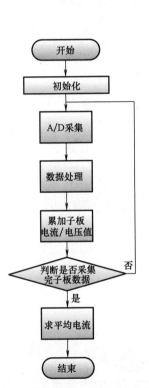

图 4-45 电池信息采集子程序流程图

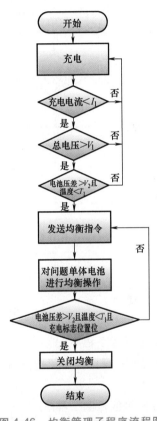

图 4-46 均衡管理子程序流程图

4. 电池加热子程序

电池加热子程序流程图如图 4-47 所示。

5. SOC 估算子程序

SOC 算法估计整体设计框图如图 4-48 所示。此算法采用安时法通过负载电流的积分来估算 SOC，该方法简单易用、算法稳定，也是目前电动汽车上使用最多的 SOC 估算方法，但是该方法不能估算 SOC 初值，库仑效率难于准确测量，且长期使用引起较大的累积误差，因此，在电池管理系统中，还结合卡尔曼滤波法对 SOC 的估算进行修正，以提高 SOC 估算的精度。

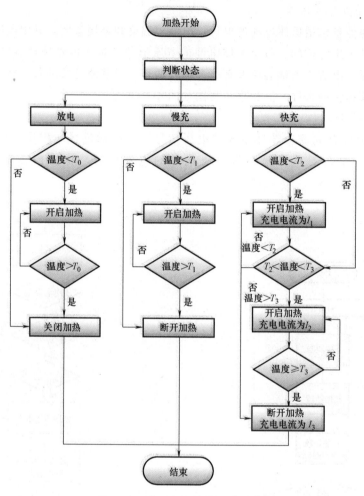

图 4-47　电池加热子程序流程图

6. 充电管理子程序

电池充电管理子程序流程图如图 4-49 所示。

7. 高压绝缘检测子程序

高压绝缘检测系统通过对纯电动汽车高压回路各重要电气参数的实时监测，实现了车辆在起停过程中的用电安全、故障诊断及报警功能。根据安全设计要求和高压回路可能发生的故障，系统应具备以下主要功能：

1）能够准确检测兆欧级的绝缘电阻，及时诊断车辆漏电电流的大小及绝缘特性变化趋势。

2）能够准确检测高压系统的搭铁状

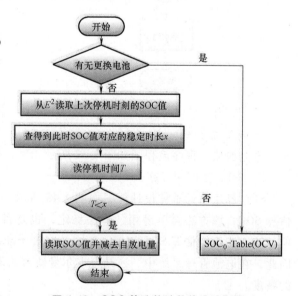

图 4-48　SOC 算法估计整体设计框图

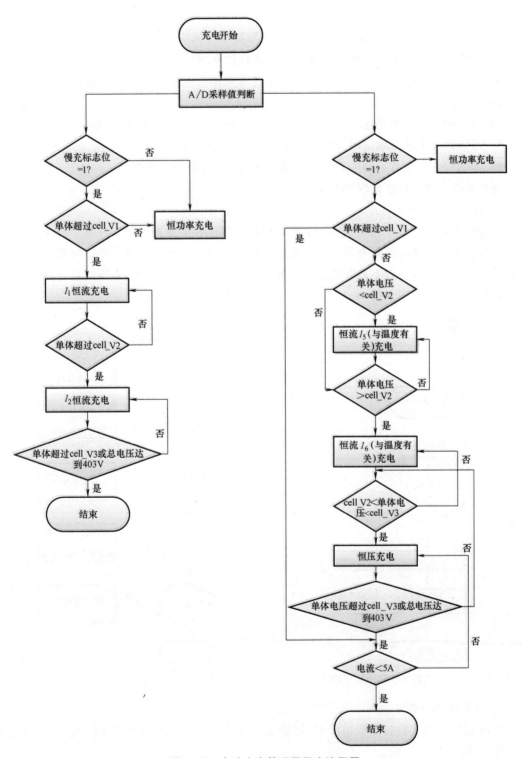

图 4-49 电池充电管理子程序流程图

态、高压互锁环路的连接状态。

3）系统具备在线自诊断功能，能够将检测到的高压状态通过 CAN 总线传送到整车控制系统。

4）系统具备 CAN 总线通信功能，及时收发指令并执行。

5）系统具备手动断开、撞车指令断开、旁路指令断开高压继电器的功能。

6）系统必须使用有效的组合指令，才能启动高压电的接通过程，防止误操作，确保高压设备的运行安全。

7）系统静态功率消耗应小于 3W，高压继电器线圈控制功率应大于 80W。

8）系统高压电断开响应时间小于 20ms，确保人身安全。

9）系统包含高压软启动电路，具备对车载高压零部件预充电功能。

高压绝缘检测子程序流程图如图 4-50 所示。

8. 电池状态检测子程序

电池状态检测子程序包括电池放电状态检测子程序和电池充电状态检测子程序，其主要功能是检测电池回路电流是否过大、电池组温度是否异常、电池总电压是否异常、单体电池电压是否异常及电量是否不足等故障、报警信息，对电池故障信息和报警信息进行相应处理并报警显示。其流程图如图 4-51 所示。

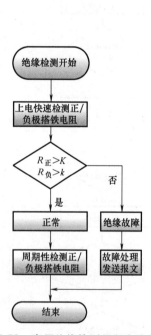

图 4-50　高压绝缘检测子程序流程图

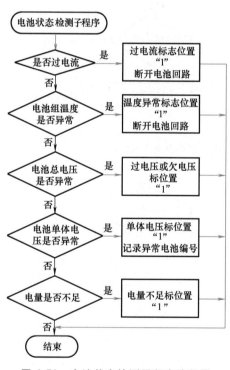

图 4-51　电池状态检测子程序流程图

9. CAN 通信子程序

CAN 通信软件的设计主要由 CAN 初始化子程序、CAN 发送子程序和 CAN 接收子程序三部分组成。

CAN 初始化子程序主要包括配置位定时器和配置邮箱。由于位定时器主要由 BCR1 和 BCR2 寄存器组成，配置位定时器也就设置了这两个寄存器。BCR1 和 BCR2 寄存器决定了 CAN 控制器的通信比特率，同步跳转宽度，采样次数和重同步方式。邮箱的初始化包括对邮箱属性域、控制域和数据域的设置，其中属性域负责设置邮箱 ID 和远程帧的处理，控制域包含数据长度的控制，而数据域包含最多个字节的数据，它是带发送或接收数据的空间。CAN 模块的初始化流程如图 4-52 所示。

CAN 控制器的发送邮箱包括邮箱 4 和邮箱 5 以及被配置为发送方式的邮箱 3。在写数据到发送邮箱的数据区后，如果相应的发送请求位使能，则信息帧被发送到 CAN 总线上。首先初始化发送邮箱，设置 MDER 寄存器中的邮箱使能位为 1 和 TCR 寄存器中的发送请求位为 1，然后等待发送应答信号 TAn 或者发送中断标志 MIFn 位置位，最后向 TCR 寄存器中的发送应答位写 1，清除发送中断标志和发送应答位。其发送流程图如图 4-53 所示。

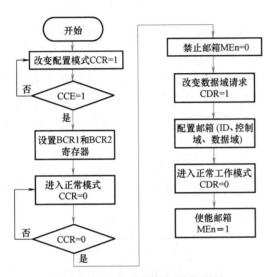

图 4-52 CAN 模块的初始化流程

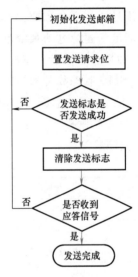

图 4-53 CAN 发送流程

CAN 控制器的接收邮箱包括邮箱 0 和邮箱 1 以及被配置为接收方式的邮箱 2。控制器在接收信息时，先要将接收的信息标识符与相应的接收邮箱的标识符（位于 MSGnH 和 MSGnL 寄存器中）进行比较，相同时才能被接收。CAN 控制器的接收滤波器使得接收邮箱可以忽略更多的位来接收信息，即如果只有被屏蔽的几位标识符不相符，仍能接收此信息，但接收屏蔽使能位 AME 为 0 时则局部接收屏蔽寄存器失效。接收信息时首先设置局部屏蔽寄存器 LAM 和接收邮箱的标识符及控制寄存器，然后等待接收信息悬挂位 RMPn 或接收中断标志 MIFn 位置位，最后向 RCR 寄存器中接收信息悬挂位 RMPn 写 1，清除接收中断标志和接收信息悬挂位。其接收流程图如图 4-54 所示。

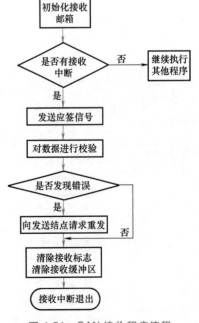

图 4-54 CAN 接收程序流程

4.3.11　蓄电池管理系统故障诊断

（1）故障诊断策略　蓄电池管理系统（BMS）的在线故障诊断主要是为了确定蓄电池管理系统自身及电池的工作状态。如果诊断出故障，则产生故障警报并传送相应的故障码，以便于维修人员快速排查故障和进行维修。通过对故障现象的分析来确定故障类型和故障可能产生的原因，开发动力蓄电池管理系统故障诊断策略的总体目标至少包括：

1）满足 QC/T 897—2011《电动汽车用电池管理系统技术条件》。

2）满足相关安全标准。

3）满足新建纯电动乘用车企业管理规定的要求。

（2）故障诊断功能　其故障诊断功能见表4-66。

（3）BMS 状态故障诊断策略　BMS 状态故障诊断首先要确定 BMS 能够在上电后正常运行。因此，在系统内部设计电压传感器，检测对 BMS 供电是否满足要求。如果不满足条件，BMS 进入睡眠模式，并发送错误代码。当供电满足要求时，BMS 恢复正常工作，并进入下一步故障检测环节。

表 4-66　蓄电池管理系统故障诊断功能

故障			可能的故障原因/诊断策略
上电后 BMS 不工作			供电电压不足
CAN 通信故障			BMS 与 VCU 之间相互收发特定的数据包
接触器故障			接触器接触不良、开关处粘连
采样故障	电流采样故障	电流值满量程	电流传感器故障、电流传感器连接线路故障、放大器零点漂移、基准源不对、A/D 故障
		电流值为固定值（小于最大值且大于最小值）	电流传感器连接线路故障、放大器零点漂移、基准源不对、A/D 故障
	电压采样故障	单体电压为零 — 部分单体电压为零	采样通道没有打开或者通道芯片烧坏、采样通道连接线断开、采样通道的电阻烧坏、I/O 引脚使用错误
		单体电压为零 — 全部单体电压为零	总电压值为零：A/D 故障、隔离芯片故障、隔离前的电阻烧坏
			总电压值正常：所有采样通道故障
		单体电压波动明显 — 单体电压一路高一路低，不稳定	采样通道漏电
		单体电压波动明显 — 单体电压波动，不稳定	隔离前的电阻虚焊
		单体电压和总电压均超出误差范围	分压电阻温度漂移、A/D 故障
		单体电压正常，总电压故障	总电压的比例系数不对
	温度采样故障	全部温度满量程	温度传感器地线断开或 A/D 基准不对
		温度超出正常工作范围	温度的比例系数不对、温度传感器工作不正常
		单路或多路温度满量程	连接线松脱
		单路或多路温度值为零	插接件短路

（4）CAN 通信故障诊断策略 CAN 通信是 BMS 与整车控制系统进行数据交换的唯一方式，CAN 通信的故障将导致整车控制器（VCU）无法获取电池的有效数据，极大影响车辆的正常运行。因此，对 CAN 通信的诊断是十分重要和必要的。在 CAN 通信故障诊断中，首先 BMS 向 VCU 发送一个固定的诊断数据包，VCU 收到此诊断数据包后，将会在规定时间内发送一个表示通信正常的数据包给 BMS，若在诊断预设的时间内 BMS 未收到此数据包，BMS 将会重复发送诊断数据包；若超过预设发送次数，BMS 始终未收到表示通信正常的数据包，则说明 BMS 与 VCU 通信异常，进行故障报警，同时传送故障码。

（5）接触器状态故障诊断检测 接触器状态故障诊断是为了确定高压控制是否正常工作。在对接触器状态进行故障诊断时，首先由 BMS 发送控制命令，控制接触器吸合，此时运行正常，如果发生故障，说明接触器状态故障，则进行故障报警，同时传送故障码。

当蓄电池系统出现严重故障时，高压接触器必须快速切断以保护电池和确保整车高压安全，因此接触器的诊断显得尤为重要。BMS 根据接触器的失效模式分析，通过软件和硬件设计以确保接触器工作正常。为检测接触器是否可以正常开关，需要分别采集触点两端的电压，可通过表 4-67 来进行接触器诊断，并根据诊断结果采取相应措施保护高压系统安全。

表 4-67 接触器状态诊断

接触器控制	触点两端电压采样的压差	接触器状态	说明
断开线圈	压差较大	正常	
	很小或几乎相等	异常	接触器可能粘连
闭合线圈	很小或几乎相等	正常	
	压差较大	异常	接触器无法正常闭合

（6）采样故障诊断策略

1）电流采样故障诊断策略。电流是判断电池剩余容量（SOC）和充放电状态的重要参数。在对电流采样进行故障诊断时，连续采集若干电流值，再求其平均值。首先判断这个电流均值是否为一个固定值，且这个固定值是否等于最大电流或最小电流，即满量程。若是，则产生此故障的原因可能是电流传感器故障、电流传感器连接线路故障、放大器零点漂移、基准源不对或 A/D 故障。此时进行故障报警，传送故障码。若不满足上述条件，则再判断这个电流均值是否为一个小于最大电流且大于最小电流的固定值，同时超过预设的电流值误差范围。若是，则产生此故障的原因可能是电流传感器连接线路故障、放大器零点漂移、基准源不对或 A/D 故障。此时进行故障报警，传送故障码。若不满足上述条件，则继续判断各电流值的方差是否很大。若是，说明电流零点波动很大，则产生此故障的原因是搭铁故障。此时进行故障报警，传送故障码。

2）电压采样故障诊断策略。电压是判断电池能否正常使用的重要参数，电池过充电和过放电均会影响使用寿命，甚至造成永久损坏。

如图 4-55 所示，一个蓄电池包可能由上百节电芯组成，为确保蓄电池系统电压采样正常，需要通过多重保护设计确保电压采样，一旦发现异常可快速诊断并采取相应保护措施，防止电池过充电或过放电。每个电池监控电路（CSC）不仅采样电芯的电压，还采集蓄电池模块的电压，这样 CSC 可以将该模块内电芯的电压累加并与蓄电池模块电压进行比较，如果发现压差较大，则说明该 CSC 的电芯与模块电压采样不匹配，CSC 会上报故障码。同时，BCM 也会定期采集蓄电池包的总电压，并将蓄电池包内所有电芯电压累加，再与蓄电池包的总电压进行比较，如果压差较大，说明电芯与蓄电池包电压采样不匹配，BCM 会记录相应故障码。通过多重保护机制，可大大提高电压采样的可靠性，确保蓄电池系统安全。

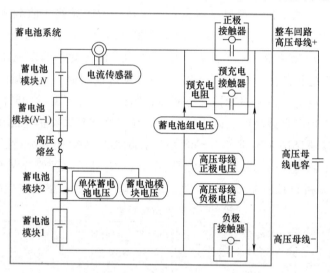

图 4-55　蓄电池管理系统电压采样

3）单体电压采样故障诊断策略。在每个采样周期，对单体电压采样进行故障诊断。首先，采集若干单体电压值，对每路的单体电压求均值和方差。判断单体电压是否出现部分为零的情况。若是，则产生此故障的原因可能是采样通道没有打开或者通道芯片烧坏、采样通道连接线断开、采样通道的电阻烧坏、I/O 引脚使用错误。此时进行故障报警，传送故障码，表示 BMS 部分单体电压采样故障。若不是，则判断单体电压值是否全部为零。如果全部单体电压值为零，则要判断总电压值是否为零。若是，则产生此故障的原因可能是 A/D 故障、隔离芯片故障、隔离前的电阻烧坏或采样通道故障。此时，进行故障报警，传送故障码，表示 BMS 全部单体电压采样故障。若不是，则产生此故障的原因是所有采样通道故障。此时，进行故障报警，传送故障码，表示 BMS 所有采样通道故障。若不是，则判断单体电压是否出现一路高一路低的现象。若是，则产生此故障的原因可能是某一路采样通道漏电，则该蓄电池系统的单体电压在原有正常电压值的基础上要加上漏电的电压值。此时，进行故障报警，传送故障码，表示 BMS 单体电压出现一路高一路低的故障。若不是，则判断上述的方差是否很大。若是，说明单体电压波动特别大，不稳定，则产生此故障的原因是 BMS 隔离前的电阻虚焊。此时，进行故障报警，传送故障码，表示 BMS 单体电压不稳定。若不是，则判断单体电压和总电压是否均超出预设的误差范围。若是，则产生此故障的原因可能是分压电阻温度漂移、A/D 故障。此时，进行故障报警，传送故障码，表示 BMS 单体电压和总电压采样均故障。

4）总电压采样故障诊断策略。在每个采样周期，则对总电压进行故障诊断。首先判断总电压是否超出预设的误差范围。若是，则产生此故障的原因可能是总电压的比例系数不对。此时，进行故障报警，传送故障码，表示 BMS 总电压采样故障。若不是，则判断总电压值是否为零。若是，则产生此故障的原因可能是总电压采样通道没有打开或者通道芯片烧坏、采样通道连接线断开、采样通道的电阻烧坏。此时，进行故障报警，传送故障码，表示 BMS 总电压采样通道故障。若不是，则判断所有单体电压值之和与总电压值之差是否超过预设范围。若是，则产生此故障的原因可能是 BMS 器件造成单体电压误差稍大但在预设范围内。此时，进行故障报警，传送故障码，表示 BMS 单体电压采样通道器件误差大。

5) 温度采样故障诊断策略。电池温度过高容易损坏电池使用寿命，严重时会导致电池自燃；电池温度过低则不能正常工作，因此，温度采样是防止电池过热和过冷的重要参数，温度采样故障诊断是防止电池过热和过冷的重要技术手段，也是延长电池使用寿命和保证电池安全使用的重要技术手段。在上述故障诊断均没有发生时，对温度采样进行故障诊断。首先，判断全部温度值是否满量程。若是，则产生此故障的原因可能是搭铁断开或 A/D 基准不对。此时，进行故障报警，传送故障码，表示 BMS 温度采样全部故障。若不是，则判断采样温度值是否超出正常工作范围，且超出预设的误差范围。若是，则产生此故障的原因可能是温度的比例系数不对、温度传感器工作不正常，进行故障报警，传送故障码，表示 BMS 温度采样值超出正常工作范围，且超出预设误差范围。若不是，则判断是否出现单路或多路温度值满量程的现象。若是，则产生此故障的原因是连接线松脱。此时，进行故障报警，传送故障码，表示 BMS 单路或多路温度采样满量程的故障。若不是，则判断是否出现单路或多路温度值为零的现象。若是，则产生此故障的原因是接插件短路。此时，进行故障报警，传送故障码，表示 BMS 单路或多路温度采样为零的故障。当上述故障诊断完成时，如果所有故障诊断均判断为否，则说明 BMS 没有故障。此时，BMS 通过 CAN 向 VCU 发送工作正常的信号，通知车辆可以正常行驶。

6) 高压绝缘检测故障诊断策略。BCM 负责整车高压系统的安全，因此 BCM 定期测量高压母线搭铁的绝缘电阻，并将绝缘状态和电阻值通过 CAN 总线上报以通知整车其他控制器。当 BCM 检测到蓄电池组绝缘电阻异常时，可采取分级报警的策略确保高压安全。如果阻值<400kΩ，BCM 会上报报警信号，等待整车控制系统断开高压电的指令；但当阻值小于<200kΩ 时（国家标准要求允许绝缘电阻最小值为 500Ω/V，一般电动汽车电池电压可达 400V 左右），则显示为严重故障，BCM 须直接切断主接触器以确保整车高压安全，并将状态上传给其他控制器预警。

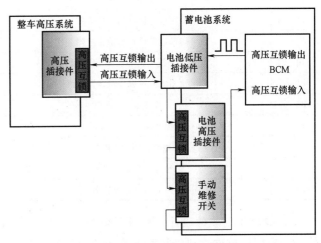

图 4-56　HVIL 原理框图

7) 高压互锁电路故障诊断策略。图 4-56 所示为高压互锁回路（HVIL）的原理框图，BMU 输出一个 12V 的 PWM 信号，每个高压插接件都是 HVIL 串联回路中的一个节点，需带有 HVIL 的互锁设备，当其中一个或多个高压插接件没有正确插入时，会导致整个回路断路，输入到 BCM 的信号就不再是有效的 PWM 信号，即认为 HVIL 失效；反之，若 BCM 的高压互锁输入的 PWM 波形与 BCM 输出波形保持一致，则认为 HVIL 正常。

BMU 会定期监控 HVIL 状态，当发现高压互锁电路失效时，会及时记录相应故障码，并上报整车控制系统，提示高压系统高压互锁失效，并会断开高压接触器防止高压触电。

（7）基本故障等级划分　BMS 故障状态及分级见表 4-68。

表 4-68　BMS 故障状态及分级

序号	故障状态	BMS 的故障诊断项目及分级
1	电池温度>设定值	1 级故障：电池温度高
2	电池温度<设定值	1 级故障：电池温度低
3	单体（模块）电压>设定值	1 级故障：单体（模块）电压高
4	单体（模块）电压<设定值	1 级故障：单体（模块）电压低
5	单体（模块）一致性偏差>设定条件	1 级故障：单体（模块）一致性偏差大
6	充电电流>设定值（与温度等参数相关）	1 级故障：充电电流大
7	放电电流>设定值（与温度等参数相关）	1 级故障：放电电流大
8	电池温度≫设定值	3 级故障：电池温度极高
9	电池温度≪设定值	3 级故障：电池温度极低
10	模块（单体）电压≫设定值	3 级故障：单体（模块）电压极高
11	模块（单体）电压≪设定值	3 级故障：单体（模块）电压极低
12	模块（单体）一致性偏差≫设定条件	3 级故障：单体（模块）一致性偏差极
13	SOC 值>设定值	1 级故障：SOC 高
14	SOC 值<设定值	1 级故障：SOC 低
15	总电压<设定值	（与放电电流、温度等参数有关）
16	总电压≪设定值	（与放电电流、温度等参数有关）
17	总电压>设定值	（与充电电流、温度等参数有关）
18	外部通信接口初始化故障	2 级故障：外部通信接口电路故障
19	内部通信接口初始化故障	2 级故障：内部通信接口电路故障
20	电池系统内部温度差>设定值	1 级故障：温差大
21	电池系统内部温度差≫设定值	3 级故障：温差极大
22	充电电流>设定值	（与温度等参数有关）
23	放电电流>设定值	（与温度等参数有关）
24	绝缘电阻<设定值	1 级故障：绝缘薄弱
25	绝缘电阻≪设定值	3 级故障：严重绝缘薄弱
26	内部通信总线脱离	3 级故障：内部通信网络故障

（8）故障诊断软件设计　BCM 诊断软件的架构包括应用层软件、核心软件层和底层驱动软件。应用层软件主要进行蓄电池系统故障检测、蓄电池状态数据的读取及蓄电池系统关键控制变量的控制；核心软件层是整个故障诊断的中枢，包括故障码的管理、诊断服务接口和故障码的存储/擦除管理；底层驱动软件包括一些单片机 A/D、I/O 等的状态读取及控制，

以及符合 ISO 15765 诊断规范的 CAN 接口驱动程序。

故障数据管理是故障诊断系统的核心，它包含以下主要功能：

1）实现蓄电池系统故障码的存储和管理。

2）存储和管理与故障相关的冻结帧（freeze frame）信息，便于故障排查。

3）提供与应用程序和诊断仪的诊断服务接口函数。

4）蓄电池系统故障灯的管理。

5）故障处理机制的管理。

BCM 会定时执行故障诊断软件顺序巡检每个故障码的状态，并根据每个故障码对应的故障级别和故障状态标志位来设置每个故障级别的故障计数器，再根据蓄电池系统故障级别采取相应的处理措施，以确保蓄电池和整车高压系统安全可靠。

由于外界因素的干扰，信号可能会偶尔产生一些正常的跳变抖动。将一个信号识别为异常后，系统并不直接视其为故障，而是通过一定方式对其进行累积，只有当累积结果达到一定程度时，才最终将异常判断为故障。这样可以提高系统的容错性，避免由于过于敏感而无法使用。通常采用一个计数器对异常发生的次数进行累积计算，当该计数器的值达到某一限值时，将异常确认为故障；对于某一故障，若当前无异常时，也需要对计数器的值进行累积，当累积的数达到一定程度后将对该故障进行解封，该故障检查重新变为无故障状态。累积的方式由触发器类型决定，既可以是时间触发器，也可以是由某一指定事件触发的事件触发器，通过去抖处理流程，可以保证每个故障码的确认和清除操作安全可靠。

由于蓄电池是电动汽车的高压源，BMS 需要确保整车高压系统安全可靠，可通过高压绝缘检测、高压互锁电路（HVIL）、碰撞安全开关、手动维修开关及蓄电池各部件诊断设计等实现。当检测到高压系统故障时，BCM 可及时做出响应并采取措施，以确保高压动力安全性和整车碰撞安全性等。BMS 故障检测子程序流程图如图 4-57 所示。

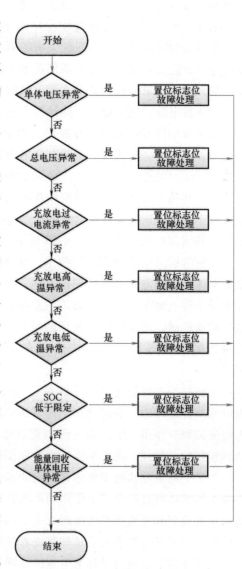

图 4-57 BMS 故障检测子程序流程图

4.3.12 蓄电池管理系统均衡设计

车用动力电源系统由多个单体蓄电池串联组成，以满足所需电压和功率要求。在实际使用中，由于单体蓄电池之间的差异，蓄电池组放出的电量只能由最弱的蓄电池决定。在串联蓄电池组中，虽然通过单体蓄电池的电流相同，但是由于蓄电池电量不均衡，蓄电池的放电深度也会不同，初始电量高的总会欠充电或欠放电，而初始电量低的总会过充电或过放电，这就造成初始电量高的衰减缓慢、寿命长，初始电量低的衰减加快、寿命缩短，两者之间的差异会越来越大，最终初始电量低的蓄电池失效，进而导致蓄电池组提前失效。如果蓄电池组寿命低于单体平均寿命的一半以下，可以推断是由于使用技术不当造成的，首要原因即过充电和过放电导致单体蓄电池提前失效。

通常把因单体蓄电池的性能差异而导致的蓄电池组性能降低的现象称为蓄电池匹配失衡。在大多数情况下，引起匹配失衡的原因是蓄电池的制作工艺和检测手段不完善，而不是蓄电池本身的化学属性变化。即使在生产出蓄电池后进行分类，再进行组合，也会出现蓄电池匹配失衡的现象。例如各单体蓄电池的自放电量不同导致蓄电池组在搁置过程中的容量失衡，单体蓄电池之间的电阻不同导致个别单体蓄电池在蓄电池组充电过程中过充电等。

要实现单体蓄电池的均衡控制，均衡器是蓄电池管理系统（BMS）的核心部件，离开均衡器管理系统，即使得到了蓄电池组测量数据也无所作为，也就无所谓管理。目前，国内外对车用动力电源系统的均衡，尤其是锂离子蓄电池的均衡，进行了详细研究，已有多种产品出现，其基本原理均是根据单体蓄电池的电压进行调控。均衡保护的基本原理就是调节使用过程中某些电压异常的蓄电池的通过电流，调整其输出和输入，逐渐使这些蓄电池电压恢复到与其他蓄电池一致，如图4-58所示。

均衡的意义就是利用电子技术，使锂离子蓄电池单体电压偏差保持在预期范围内，从而保证每个单体蓄电池在正常使用时不发生损坏。若不进行均衡控制，随着充放电循环的增加，各单体蓄电池的电压逐渐分化，其使用寿命将大大缩减。

均衡的基本目的是"削峰填谷"，即在充电、放电或搁置过程中，通过外加电路对蓄电池充放电电流的调节作用，使应用过程中蓄电池的电压

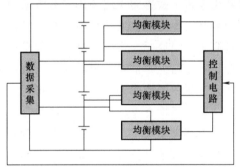

图 4-58 均衡电路结构框图

达到较好的一致性，提高车辆的续驶里程和蓄电池组的使用寿命。

为了平衡蓄电池组中单体蓄电池的容量和能量差异，提高蓄电池组的能量利用率，在蓄电池组的充放电过程中需要使用均衡电路。根据均衡过程中电路对能量的消耗情况，可以分为能量耗散型和非能量耗散型两大类。能量耗散型是将多余的能量全部以热量的方式消耗，非能量耗散型是将多余的能量转移或者转换到其他蓄电池中。

能量耗散型是通过单体蓄电池的并联电阻进行充电分流从而实现均衡，如图4-59所示。这种电路结构简单，均衡过程一般在充电过程中完成，对容量低的单体蓄电池不能补充电量，存在能量浪费和增加热管理系统负荷的问题。能量耗散型一般有恒定分流电阻均衡充电电路和开关控制分流电阻均衡充电电路两类。恒定分流电阻均衡充电电路在每个单体蓄电池上都始终并联一个分流电阻。这种方式的特点是可靠性高，分流电阻阻值大，通过固定分流来减小由于自放电导致的单体蓄电池差异；其缺点是无论蓄电池充电还是放电，分流电阻始

终消耗功率，能量损失大，一般在能够及时补充能量的场合适用。开关控制分流电阻均衡充电电路的分流电阻通过开关控制，在充电过程中，当单体蓄电池的电压达到截止电压时，均衡装置能阻止其过充电并将多余的能量转化成热能。这种均衡电路工作在充电期间，其特点是可以对充电时单体蓄电池电压偏高者进行分流；其缺点是由于均衡时间的限制导致分流时产生的大量热量需要及时通过热管理系统耗散，尤其是在容量比较大的蓄电池组中更加明显。例如，容量为 $10A \cdot h$ 的蓄电池组，各单体电压差异为 $100mV$，最大可达 $500mA \cdot h$ 以上的容量差异，如果按 $2h$ 的均衡时间，则分流电流为 $250mA$，分流电阻值约为 14Ω，产生的热量约为 $2W \cdot h$。

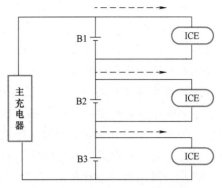

图 4-59　电阻分流式均衡原理图
（ICE 为单体蓄电池均衡器）

　　非能量耗散型电路的耗能相对于能量耗散型电路小很多，但电路结构相对复杂，可分为能量转换式均衡和能量转移式均衡两种方式。

　　（1）能量转换式均衡　能量转换式均衡是通过开关信号，将蓄电池组整体能量对单体蓄电池进行能量补充，或者将单体蓄电池能量向整体蓄电池组进行能量转换。其中单体能量向整体能量转换，一般都是在蓄电池组充电过程中进行，转换电路如图 4-60 所示。该电路是通过检测各个单体蓄电池的电压，当单体蓄电池的电压达到定值时，均衡模块开始工作，将单体蓄电池中的充电电流进行分流从而降低充电电压，分出的电流经模块转换把能量反馈回充电总线，达到均衡的目

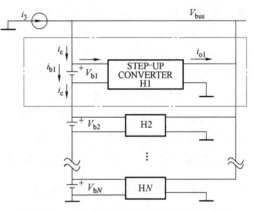

图 4-60　单体能量向整体能量的转换电路

的。还有的能量转换式均衡可以通过续流电感，完成单体蓄电池到蓄电池组的能量转换。

　　蓄电池组整体能量向单体蓄电池转换的电路如图 4-61 所示。这种方式也称为补充式均衡，即在充电过程中首先通过主充电模块对蓄电池组进行充电，电压检测电路对每个单体蓄电池进行监控。当任一单体蓄电池的电压过高时，主充电电路就会关闭，然后补充式均衡充电模块开始对蓄电池组充电。通过优化设计，均衡模块中的充电电压经过独立的 DC/DC 转换器和同轴线圈变压器，给每个单体蓄电池上增加相同的二次绕组。这样，单体电压高的蓄电池从辅助充电电路上得到的能量少，而单体电压低的蓄电池从辅助充电电路上得到的能量多，

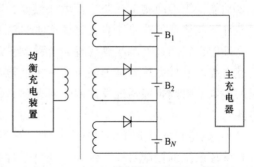

图 4-61　蓄电池组整体能量向单体蓄
电池转换的电路

从而达到均衡的目的。此方式的问题在于二次绕组的一致性难以控制，即使二次绕组匝数完全相同，考虑到变压器漏感以及二次绕组之间的互感，单体蓄电池也不一定能获得相同的充电电压。同时，同轴线圈也存在一定的能量耗散，并且这种方式的均衡只有充电均衡，对于放电状态的不均衡无法起作用。

（2）能量转移式均衡　能量转移式均衡是利用电感或电容等储能元件，实现蓄电池组中容量高的单体蓄电池与容量低的蓄电池的能量转移，如图4-62所示。该电路是通过切换电容开关传递相邻电池间的能量，将电荷从电压高的电池传送到电压低的电池，从而达到均衡的目的。另外，也可以通过电感储能的方式，对相邻电池间进行双向传递，此电路的能量损耗很小，但是均衡过程中须有多次传输，均衡时间长，不适用于多串的蓄电池组。改进的电容开关均衡方式，可通过选择最高电压单体蓄电池与最低电压单体蓄电池间进行能量转移，从而使均衡速度增快。能量转移式均衡中能量的判断以及开关电路的实现较为困难。

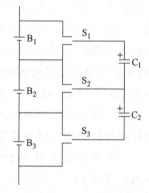

图4-62　开关电容均衡
电路示意图

除上述均衡方法外，在充电应用过程中，还可采用涓流充电的方式实现蓄电池的均衡。这是最简单的方法，不需要外加任何辅助电路。其方法是对串联蓄电池组持续用小电流充电。由于充电电流很小，即使过充电，对满充电池所带来的影响并不严重。由于已经充满电的蓄电池没办法将更多的电能转换成化学能，多余的能量将会转化成热量。而对于没有充满的蓄电池，却能继续接收电能，直至到达满充点。这样，经过较长的周期，所有的蓄电池都将会达到满充状态，从而实现了容量均衡。但这种方法需要很长的均衡充电时间，且消耗相当大的能量。另外，在放电均衡管理上，这种方法不能起任何作用。

4.3.13　蓄电池管理系统热管理设计

由于过高或过低的温度都会直接影响动力蓄电池的使用寿命和性能，且有可能导致蓄电池系统出现安全问题，并且蓄电池箱内温度场长久不均匀分布将造成各蓄电池模块、单体间性能的不均衡，因此蓄电池热管理系统对于电动车辆动力蓄电池系统而言是必需的。可靠、高效的热管理系统对于电动车辆的可靠安全应用意义重大。蓄电池组热管理系统有以下5项主要功能：①准确测量和监控蓄电池温度；②蓄电池组温度过高时能有效散热和通风；③低温条件下能快速加热；④有害气体产生时能有效通风；⑤保证蓄电池组温度场分布均匀。

性能良好的蓄电池组热管理系统需要采用系统化的设计方法。目前，已经有许多关于热管理系统的设计方法。美国国家可再生能源实验室（NREL）的Ahmad A. Pesaran等人所介绍的蓄电池组热管理系统设计的一般过程具体而系统，最具有代表性，其设计过程包括七个步骤：

1）确定热管理系统的目标和要求。根据蓄电池的温度特性和适宜工作的温度范围，确定热管理系统的控制目标。例如，锂离子蓄电池适宜的工作温度为10～40℃，可工作的低温极限是0℃，高温极限是45℃。那么热管理系统的设计应在满足该蓄电池工作的极限温度要求的前提下，尽量满足蓄电池的适宜工作温度要求。

2）测量或估计模块生热及热容量。通过蓄电池的充放电试验以及根据蓄电池的比热容，进行的蓄电池散热量或加热量仿真计算，确定散热或加热功率。

3）热管理系统首轮评估，包括选定传热介质、设计散热结构等相关工作。一般情况下，蓄电池散热选择风冷或液冷。风冷系统结构相对简单，但效率低；液冷系统结构复杂但效率高。加热方式也有循环热风加热、液流加热和热辐射加热等不同形式。

4）预测模块和蓄电池组的热行为。根据蓄电池组的应用工况，对于应用过程中的散热量和需要的加热量进行预测和评估。

5）初步设计热管理系统。根据确定的热介质和热行为评估结果进行热管理系统原理设计和工程设计。

6）设计热管理系统并进行试验。试制等比例或缩小比例蓄电池系统和蓄电池热管理系统，在试验台架模拟实际工况进行热管理系统工作效果检验。

7）热管理系统的优化。根据试验结果对热管理系统进行完善和优化。

下面介绍热管理系统设计过程中的关键技术。

（1）电池热场计算及温度预测　电池不是热的良导体，仅掌握电池表面温度分布不能充分说明电池内部的热状态，通过数学模型计算电池内部的温度场，预测电池的热行为，对于设计蓄电池组热管理系统是不可或缺的环节。美国加州大学的 Chen Yufei 等在计算锂聚合物电池内部温度场时使用了三维模型，该模型已经在大量的蓄电池热管理系统中进行应用。其模型如下

$$\rho c_p \frac{\partial T}{\partial t} = k_x \frac{\partial^2 T}{\partial x^2} + k_y \frac{\partial^2 T}{\partial y^2} + k_z \frac{\partial^2 T}{\partial z^2} + q \tag{4-8}$$

式中，T 为温度；ρ 为平均密度；c_p 为电池比热容；k_x、k_y、k_z 分别为电池在 x、y、z 方向上的热导率；q 为单位体积生热速率。

（2）传热介质的选择　传热介质的选择对热管理系统的性能有很大影响，传热介质要在设计热管理系统前确定。按照传热介质分类，热管理系统可分为空气冷却、液体冷却及相变材料冷却三种方式。

1）空气冷却是最简单的方式，只需要让空气流过电池表面。空气冷却方式的主要优点是结构简单，质量相对较小；没有发生漏液的可能；有害气体产生时能有效通风；成本较低。其缺点在于空气与电池壁面之间的表面传热系数低，冷却、加热速度慢。

2）液体冷却分为直接接触和非直接接触两种方式。矿物油可作为直接接触传热介质，水或防冻液可作为典型的非直接接触传热介质。液体冷却必须通过水套等换热设施才能对电池进行冷却，这在一定程度上降低了换热效率。电池壁面和流体介质之间的换热率与流体流动的形态、流速、流体密度和流体热传导率等因素有关。液体冷却方式的主要优点是与电池壁面之间的表面传热系数高，冷却、加热速度快，体积较小。其主要缺点是存在漏液的可能，质量相对较大，维修和保养复杂，需要水套、换热器等部件，结构相对复杂。

3）相变材料是指随温度变化而改变形态并能提供潜热的物质。相变材料由固态变为液态或由液态变成固态的过程称为相变过程。相变材料具有在一定温度范围内改变其物理状态的能力，既能实现在比较恶劣的热环境下有效降温，又能满足各单体蓄电池间温度分布的均衡，从而达到动力设备的最佳运行条件，延长电池寿命的同时提高动力设备的动力性能。蓄

电池热管理系统所采用的相变材料应具有较大的相变潜热和理想的相变温度，且经济安全，循环利用率高。

空气冷却和液体冷却应用相对较多，如日本丰田的混合动力电动汽车普锐斯和本田的Insight均采用空气冷却的方式。通用的增程式电动汽车Volt采用液体冷却的方式，单体电池的最大温差不超过3℃。我国自主研制的电动汽车多采用空气冷却的方式。相变材料的应用尚处于试验阶段，暂时没有蓄电池热管理系统实际应用的报道。

（3）热管理系统散热结构的设计　蓄电池箱内不同蓄电池模块之间的温度差异，会加剧蓄电池内阻和容量的不一致性，如果长时间积累，会造成部分蓄电池过充电或者过放电，进而影响蓄电池的寿命与性能，并造成安全隐患。蓄电池箱内蓄电池模块的温度差异与蓄电池组布置有很大关系，一般情况下，中间位置的电池容易积累热量，边缘的电池散热条件要好些。因此，在进行蓄电池组结构布置和散热设计时，应尽量保证蓄电池组散热的均匀性。以空气冷却散热为例，一般有串行和并行两种通风方式来保证蓄电池组散热的均匀性。在风道设计方面，需要遵循流体力学和空气动力学的基本原理。

（4）风机与测温点的选择　在设计蓄电池热管理系统时，需要选择的风机种类与功率、温度传感器的数量与测温点的位置须恰到好处。

以空气冷却散热方式为例，设计散热系统时，在保证一定散热效果的情况下，应尽量减小流动阻力，降低风机噪声和功率消耗，提高整个系统的效率。可以用试验、理论计算和计算流体力学（CFD）的方法通过估计压降、流量来估计风机的功率消耗。当流动阻力小时，可以考虑选用轴向流动风扇；当流动阻力大时，离心式风扇比较适合。当然也要考虑风机占用空间的大小和成本的高低。寻找最优的风机控制策略也是热管理系统的功能之一。

蓄电池箱内蓄电池组的温度分布一般是不均匀的，因此需要知道不同条件下蓄电池组热场分布以确定危险的温度点。测温传感器数量越多，测温越全面，但会增加系统成本和复杂性。根据不同的实际工程背景，理论上利用有限元分析、试验中利用红外热成像或者实时多点温度监控的方法可以分析和测量蓄电池组和单体蓄电池的热场分布，决定测温点的个数，找到不同区域合适的测温点。一般的设计应保证温度传感器不被冷却风吹到，以提高温度测量的准确性和稳定性。在设计电池时，须考虑预留测温传感器空间，如可以在适当位置设计合适的孔。日本丰田的混合动力电动汽车普锐斯的蓄电池组有228个单体蓄电池，温度的监测由5个温度传感器完成。

4.4　车用驱动电机系统开发

4.4.1　直流电机驱动系统

1. 直流电机的结构

直流电机主要由定子和转子两大部分组成。定子和转子之间的间隙称为气隙。定子是固定不动的，其主要作用是产生磁场和作为电机的机械支撑，它主要包括主磁极、换向磁极、补偿绕组、磁轭（机座）、端盖及电刷装置等；转子主要由电枢绕组和电枢铁心组成的电枢、换向器、转轴及风扇等构成。直流电机的结构如图4-63所示，表4-69给出了直流电机的主要构成要素及作用。

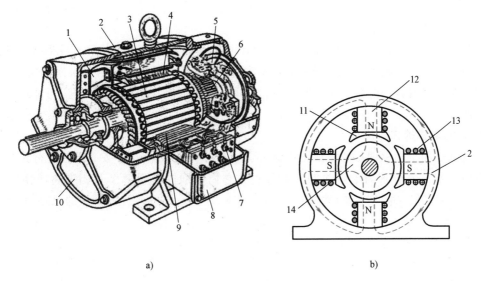

a)   b)

图 4-63　直流电机的结构

1—风扇　2—机座　3—电枢　4—主磁极　5—刷架　6—换向器　7—接线板
8—接线盒　9—换向磁极　10—端盖　11—极靴　12—主极铁心
13—励磁绕组　14—转子

表 4-69　直流电机的主要构成要素及作用

部位	名称	构成要素	使用材料	主要功能
定子	主磁极	主磁极铁心	1~2mm 厚的钢板冲片叠压而成	产生磁通
		主磁极绕组	漆包线或绝缘扁铜线等	
	换向磁极	换向磁极铁心	用整块钢或 1~2mm 厚的钢板冲片叠压而成	改善换向
		换向磁极绕组	绝缘的扁铜线	
	补偿绕组	—	绝缘的扁铜线	改善负载特性,改善换向
	磁轭(机座)	—	铸钢或钢板	磁路与机械支撑
转子	电枢	电枢铁心	0.35~0.50mm 厚的硅钢片叠压而成	进行能量转换
		电枢绕组	漆包线或绝缘扁铜线等	
	换向器	换向片	铜合金	换向
		云母片	云母层压板	
	转轴	—	碳素钢	传递转矩

直流电机调速性能好,可以在重负载条件下,实现均匀、平滑的无级调速,因此,凡是在重负载下起动或要求均匀调速的机械设备,如大型可逆轧钢机、卷扬机、电力机车、电车

等，都用直流电机拖动。而且直流电机调速范围较宽、控制比较稳定、起动容易、关停时耗能也小。除此之外，直流电机还具有响应快速、起动转矩大、从零转速至额定转速具备可提供额定转矩的性能的优点。

但直流电机的容量-体积比要比交流电机小得多。另外，直流电机要产生额定负载下恒定转矩的性能，则电枢磁场与转子磁场必须维持90°，这就要依靠电刷及换向器实现。但电刷及换向器在电机转动时会产生火花及炭粉，因此除了会造成组件损坏之外，其使用场合也受到限制。

2. 直流电机的工作原理

直流电机的工作原理示意图如图4-64所示。图中单匝线圈abcd安置在极性分别为N、S的主极中，ab、cd分别为单匝线圈的有效边，它们分别连接到两个互相隔离的换向片上，并与转子一同旋转。固定不动的电刷A、B将旋转的线圈abcd与外面静止的电路相连。

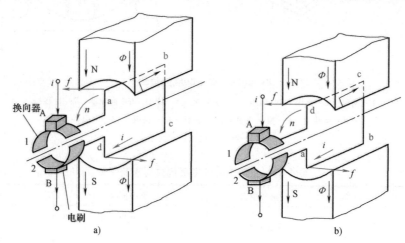

图4-64 直流电机工作原理示意图

a）导体ab处于N极下 b）导体ab处于S极下

图4-64中，若电刷A、B分别接到直流电源上，单匝线圈abcd中就有电流i流过，方向如图所示。

通电导线与磁场方向垂直时，载流导体在磁场中受到的电磁力f为

$$f = Bil \tag{4-9}$$

式中，B为磁感应强度，单位为T；i为电流，单位为A；l为ab、cd有效边长度，单位为m。

如图4-65a所示瞬间，导线ab处于N极下，电磁力方向为从右到左；导线cd处于S极下，电磁力方向为从左到右。总体方向为逆时针，拖动电枢转子沿逆时针方向旋转。整个线圈的电磁转矩T为

$$T = DBil \tag{4-10}$$

式中，$D = 2r$为电枢直径，单位为m。

当线圈abcd转过180°时，导线cd处于N极下，导线ab处于S极下。由于直流电源产生的电流方向不变，仍然是从电刷A流入，经导线cd、ab后从电刷B流出，这时导线cd受

到的电磁力方向为从右到左，导线 ab 受到的电磁力方向为从左到右。因此，产生电磁力的方向不变，仍为逆时针方向。若改变电源极性，电机将沿顺时针方向旋转。

由此可见，对直流电机而言，其电枢线圈里的电流方向是交变的。由于换向器的作用，使得 N 极和 S 极下的导体电流方向不变，因此产生单方向的电磁转矩。

在实际的直流电机中，电枢由多个线圈构成，并且这些线圈被均匀地分布在电枢表面，按照一定的规律连接起来，各个线圈产生电磁转矩的方向是一致的。电机的电磁转矩为各线圈产生的电磁转矩之和。

直流电机可分为永磁直流电机和电励磁直流电机两大类。永磁直流电机的主磁场由永磁体产生。电励磁直流电机中的主磁场由励磁绕组通入直流电产生，电源的供电方式称为励磁方式。不同的电励磁方式导致直流电机的运行性能有很大差异。

按照励磁方式的不同，电励磁直流电机又可以分为他励式和自励式两大类。对于他励直流电机来说，他励绕组由其他电源供电，与电枢绕组之间没有电的联系，如图 4-65a 所示。而自励直流电机的励磁绕组和电枢绕组均由同一直流电源供电。根据励磁绕组与电枢绕组连接方式的不同，自励直流电机又可分为并励式、串励式和复励式三种，如图 4-65b~d 所示。并励电机的励磁绕组与转子电枢并联到电源上；串励电机的励磁绕组与转子电枢串联到同一电源上；复励电机的励磁绕组与转子电枢经串联和并联连接在同一电源上。

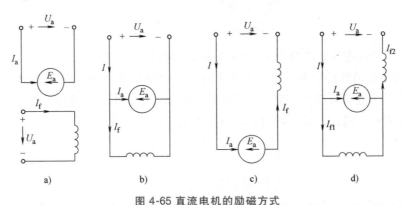

图 4-65 直流电机的励磁方式

a）他励式 b）并励式 c）串励式 d）复励式

3. 直流电机的基本特性

根据电机的工作原理，假设直流电机电气接线与机械连接以及各物理量正方向的规定如图 4-66 所示（电机惯例）。其中 T_L 为负载转矩，T_{em} 为电机转矩，n 为电机转速。由于复励方式是并励和串励两种励磁方式的组合，本节主要介绍他励式、并励式和串励式三种直流电机的基本特性。

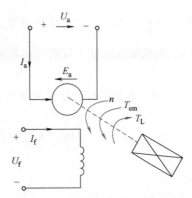

（1）直流电机的电压方程 他励式、并励式和串励式直流电机的电压方程分别表示如下：

他励电机为

图 4-66 直流电机电气接线与机械连接以及各物理量的正方向规定

$$\begin{cases} U_a = E_a + I_a R_a \\ E_a = C_e \Phi n \\ U_f = R_f I_f \end{cases} \tag{4-11}$$

式中，R_a 为电枢电阻和电刷接触电阻之和，单位为 Ω；R_f 为励磁绕组电阻，单位为 Ω；U_a 为电枢电压，单位为 V；E_a 为感应电动势，单位为 V；I_a 为电枢电流，单位为 A；U_f 为励磁电压，单位为 V；I_f 为励磁电流，单位为 A；Φ 为气隙每极磁通，单位为 Wb；n 为电机转速，单位为 r/min；C_e 为感应电动势常数，$C_e = \dfrac{Np}{60a}$，其中 N 为电枢总导体数，p 为电机极对数，a 为并联支路对数。

并励电机为

$$\begin{cases} U_a = E_a + I_a R_a = U_f \\ E_a = C_e \Phi n \\ I = I_f + I_a \end{cases} \tag{4-12}$$

串励电动机为

$$\begin{cases} U = E_a + I_a(R_a + R_f) = U_a + U_f \\ E_a = C_e \Phi n \\ I = I_f = I_a \end{cases} \tag{4-13}$$

式中，U 为输入端的电压，单位为 V；I 为输入端的电流，单位为 A。

（2）**直流电机的转矩平衡方程**　直流电机的电磁转矩作为驱动转矩，电磁转矩方向与转速方向一致。当电机转速发生变化时，电磁转矩除了提供机械负载的动力外，还需要有一部分与惯性转矩相平衡，此时，转矩平衡方程可表示为

$$\begin{cases} T_{em} = T_L + J\dfrac{d\Omega(t)}{dt} = C_t \Phi I_a \\ T_L = T_2 + T_0 \end{cases} \tag{4-14}$$

式中，T_{em} 为电磁转矩，单位为 $N \cdot m$；T_2 为输出转矩，单位为 $N \cdot m$；T_0 为空载转矩（由机械摩擦和铁耗引起），单位为 $N \cdot m$；T_L 为负载转矩，单位为 $N \cdot m$；J 为转动惯量，单位为 $kg \cdot m^2$；$\Omega(t)$ 为机械角速度，单位为 rad/s；C_t 为转矩常数，$C_t = \dfrac{Np}{2\pi a}$。

当机械角速度为常数时，直流电机稳态运行的转矩平衡方程为

$$T_{em} = T_2 + T_0 \tag{4-15}$$

（3）**直流电机的功率平衡方程**　以他励直流电机为例，电机输入电功率为

$$P_1 = U_a I_a \tag{4-16}$$

将式（4-11）中第一个公式代入（4-16）得到

$$P_1 = E_a I_a + I_a^2 R_a \tag{4-17}$$

令

$$P_{em} = E_a I_a, \quad P_{Cu_a} = I_a^2 R_a$$

则

$$P_1 = P_{em} + P_{Cu_a} \tag{4-18}$$

式中，P_{em} 为电磁功率，单位为 W；P_{Cu_a} 为电枢回路总的铜耗，单位为 W。

式（4-15）两边同乘以 $\varOmega$，得

$$T_{em}\varOmega = T_2\varOmega + T_0\varOmega \tag{4-19}$$

令

$$\begin{cases} P_2 = T_2\varOmega \\ P_0 = T_0\varOmega \end{cases}$$

又由于

$$T_{em}\varOmega = C_t\varPhi I_a\varOmega = \frac{Np}{2\pi a}\varPhi I_a\frac{2\pi n}{60} = \frac{Np}{60a}\varPhi n I_a = E_a I_a = P_{em} \tag{4-20}$$

故式（4-19）可整理为

$$P_{em} = P_2 + P_0 \tag{4-21}$$

式中，P_2 为转轴上输出的机械功率，单位为 W；P_0 为空载损耗，单位为 W。

其中空载损耗包括机械摩擦损耗 P_m、铁耗 P_{Fe} 和附加损耗 P_s。

他励直流电机稳态运行时的功率流程图如图 4-67 所示。

P_{Cu_f} 为励磁损耗，对于他励直流电机，P_{Cu_f} 由直流电源供给，因此它的总损耗里不包括这一部分，故有

$$\sum P = P_{Cu_a} + P_0 = P_{Cu_a} + P_{Fe} + P_m + P_s \tag{4-22}$$

（4）直流电机的工作特性　直流电机的工作特性是指在额定电压和额定励磁电流的情况下，电机转速 n、电磁转矩 T_{em} 及效率 η 与输出功率 P_2 之间的关系。为方便测量，通常将输出功率用电枢电流 I_2 表示。表 4-70 给出了他励与串励直

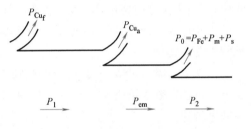

图 4-67　他励直流电机稳态运行
时的功率流程图

流电机的工作特性。并励直流电机的工作特性与他励直流电机相似，而复励直流电机是串励和并励的组合。

表 4-70　他励与串励直流电机的工作特性

特性	他励	串励
$n = f(I_a)$	$n = \dfrac{U_N}{C_e\varPhi_N} - \dfrac{R_a}{C_e\varPhi_N}I_a$	$n = \dfrac{U_N}{C_e K_f I_a} - \dfrac{R_a + R_f}{C_e K_f}$
$T_{em} = f(I_a)$	$T_{em} = C_t\varPhi_N I_a$	$T_{em} = C_t K_f I_a^2$
$\eta = f(I_a)$	$\eta = \left(1 - \dfrac{I_a^2 R_a + P_0}{U_N I_a}\right) \times 100\%$	$\eta = \left[1 - \dfrac{I_a^2(R_a + R_f) + P_0}{U_N I_a}\right] \times 100\%$
工作特性曲线		

（5）直流电机的机械特性分析　以他励直流电机为例，进行机械特性分析。直流电机的机械特性是指电机在电枢电压、励磁电流、电枢回路电阻为恒值的条件下，即电机处于稳态运行时，其转速与电磁转矩之间的关系，表达式为

$$n = f(T_{em})$$

由电机的电路原理图可得机械特性的表达式为

$$n = \frac{U}{C_e\Phi} - \frac{R}{C_eC_t\Phi^2}T_{em} = n_0 - \beta T_{em} \tag{4-23}$$

式中，n_0 为理想空载转速，单位为 r/min，$n_0 = \dfrac{U}{C_e\Phi}$；β 为机械特性斜率，$\beta = \dfrac{R}{C_eC_t\Phi^2}$；$R = R_a + R_s$，其中，$R_s$ 为电枢回路串联的电阻，单位为 Ω。

1）固有机械特性。将 $U = U_N$、$\Phi = \Phi_N$、$R = R_a$ 时的机械特性称为固有机械特性，如图 4-68 所示。

此时

$$n = \frac{U_N}{C_e\Phi_N} - \frac{R_a}{C_eC_t\Phi_N^2}T_{em} \tag{4-24}$$

式中，U_N 为额定电枢电压；Φ_N 为额定每极主磁通。

由于电枢电阻很小，特性曲线斜率很小，所以固有机械特性是硬特性。

当 $T = T_N$ 时，$n = n_N$，此点为电机额定工作点，转速差 $\Delta n = n_0 - n_N$ 为额定转速差，其中，T_N 为额定电磁转矩，n_N 为额定转速。

当 $n = 0$，即电机起动时，电磁转矩 $T_{em} = T_s$，称为起动转矩。

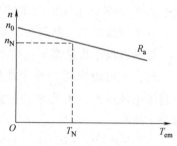

图 4-68　固有机械特性曲线

2）人为机械特性。改变 U 或 R_a 或 Φ 时得到的机械特性称为人为机械特性。人为机械特性主要有电枢回路串电阻、降低电枢电压和减小励磁磁通（弱磁调速）三种。通过改变它们的数值，可实现直流电机的调速。

① 电枢回路串电阻时的人为机械特性。即当 $U = U_N$、$\Phi = \Phi_N$ 不变，只在电枢回路中串入电阻 R_s 的人为机械特性，其表示为

$$n = \frac{U_N}{C_e\Phi_N} - \frac{R_a + R_s}{C_eC_t\Phi_N^2}T_{em} \tag{4-25}$$

电枢回路串电阻时的人为机械特性特点为 n_0 不变，串入电阻变大，β 变大，机械特性变软，稳定性变差；只能从额定转速向下调速；损耗大，不能实现无级调速；设备简单，投资小。

如图 4-69 所示，电枢回路串电阻时的人为机械特性是通过理想空载点的一簇放射性直线。

② 降低电枢电压时的人为机械特性。即保持 $\Phi = \Phi_N$、$R = R_a$ 不变，只改变电枢电压时的人为机械特性，其表示为

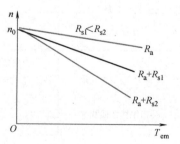

图 4-69　电枢回路串电阻时的人为机械特性

$$n = \frac{U}{C_e \Phi_N} - \frac{R_a}{C_e C_t \Phi_N^2} T_{em} \qquad (4-26)$$

其特点为 R_a 不变，故 β 不变，n_0 随 U 变化；机械特性硬度不变，转速稳定性好；只能从额定转速向下调速；铜耗与转速无关，效率高；在转速范围内可实现无级调速。

如图 4-70 所示，降低电枢电压时的人为机械特性是一组平行于固有机械特性的直线。

③ 减小励磁磁通时的人为机械特性。即保持 $U = U_N$、$R = R_a$ 不变，只改变励磁回路调节电阻 R_f 的人为机械特性（图 4-71），其表示为

$$n = \frac{U_N}{C_e \Phi} - \frac{R_a}{C_e C_t \Phi^2} T_{em} \qquad (4-27)$$

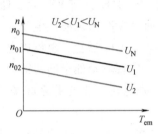

图 4-70　降低电枢电压时的人为机械特性

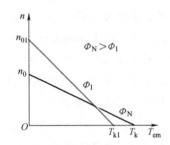

图 4-71　减小励磁磁通时的人为机械特性

其特点为弱磁调速，只能在额定转速以上调速；在电流较小的励磁回路内进行调节，控制方便，功率损耗小；可以实现较平滑的调速；由于受电机换向能力和机械强度的限制，弱磁调速时转速不能升得太高。一般只能升至 $(1.2 \sim 1.5) n_N$，特殊设计的弱磁调速电机，则可升至 $(3 \sim 4) n_N$。

必须注意的是，他励直流电机在起动和运行的过程中，决不允许励磁回路无电流或电流过小。

综上所述，当电机运行于基速以下时，通常采用机械特性不变的变电枢电压调速方法；而在基速以上时，通常采用弱磁方法，以拓宽电机调速范围。

以上分析的固有机械特性和人为机械特性，均忽略了电枢反应的影响。实际上电枢反应表现为去磁效应，使机械特性出现上翘现象，会影响系统的稳定性。一般容量较小的直流电机电枢反应引起的去磁效应不明显，可以忽略。对较大容量的直流电机，可以在主磁极上加补偿绕组，产生的磁通可以补偿电枢反应的去磁部分，使电机的机械特性不出现上翘现象。

4. 直流电机的控制

由于电动汽车的行驶工况、运行状态经常变化，电机的转矩和转速必须经常调节以满足电动汽车驱动力的需要。直流电机的控制方法有电枢电压调节法、磁场调节法、电枢回路电阻调节法等。

（1）电枢电压调节法　电枢电压调节法是指通过改变电枢电压来控制电机的转速，适用于电机额定转速（基速）以下的转速调节。

以减速为例，其基本调节方式如下：当降低电枢电压时，在电机转速、阻力矩没有来得及变化时，电枢电流必然下降，电枢产生的电磁转矩必然下降，使得电枢转速下降。随着电枢转速的降低，电枢反电动势减小，电枢电流回升，电枢转矩增大，直到与电机阻力矩一致时，电机才会在比调压前低的转速下稳定运转。

斩波器脉宽调制（PWM）属于一种电枢电压调节法，直流电机通常采用 PWM 实现电机调速控制。其调速控制主电路如图 4-72 所示。

其中 VT_1、VT_2 为两个绝缘栅双极型晶体管 IGBT。当电机处于运行状态时，控制器控制 VT_1 关断，当 VT_2 处于低电位时，VT_2 导通，电机电枢绕组通电，电枢两端加上电枢电压 U_b。当 VT_2 处于高电位时，VT_2 截止，电机电枢绕组断电。在一个固定周期内，增加 VT_2 处于低电位的时间，则可增加电枢绕组的平均电压。

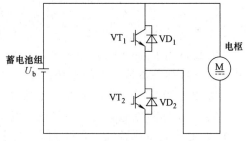

图 4-72　PWM 调速控制主电路

当电机切换到发电模式进行能量回收时，控制器控制 VT_2 关断，当 VT_1 处于低电位时，VT_1 导通，此时电机工作在发电状态，电枢产生的电动势通过 VT_1 形成感应电流，将汽车的动能转化为磁场能储存于电枢绕组中。当 VT_1 处于高电位时，VT_1 截止，电枢因电流突然消失而产生高于蓄电池电压的自感电动势，并向蓄电池充电，实现制动能量的回馈。

（2）**磁场调节法**　磁场调节法是通过调节磁极绕组励磁电流，改变磁通量 Φ 来调节电机转速的。这种方式适用于电机基速以上的转速控制。

以升速为例，调速过程如下：减小磁通量，在机械惯性力的作用下，电枢转速还没来得及下降，而反电动势随着磁通量的减少而下降，电枢电流随之增大，由于电枢电流增加的影响大于磁通量减小的影响，电机的电枢电磁转矩 T 增大。如果这时电机的阻力矩 T_L 未变，则电枢的转速 n 便会上升。随着电机转速的上升，电枢反电动势增大，电枢电流随之减小，直到电磁转矩与阻力矩平衡，电机就在比减小磁通量前高的转速下稳定运转。图 4-73 所示为从 A 点到 B 点的升速调节。

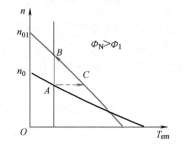

图 4-73　改变磁通量调速的升速特性

（3）**电枢回路电阻调节法**　电枢回路电阻调节法是在磁极绕组励磁电流不变的情况下，改变电枢回路的电阻，通过电枢电流变化来实现电机转速的调节。电枢回路电阻调节法的机械特性差，而且会使电机运行不稳定，加之电枢回路串入电阻消耗能量，一般很少在电动汽车上采用。

5. 直流电机驱动系统特点

直流电机驱动系统具有易于平滑调速、控制器简单、技术成熟等优点，但由于直流电机在运行过程中需要电刷和换向器换向，电机本身的效率低于交流感应电机，同时，电刷需要定期维护，造成了使用的不便。此外，电机本身的体积大、质量大，换向器和电刷制约了直流电机的转速，这些因素均限制了其在电动汽车中的应用。

4.4.2　交流感应电机驱动系统

1. 交流感应电机的结构

交流感应电机，又称为交流感应电机，即转子置于旋转磁场中，在旋转磁场的作用下获得一个转动转矩，而使转子转动。按转子构造，交流感应电机可分为绕线型和笼型两种结构；按定子绕组供电电源相数又分为单相感应电机、两相感应电机和三相感应电机。

交流感应电机的结构包括转子和定子两部分，定子由铁心、绕组和机座组成，铁心一般由 0.5mm 厚的硅钢片叠压而成。

转子在旋转磁场作用下产生感应电动势和感应电流，转子绕组有笼型和绕线两种。由于笼型感应电机具有一系列优点，应用广泛。笼型三相感应电机的结构如图 4-74 所示，表 4-71 给出了交流感应电机的主要构成要素及其作用。

图 4-74　笼型三相感应电机结构图

a）笼型交流感应电机　b）笼型转子铁心

1—定子　2—转子　3—风扇　4—机座　5—轴承　6—轴　7—端盖　8—接线盒

表 4-71　交流感应电机的主要构成要素及其作用

部位	主要构成要素	使用材料		主要功能
定子	定子铁心	一般采用 0.5mm 厚的硅钢片		交变磁路的一部分
	定子绕组	高压电机	绝缘扁导线	产生旋转磁场
		低压电机	硅钢片、漆包线	
	定子机座	小、中型电机	铸铁、铝合金或钢板	固定和支撑定子铁心
		大型电机	钢板	
转子	转子绕组	笼型小、中型电机（几百 kW 以下）	铝	产生转矩
		笼型大型电机	铜或铜合金	
		绕线型	铜	
	转子铁心	一般采用 0.5mm 厚的硅钢片		交变磁路的一部分
	轴	碳素钢、合金钢		传递转矩

普通感应电机的定子绕组接交流电网，转子绕组不需要与其他电源连接。因此，它具有结构简单，制造、使用和维护方便，运行可靠以及质量较小，成本较低等优点。感应电机有较高的运行效率和较好的工作特性，从空载到满载范围内接近恒速运行，能满足大多数工农业生产机械的传动要求。感应电机还便于派生成各种防护形式，以适应不同环境条件的需要。感应电机运行时，必须从电网吸取无功励磁功率，使电网的功率因数变坏。因此，对驱动球磨机、压缩机等大功率、低转速的机械设备，常采用同步电机。由于感应电机的转速与其旋转磁场转速有一定的转差关系，其调速性能较差（交流换向器电机除外）。对要求较宽广和平滑调速范围的交通运输机械、轧机、大型机床、印染及造纸机械等，采用直流电机较经济、方便。但随着大功率电子器件及交流调速系统的发展，目前适用于宽调速的感应电机的调速性能及经济性已可与直流电机相媲美。

由上可以总结出，交流感应电机的优点是结构简单、制造方便、价格便宜、运行方便。其缺点是轻载功率因数低，本身调速性能差。

2. 交流感应电机的工作原理

这里以三相交流感应电机为例进行介绍。交流感应电机的工作原理可用图 4-75 所示的简化模型进行说明，其中，e 表示感应电动势。

当三相对称定子绕组接三相对称电源时，电机内产生圆形旋转磁场 F，其同步转速为

$$n_1 = 60f_1p \qquad (4\text{-}28)$$

式中，f_1 为电源频率；p 为电机的磁极对数，设其方向为逆时针旋转。

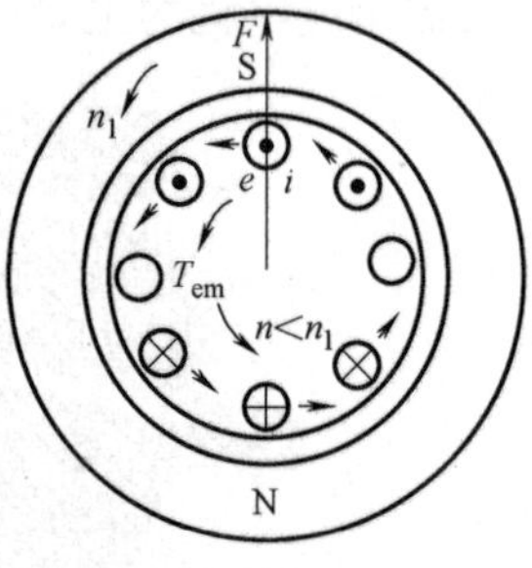

若转子不转，转子笼型导条与旋转磁场有相对运动，在导条中产生感应电动势，方向由右手定则确定。因转子导条彼此在端部短路，则感应电动势在闭合回路内产生电流 i。忽略感应电动势与导条电流的相位差，电流与感应电动势同向。这样用左手定则可以确定导条的受力方向，转子受力后产生电磁转矩，与旋转磁场同向，转子便在该方向上旋转起来。

图 4-75　交流感应电机工作原理

转子旋转后，转速为 n，只要 $n<n_1$，转子导条与磁场之间就有相对运动，产生与转子不转时方向相同的感应电动势、电流及力，电磁转矩仍为逆时针方向，转子继续旋转，当 $T_{em}=T_L$ 时，系统稳定运行。

由感应电机的工作原理可知，感应电机正常工作时，转子转速 n 不能等于旋转磁场的同步转速 n_1，其转差转速 $\Delta n = n_1 - n$，转差转速 Δn 与同步转速 n_1 之比称为感应电机的转差率，用 s 表示，即

$$s = \frac{n_1 - n}{n_1} \times 100\% \qquad (4\text{-}29)$$

转差率是感应电机运行的一个重要基本参数，正常运行时感应电机转子的转速 n 接近于同步转速 n_1，转差率 s 一般为 $1\% \sim 5\%$。

在各种不同的负载下，若改变感应电机电源电压的大小、相序及频率，或者改变绕线型感应电机转子回路的电阻，交流感应电机可运行在各种不同的状态。表 4-72 给出了感应电机在不同运行状态时的主要特征。

表 4-72　感应电机在不同运行状态时的主要特征

电动机状态	发电机状态	制动状态
$0<n<n_1, 0<s<1, T_{em}>0$， T_{em} 为拖动转矩	$0<n_1<n, s<0, T_{em}<0$， T_{em} 为制动转矩	$n<0<n_1, s>1, T_{em}>0$， T_{em} 为制动转矩

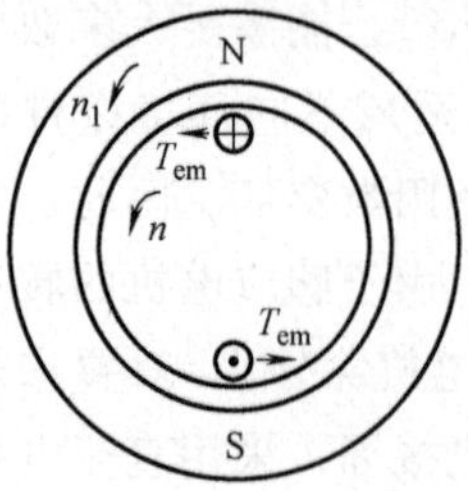

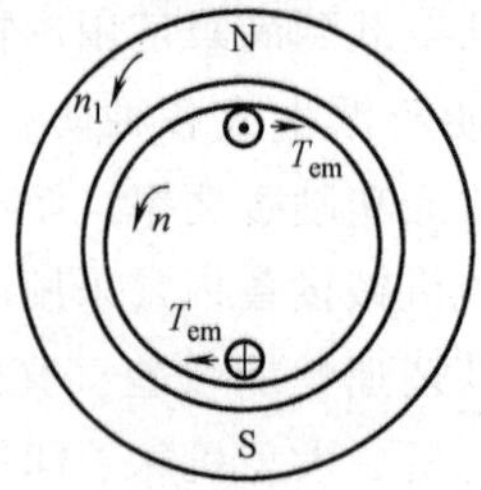

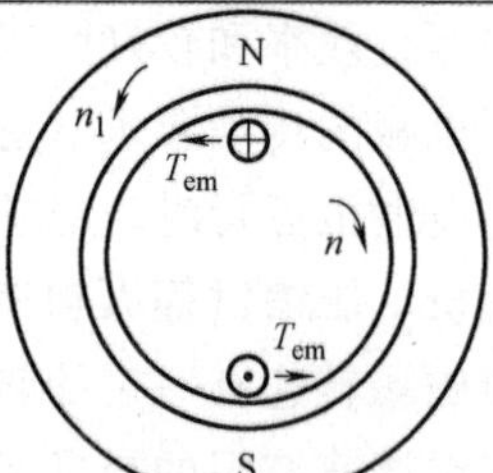

感应电机定子和转子不转时，感应电动势的有效值 E_1 和 E_2 可分别表示为

$$E_1 = 4.44 f_1 N_1 k_{dp1} \Phi_1 \qquad (4\text{-}30)$$

$$E_2 = 4.44 f_1 N_2 k_{dp2} \Phi_1 \qquad (4\text{-}31)$$

式中，N_1 为定子绕组每相串联匝数；k_{dp1}、k_{dp2} 为定子、转子绕组系数；N_2 为转子绕组每相串联匝数；Φ_1 为气隙每极基波磁通量，单位为 Wb。

3. 交流感应电机的机械特性

三相感应电机的机械特性是指在定子电压、频率和绕组参数固定的条件下，磁转矩 T_{em} 与转速 n（或转差率 s）之间的函数关系。机械特性是三相感应电机最主要的特性。

根据图 4-76 所示感应电机的等效电路，忽略 I_0 可得

$$I_2' = \frac{U_1}{\sqrt{\left(R_1 + \dfrac{R_2'}{s}\right)^2 + (X_1 + X_2')^2}} \qquad (4\text{-}32)$$

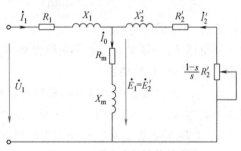

图 4-76　感应电机的等效电路

式中，I_2' 为折算到定子侧的转子不转时的相电流，单位为 A；U_1 为定子相电压，单位为 V；R_1 为定子每相电阻，单位为 Ω；R_2' 为折算到定子侧的转子每相电阻，单位为 Ω；X_1 为定子每相漏电抗，单位为 Ω；X_2' 为折算到定子侧的转子不动时的每相漏电抗，单位为 Ω。

正常运行情况下，转子转速接近同步转速，转差率很小，转子电流频率很低。另外，转子铁心采用硅钢片叠压而成，其单位损耗很小，故可忽略转子铁耗。因此，感应电机的铁耗主要考虑定子损耗，可表示为

$$p_{Fe} = 3 I_0^2 R_m \qquad (4\text{-}33)$$

式中，I_0 为励磁电流，单位为 A；R_m 为励磁电阻，单位为 Ω。

定子铜耗为

$$p_{Cu1} = 3 I_1^2 R_1 \qquad (4\text{-}34)$$

式中，I_1 为定子相电流，单位为 A；R_1 为定子绕组相电阻，单位为 Ω。

由图 4-76 可以看出，传递给转子回路的电磁功率等于转子回路全部电阻上的损耗，即

$$P_{em} = P_1 - p_{Cu1} - p_{Fe} = 3 I_2'^2 \left(R_2' + \frac{1-s}{s} R_2' \right) = 3 I_2'^2 \frac{R_2'}{s} \qquad (4\text{-}35)$$

式中，P_1 为输入功率，单位为 W，且 $P_1 = 3 U_1 I_1 \cos\varphi_1$，$\varphi_1$ 为定子功率因数角。

电磁功率也可以表示为

$$P_{em} = 3 I_2' E_2' \cos\varphi_2 \qquad (4\text{-}36)$$

式中，φ_2 为转子功率因数角；E_2' 为折算到定子侧的转子不转时的相感应电动势，单位为 V。

电磁转矩可表示为

$$T_{em} = \frac{P_m}{\Omega} = \frac{P_m}{\dfrac{2\pi n}{60}} = \frac{P_m}{(1-s)\dfrac{2\pi n_1}{60}} = \frac{P_{em}}{\Omega_1} \qquad (4\text{-}37)$$

式中，Ω 为转子机械角速度，单位为 rad/s，且 $\Omega = \dfrac{2\pi n}{60}$；$\Omega_1$ 为同步角速度，单位为 rad/s，且 $\Omega = \dfrac{2\pi n_1}{60}$。

由式（4-32）、式（4-35）和式（4-37）得到电磁转矩的表达式为

$$T_{\mathrm{em}} = \frac{3I_2'^2 \dfrac{R_2'}{s}}{\dfrac{2\pi n_1}{60}} = \frac{3p_{\mathrm{n}} U_1^2 \dfrac{R_2'}{s}}{2\pi f_1 \left[\left(R_1 + \dfrac{R_2'}{s} \right)^2 + (X_1 + X_2')^2 \right]} \tag{4-38}$$

式中，p_{n} 为电机极对数。

将电压 U_1、频率 f_1、定子绕组参数 R_1、X_1 及转子绕组参数 R_2'、X_2' 代入式（4-38）可得到 $T_{\mathrm{em}} = f(s)$ 特性曲线。

（1）固有机械特性　固有机械特性是指在额定频率 $f_{1\mathrm{N}}$、定子绕组加额定电压 $U_{1\mathrm{N}}$ 并按规定方式连接、定子与转子回路不串入电阻或电抗的条件下，电磁转矩 T_{em} 与转速 n（或转差率 s）之间的函数关系。三相感应电机固有机械特性曲线如图 4-77 所示，其中曲线 1 为电源正相序时的特性曲线，曲线 2 为负相序时的特性曲线。

以加正相序电源电压为例，分析三相感应电机机械特性特点。由图 4-77 可知，机械特性经过第一、二、四象限。标有 A、B、C、D 四个点，它们分别为理想空载点、额定运行点、最大转矩点和起动点。

最大电磁转矩可由机械特性表达式求出，令 $\dfrac{\mathrm{d}T_{\mathrm{em}}}{\mathrm{d}s} = 0$，解出最大电磁转矩对应的转差率（临界转差率 s_{m}），即

$$s_{\mathrm{m}} = \pm \frac{R_2'}{\sqrt{R_1^2 + (X_1 + X_2')^2}} \approx \pm \frac{R_2'}{X_1 + X_2'} \tag{4-39}$$

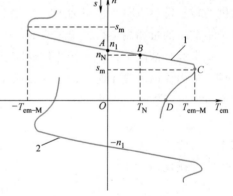

图 4-77　三相感应电机固有机械特性曲线

将 s_{m} 值代入式（4-38）可得最大电磁转矩 $T_{\mathrm{em}\text{-}\mathrm{M}}$，即

$$T_{\mathrm{em}\text{-}\mathrm{M}} = \pm \frac{1}{2} \frac{3p_{\mathrm{n}} U_1^2}{2\pi f_1 \left[\pm R_1 + \sqrt{R_1^2 + (X_1 + X_2')^2} \right]} \approx \pm \frac{1}{2} \frac{3p_{\mathrm{n}} U_1^2}{2\pi f_1 (X_1 + X_2')} \tag{4-40}$$

式中，"$+$" 对应于电动机状态；"$-$" 对应于发电机状态。

由式（4-39）和式（4-40）可知：

1）临界转差率 s_{m} 正比于转子电阻 R_2'，反比于漏电抗 $(X_1 + X_2')$。

2）最大电磁转矩 $T_{\mathrm{em}\text{-}\mathrm{M}}$ 与定子电压 U_1 的二次方成正比，反比于漏电抗 $(X_1 + X_2')$。

当 $n = 0$，$s = 1$ 时，起动转矩 $T_{\mathrm{em}\text{-}\mathrm{S}}$ 为

$$T_{\mathrm{em}\text{-}\mathrm{S}} = \frac{3p_{\mathrm{n}} U_1^2 R_2'}{2\pi f_1 \left[(R_1 + R_2') + (X_1 + X_2') \right]} \tag{4-41}$$

起动转矩 T_{em-S} 正比于定子电压 U_1 的二次方和转子电阻 R_2'，反比于漏电抗 (X_1+X_2')。

（2）人为机械特性　在同步转速不变的前提下，可以通过变转差率调速方法来改变感应电机的人为机械特性。若改变同步转速（$n_1=60f_1/p$），即改变定子供电频率和电机极对数，也可以改变人为机械特性。表4-73列出了几种典型感应电机人为机械特性的特点。

表 4-73　典型感应电机人为机械特性的特点

调速方法	特点	机械特性曲线
降低定子绕组端电压	1. 理想空载点 n_1 不变 2. 临界转差率 s_m 不变，$T_{em} \propto U_1^2$	
转子回路串入对称电阻	1. 理想空载点 n_1 不变 2. 最大转矩 T_{em-M} 不变 3. 临界转差率 s_m 增加 当 $s_m = \dfrac{R_2'+r'}{X_1+X_2'} = 1$ 时，$T_{em-S} = T_{em-M}$；继续增大转子电阻 r_2'，$T_{em-S} < T_{em-M}$	
改变供电频率，从基频向下变频调速	1. 机械特性硬、调速范围宽、稳定性好 2. 连续调节、平滑性好 3. s 较小、效率高 4. 当 $E_1/f_1 =$ 常数（$\Phi_1 =$ 常数）时，最大转矩不变，为恒转矩调速 5. 当 $U_1/f_1 =$ 常数（$\Phi \approx$ 常数）时，最大转矩不等于常数，$f_1 \downarrow \to T_{em} \downarrow$，机械特性不如 $E_1/f_1 =$ 常数的情况，尤其是低频，近似为恒转矩调速	

（续）

调速方法	特点	机械特性曲线
改变供电频率，从基频向上变频调速	1. 机械特性硬、调速范围宽、稳定性好 2. 连续调节、平滑性好 3. s 较小、效率高 4. 最大转矩随频率升高而减小 5. 电压不变，$f_1 \downarrow \rightarrow \Phi_1 \downarrow$，即弱磁变频升速，近似为恒功率调速	

4. 交流感应电机的控制

交流感应电机控制大体分为矢量控制（FOC）和直接转矩控制（DTC）两种。

（1）矢量控制　矢量控制的基本思想是模拟直流电机，求出交流电机电磁转矩与之对应的磁场和电枢电流，并分别加以控制。其特点如下：

1）可以从零转速开始进行控制，调速范围很宽。

2）转速控制响应迅速，且调速精度较高。

3）可以对转矩实行较为精确的控制，电机的加速特性也很好。

4）系统受参数影响的变化很大，且计算复杂，控制相对复杂。

目前矢量控制理论比较完善并日趋成熟，可基本满足电动汽车的动力性要求。

（2）直接转矩控制　在定子坐标下，通过检测电机定子电压和电流计算电机的磁链和转矩，并根据与给定值比较所得差值，实现磁链和转矩的直接控制。由于不受转子参数随转速变化而变化的影响，简化了控制结构，动态响应快，因此受到广泛的关注。其特点如下：

1）调速精度较高，响应速度快。

2）计算简单，而且控制思想新颖、控制结构简单、控制手段直接。

3）信号处理的物理概念明确，动、静态性能均佳。

4）调速范围较窄，低速特性有脉动现象。

在技术实现上，直接转矩控制往往很难体现出优越性，调速范围不及矢量控制宽，其根源主要在于其低速时，转矩脉动的存在以及负载能力下降，这些问题制约了直接转矩控制进入实用化的进程。

5. 交流感应电机驱动系统特点

交流感应电机与直流电机相比，具有效率高、结构简单、坚实可靠、免维护、体积小、重量轻、易于冷却及寿命长等诸多优点。交流感应电机本身比直流电机成本低，但是其逆变器比直流电机控制器的成本高，但随着功率电子技术的不断进步，两者的成本差距越来越小。从目前来看，交流感应电机交流驱动系统总成本要比直流电机驱动系统高，但由于其重量轻、效率高及能有效地实现再生制动，在电动汽车上使用的运营成本要比使用直流电机驱动系统时低，尤其是在大功率电动汽车中有更广泛的应用。

4.4.3　永磁同步电机驱动系统

1. 永磁同步电机的结构

永磁电机的分类方法多种多样，根据永磁体在电机转子上的安置位置，永磁电机可分为表面式（surface-mounted permanent magnet，SPM）和内置式（interior permanent magnet，IPM）两大类。其转子结构分别如图 4-78 和图 4-79 所示。

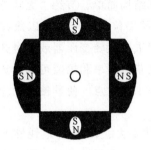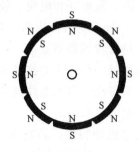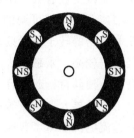

图 4-78　典型表面式转子结构

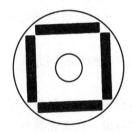

图 4-79　典型内置式转子结构

表面式永磁电机是将永磁体放置于转子表面，其制造工艺简单，该转子的直径可设计得很小，故转动惯量小，动态性能好；转子无凸极性，电感小，电流响应快，输入的无功功率小，从而提高了系统的功率因数。但转子表面无法安装起动绕组，故无异步起动能力；由于电机自身的离心力强度不高，不宜在高速下运行；低速运行时，电机的脉动转矩较大，对于恒功率运行，其区域较小甚至不存在。表面式结构的永磁电机本质为隐极式同步电机，其直轴电感 L_d 与交轴电感 L_q 一般相等，此类型的电机不适合弱磁扩速运行。

内置式永磁电机也称为混合式永磁磁阻电机。由于永磁体位于转子此内部铁心，使得转子具有凸极效应，在永磁转矩的基础上增加了磁阻转矩，从而增大了电机输出转矩，同时也有利于提高电机的过载能力并改善调速性能。与表面式相比，内置式的转子机械强度高，适合高速运行；由于内置式结构的磁路气隙小，动态响应快，较易实现弱磁控制，从而扩大了恒功率运行区域。

内置式永磁电机结构灵活，通过合理设计磁路结构能获得较高的弱磁性能，再加上控制系统具有高功率密度、高效率、宽调速、良好的转矩平稳性及低振动噪声等优点，在电动汽车驱动方面备受青睐，已经受到日本、美国及我国汽车公司的高度重视。

根据输入电机接线端的交流电压波形与转子位置信号的不同，永磁电机可分为无刷直流电机（brushless DC machine，BLDCM）和永磁同步电机（permanent magnet synchronous motor，PMSM）。三相无刷直流电机输入的是交流方波，采用每 60°跳变的转子位置反馈信号控制换相。而永磁同步电机输入的是交流正弦波或近似正弦波，采用连续转子位置反馈信号进行控制。

永磁同步电机的电流和反电动势波形均为正弦型，由三相逆变器提供三相近似正弦变化的交流电源，从而减少了由谐波磁场所引起的各种损耗，提高了电机效率；气隙谐波分量的减少也使电机运行更加平稳，噪声减少；利用永磁体代替原绕线式同步电机转子中的励磁绕组，定子不做改变，省去了励磁线圈、集电环和电刷，使其结构简单，节约了无功功率，但需要得到幅值和频率都可调的电源。与无刷直流电机一样需要位置检测装置以跟踪转子位置，为获取精密的转子位置信号，位置传感器稍复杂，一般采用旋转变压器或增量式光电编码器，其成本较高。永磁同步电机通过一些灵活的控制方法获得频率和幅值可调的近似正弦波定子电压，使其自行起动且动态响应快，再加上纹波转矩小等优点，使其被广泛应用于数控机床、工业机器人、航空等高精度伺服系统。

无刷直流电机继承了普通直流电机的特性，具有起动转矩大、转速-转矩线性变化及效率高等优点，且其控制方式简单、对位置传感器的要求低，只需获得触发时刻那一点的位置信息即可完成换相，成本低。但无刷直流电机的工作磁场是步进式旋转磁场，容易产生转矩脉动，同时伴有一定的噪声，故其通常适用于对调速精度要求不高且价格敏感的设备中，如家用电器、电动汽车、工业缝纫机等交流传动系统中。

这里主要以交流永磁同步电机为例，介绍其工作原理、基本特性和控制方法。

2. 永磁同步电机的工作原理

永磁同步电机的工作原理与交流同步电机相似。交流电源经逆变器调制为电压可变的三相正弦波电压，输入永磁电机三相对称绕组后，产生三相对称电流，在正弦波电流和永磁磁动势的作用下产生电磁转矩，带动永磁转子随着旋转磁场以相同的转速旋转。转速为

$$n = n_1 = \frac{60f_1}{p_n} \tag{4-42}$$

式中，n 为转子转速，单位为 r/min；n_1 为同步转速，单位为 r/min；f_1 为三相正弦波的电压频率，单位为 Hz；p_n 为永磁同步电机的极对数。

永磁同步电机负载运行时定子绕组电流会产生电枢磁动势，它与永磁磁动势共同作用产生合成气隙磁场，因此存在电枢反应。电枢磁场与永磁磁场以相同的速度旋转，彼此相对静止。电枢磁场不仅会使永磁磁场波形发生畸变，而且会产生去磁和增磁作用，直接影响永磁同步电机的运行性能。

3. 永磁同步电机的基本特性

永磁同步电机在实际运行过程中的输出特性与控制策略密切相关，采用不同的控制策略，可以使定子电流在整个运行范围内得到最佳控制。

车用永磁同步电机的转矩-转速输出特性曲线如图 4-80 所示。轨迹 A_{2a}—A_2—B_2—C_2—D_2—E_2 为电机的最大功率曲线。轨迹 A_2—B_{1b}—E_{1b} 是电机的恒功率曲线，电机可以在此曲线上实现恒功率运行。轨迹 A_{2a}—A_2—B_{1a}—C_1 为电机的最大转矩电流比包络线，在此包络线内电机都可以采用此控制策略。根据电机不同运行状态可将电机的运行范围分为三个区间：基速区、弱磁 A 区和弱磁 B 区，如图 4-81 所示。转速低于转折速度 n_a 时电机运行在基

速区；转速介于 n_a 和 n_c 之间时，电机运行在弱磁 A 区；转速介于 n_c 和 n_e 之间时，电机运行在弱磁 B 区。电机在各运行区内的定子电流矢量既不能超出电机的电压极限椭圆，也不能超过电流极限圆。

（1）基速区运行控制模式　如图 4-80 所示，A_{1a}—A_1—A_2—A_{2a} 区域为基速区，三相对称电流通过向 d_q 坐标轴投影得到的 i_d 与 i_q 不受电压极限椭圆的限制，在整个区域内都能实现最大转矩电流比控制。因此，图 4-80 中的 A_{1a}—A_1—A_2—A_{2a} 区域内的所有工作点都可以在 i_d 与 i_q 平面最大转矩电流比曲线上找到对应的点。如图 4-82 所示，A_2、A_{2a} 点为最大转矩电流比曲线与电流极限圆的交点，它所对应的转矩为电机在基速区内的最大转矩。

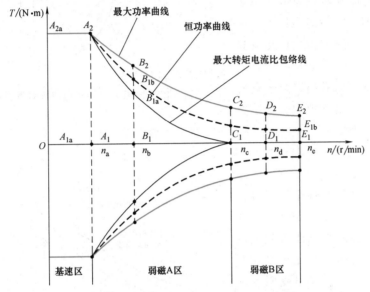

图 4-80　永磁同步电机转矩-转速输出特性

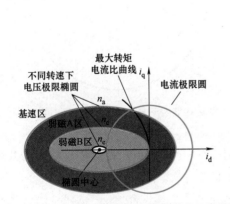

图 4-81　永磁同步电机运行区间划分示意图

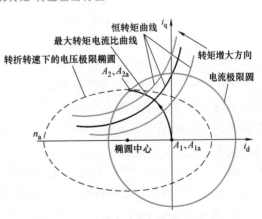

图 4-82　基速区定子电流矢量运行控制模式

（2）弱磁 A 区运行控制模式　如图 4-80 所示，A_1—C_1—C_2—A_2 区域为弱磁 A 区，在该区域内定子电流矢量受电流极限圆和电压极限椭圆的共同制约。现以图 4-80 中转速为 n_b 对应的线段 B_1B_2 为例进行分析。

1）当转矩较小时，由于最大转矩电流比曲线在电压极限椭圆内，此时电机运行在最大转矩电流比曲线上，如图4-83所示线段 B_1B_{1a}，此线段所有工作点都可以映射到 i_d 与 i_q 平面中的最大转矩电流比曲线上。

2）当转矩继续增大时，恒转矩曲线与最大转矩电流比曲线的交点在电压极限椭圆之外，此时电机运行在电压极限椭圆上。图4-83中电压极限椭圆上 B_{1b} 点对应的转矩为恒功率输出转矩，B_2 点对应的转矩为最大功率输出转矩，并且该点为电压极限椭圆、电流极限圆、恒转矩曲线三者的交点。从图4-83可以看出，定子电流在从 $B_{1a} \rightarrow B_{1b} \rightarrow B_2$ 的变化中，直轴去

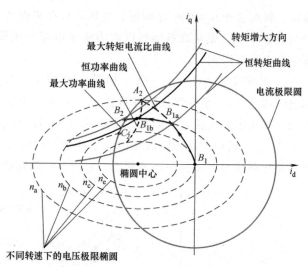

图4-83 弱磁A区定子电流矢量运行控制模式

磁电流分量逐渐增大，削弱了永磁体磁场，达到了弱磁的目的。

（3）弱磁B区运行控制模式 如图4-80所示，C_1—E_1—E_2—C_2 区域为弱磁B区。现以图4-84中转速为 n_c 对应的线段 E_1E_2 为例进行分析。整条最大转矩电流比曲线与电压极限椭圆没有交点，最大转矩电流比控制在此区域内无法实现。电流矢量受限于电压极限椭圆，因此，E_1E_2 线段上的工作点都映射到 i_d 与 i_q 平面中转速 n_c 对应的电压极限椭圆上，图4-84中电压极限椭圆上 E_{1b} 点对应的转矩为恒功率输出转矩；E_2 点对应的转矩为最大功率输出转矩，并且该点为电压极限椭圆、电流极限圆、恒转矩曲线三者的交点。

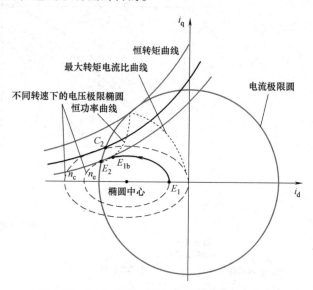

图4-84 弱磁B区定子电流矢量运行控制模式

由以上分析可知，图4-80中转矩-转速平面上的任意一个工作点都可以在 i_d-i_q 图中找到对应的 i_d、i_q 电流值，使电机在该工作点运行于最佳状态。

4. 永磁同步电机的控制

永磁同步电机控制技术目前主要有直接转矩控制和矢量控制两类。矢量控制通过坐标变换实现对交流电机磁链和转矩的解耦，可以在保持磁场定向的情况下模仿直流电机的转矩控制，因而使得交流电机的动态性能可与直流电机相媲美。下面采用矢量控制来分析永磁同步电机的控制。

（1）定子磁链和电压方程 如图4-85所示，将单轴线圈 s 分解为 dq 轴系上的双轴线圈

d_1 和 q_1，每个轴线圈的有效匝数仍与单轴线圈相同。这相当于将定子电流矢量 $\boldsymbol{i}_s$ 分解为

$$\boldsymbol{i}_s = i_d + ji_q \tag{4-43}$$

根据双反应理论，可分别求得 $i_d(f_d)$ 和 $i_q(f_q)$ 产生的电枢反应磁场，即有

$$\psi_{md} = L_{md} i_d \tag{4-44}$$

$$\psi_{mq} = L_{mq} i_q \tag{4-45}$$

式中，L_{md} 和 L_{mq} 分别为直轴和交轴等效励磁电感，但 $L_{md} < L_{mq}$。

于是，定子磁场在 d 轴、q 轴方向上的分量分别为

$$\psi_d = L_d i_d + \psi_f \tag{4-46}$$

$$\psi_q = L_q i_q \tag{4-47}$$

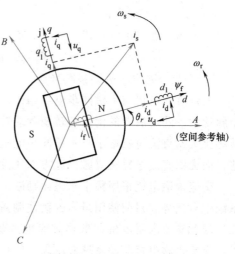

图 4-85　同步旋转 dq 轴系

式中，ψ_f 是转子永磁磁极与定子交链的磁链；L_d 为直轴同步电感，$L_d = L_{s\sigma} + L_{md}$，其中 $L_{s\sigma}$ 为相绕组的漏电感；L_q 为交轴同步电感，$L_q = L_{s\sigma} + L_{mq}$。

通过矢量变换可将 ABC 轴系内定子电压矢量方程变换为以 dq 轴系表示的矢量方程。

ABC 轴系下的电压矢量方程为

$$\boldsymbol{u}_s = \boldsymbol{R}_s \boldsymbol{i}_s + \frac{\mathrm{d}\psi_s}{\mathrm{d}t} \tag{4-48}$$

利用变换因子 $\mathrm{e}^{j\theta_r}$，可得

$$\boldsymbol{u}_s = \boldsymbol{u}_s^{dq} \mathrm{e}^{j\theta_r} \tag{4-49}$$

$$\boldsymbol{i}_s = \boldsymbol{i}_s^{dq} \mathrm{e}^{j\theta_r} \tag{4-50}$$

$$\boldsymbol{\psi}_s = \boldsymbol{\psi}_s^{dq} \mathrm{e}^{j\theta_r} \tag{4-51}$$

将式（4-49）~式（4-51）代入式（4-48），可得以 dq 轴系表示的电压矢量方程为

$$\boldsymbol{u}_s = \boldsymbol{R}_s \boldsymbol{i}_s^{dq} + \frac{\mathrm{d}\psi_s^{dq}}{\mathrm{d}t} + j\omega_r \boldsymbol{\psi}_s^{dq} \tag{4-52}$$

与式（4-48）相比，式（4-52）中多了右端第三项，这是由于 dq 轴系旋转而产生的。

将式（4-52）中的各项以坐标分量表示，可得电压分量方程为

$$u_d = R_S i_d + L_d \frac{\mathrm{d}i_d}{\mathrm{d}t} - \omega_r L_q i_q \tag{4-53}$$

$$u_q = R_S i_q + L_q \frac{\mathrm{d}i_q}{\mathrm{d}t} + \omega_r (L_d i_d + \psi_f) \tag{4-54}$$

（2）转矩方程　永磁同步电机的电磁转矩方程为

$$T_e = p_0 \left[\psi_f i_s \sin\beta + \frac{1}{2} (L_d - L_q) i_s^2 \sin(2\beta) \right] \tag{4-55}$$

在 dq 轴系中，有

$$i_d = i_s \cos\beta \tag{4-56}$$

$$i_q = i_s \sin\beta \tag{4-57}$$

将式（4-56）和（4-57）代入式（4-55），可得电磁转矩方程：

$$T_e = p_0 [\psi_f i_q + (L_d - L_q) i_d i_q] \tag{4-58}$$

5. 交流永磁电机驱动系统特点

无刷直流电机与永磁同步电机相比，前者的优点是控制器简单、输出转矩大；缺点是转矩脉动大一些。后者的优点是转矩脉动较小；缺点是控制器较复杂，对于同功率的电机，其转矩比无刷直流电机略小。永磁同步电机利用矢量控制算法可以实现宽范围的恒功率弱磁调速，而无刷直流电机在弱磁调速方面还没有成熟的技术。

交流永磁电机采用稀土永磁体励磁，具有效率高、功率密度大等特点，在小、中功率的系统中有优势。目前使用最多的钕铁硼稀土永磁电机运行时的温升不能太高，否则会导致退磁，因此交流永磁电机在散热方面也需要非常重要的技术。总体来说，相对于励磁电机来讲，交流永磁电机驱动系统效率高、体积小、重量轻，在电动汽车中也得到了一定的应用，但该类驱动系统目前还存在成本高的缺点，在可靠性和使用寿命指标上也明显比感应电机差。另外，对于功率较大的 PMSM 和 BLDCM，要做到体积小、重量轻，尚存在一定的技术难度。

4.4.4 开关磁阻电机驱动系统

1. 开关磁阻电机的结构

开关磁阻电机（switched reluctance motor，SRM）由双凸极的定子和转子组成。开关磁阻电机结构如图 4-86 所示。其中定子、转子均由普通硅钢片叠压而成，转子上既没有绕组也没有永磁体，定子各极上绕有集中绕组，直径方向相对应极的两个绕组串联成"一相"绕组。SRM 可以设计成单相、两相、三相及多相等不同相数，且定子、转子极数有多种不同的搭配。常见的定子、转子极数组合方案见表 4-74。

图 4-86 开关磁阻电机结构示意图
1—风扇 2—机壳 3—定子绕组 4—轴承 5—转子铁心

表 4-74 SRM 的极数组合方案

相数	1	2	3	4	5	6	7	8	9
定子极数 N_s	2	4	6	8	10	12	14	16	18
转子极数 N_r	2	2	4	6	8	10	12	14	16

SRM 结构简单、性能优越、可靠性高，覆盖功率范围 10W~5MW 的各种高低速驱动调速系统。SRM 存在许多潜在的领域，在各种需要调速和高效率的场合均能得到广泛使用（电动汽车驱动、通用工业、家用电器、纺织机械、电力传动系统等各个领域）。

2. 开关磁阻电动机的工作原理

开关磁阻电机的控制器主要包含主控模块、外围驱动电路和功率逆变电路。主控模块负责处理电机轴端反馈的位置、电流和转速等信号。输出的控制信号经过外围驱动电路放大后，驱动功率逆变电路中功率开关管的导通或关断来控制电机的运行。功率逆变电路是开关磁阻电机控制器的核心部件，它代替了直流电机的机械换相，功率逆变电路中的开关管接收来自驱动电路的驱动信号来导通或关断开关管，给电机的相绕组通电或断电，使电机能够按照设想的相序平稳地运转。

开关磁阻电机只在定子上面装有绕组，它不依靠定子、转子绕组电流产生的磁场相互作用，而是依靠电机内部的磁阻最小原理产生输出转矩。磁阻最小原理是：当电机相绕组导通时，电机转子的凸极总是被拉向导通相定子的凸极位置，依次导通电机的相绕组就能使电机连续运转。如图 4-87 所示为 6/4 齿数开关磁阻电机 A 相通电示意图，图 4-88 所示为三相 6/4 极开关磁阻电机转子旋转示意图，图 4-89 所示为三相开关磁阻电机不对称半桥逆变电路原理图，图 4-90

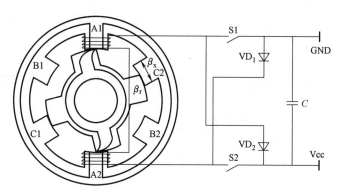

图 4-87 6/4 齿数开关磁阻电机 A 相通电示意图

所示为开关磁阻电机运行时某相功率逆变电路电流流向图。下面结合图 4-87～图 4-90 对开关磁阻电机运行原理进行说明。以 A 相为例，每相有两个主开关器件 S1、S2 及续流二极管 VD_1、VD_2。当 S1、S2 导通时，VD_1、VD_2 截止，外加电源加至 A 相绕组两端，产生相电流，将转子凸极拉到与定子凸极重合的位置上。进而，当转子凸极位置达到合适的位置时，关断 A 相绕组对应的开关管，而导通 B 相对应的开关管，电机的转子又将被拉到与 B 相定子凸极重合的位置。若依次给电机 A-B-C-A 相绕组通电，转子就会沿着逆时针方向旋转，若依次给电机绕组以 C-B-A-C 的次序通电，转子就会沿着顺时针的方向旋转。当 S_1、S_2 关断时，A 相绕组产生的感应电动势阻碍电机相电流的减小，通过续流二极管 VD_1、VD_2 及储能电容 C 续流，电容吸收 A 相绕组的部分磁能，使得关断相电流迅速下降。该功率变换器的设计简单、可靠，而且在换相时还能提供快速退磁的回路。

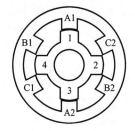 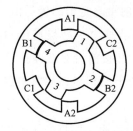 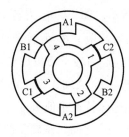

图 4-88 三相 6/4 极开关磁阻电机转子旋转示意图

3. 开关磁阻电机的运行特性

（1）开关磁阻电机的基本方程

1）开关磁阻电机的电压方程为

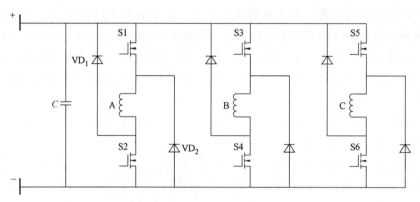

图 4-89　三相开关磁阻电机不对称半桥逆变电路原理图

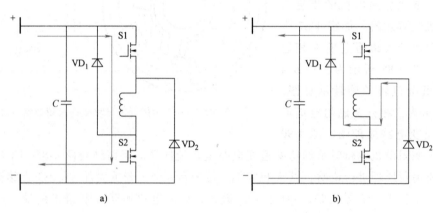

a)　　　　　　　　　　　　　　　b)

图 4-90　开关磁阻电机运行时某相功率逆变电路电流流向图

a）A 相导通时电流流向图　b）A 相续流时电流流向图

$$u = Ri + L(\theta)\frac{\mathrm{d}i}{\mathrm{d}t} + i\frac{\mathrm{d}L(\theta)}{\mathrm{d}\theta}\omega \qquad (4-59)$$

式中，u 为相电压；i 为该相的相电流；R 为该相电阻；$L(\theta)$ 为电感；θ 为转子位置角；ω 为角速度。

若忽略磁路的非线性，转子齿宽大于定子齿宽，定子绕组电感与转子位置的关系曲线如图 4-91 所示。图中，θ_1 为转子凸极前沿与定子凸极后沿对准处；θ_2 为转子凸极前沿与定子凸极前沿对准处；θ_3 为转子凸极后沿与定子凸极后沿对准处；$\theta_4(\theta_{-1})$ 为转子凸极后沿与定子凸极前沿对准处。

在 $\theta_{-1} \sim \theta_1$ 之间，定子凸极与转子槽相对，此时磁阻最大，相电感保持最小值 L_{min} 不变。

在 $\theta_1 \sim \theta_2$ 之间，从转子凸极前沿与定子凸极后沿对准开始，随着转子的转动，两者重叠面增加，磁阻逐渐减小，相电感逐渐增加，直到全部重叠，磁阻最小，相电感达到最大值 L_{max}。

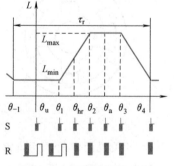

图 4-91　定子绕组电感与转子位置的关系

在 $\theta_2 \sim \theta_3$ 之间，定子、转子凸极全部重叠，相应的定子、转子凸极间磁阻恒为最小值，相电感保持最大值 L_{max}。

在 $\theta_3 \sim \theta_4$ 之间，从转子凸极后沿与定子凸极后沿对准开始，随着转子的转动，两者重叠面减小，磁阻逐渐增大，直到两者无重叠区域，磁阻最大，相电感达到最小值 L_{min}。

若考虑磁路饱和的影响，定子绕组电感与转子位置的关系曲线如图 4-92 所示。电感的最大值随电流的增加而减小。

2）开关磁阻电机的相电流为

$$i = \frac{u}{\omega}f(\theta) \qquad (4-60)$$

式中，$f(\theta)$ 为电机结构参数、转子位置、触发角和关断角的函数。

3）开关磁阻电机的电磁转矩。若不考虑磁路饱和，电感与绕组电流的大小无关，则电磁转矩为

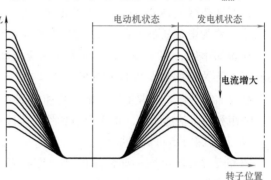

图 4-92 定子绕组电感与转子位置的关系曲线
（考虑磁路饱和）

$$T(\theta,i) = \frac{\partial W'(\theta,i)}{\partial \theta}\Big|\, i_{const} = \frac{1}{2}i^2\frac{dL}{d\theta} \qquad (4-61)$$

式中，i_{const} 是幅值不变的矩形波脉冲电流。

由式（4-61）可知：

① 定子电流恒定时，转矩的方向与电流的方向无关，仅取决于电感随转角的变化情况。

② 在电感上升期，即 $\frac{dL}{d\theta} > 0$，产生正转矩，处于电动机状态。

③ 在电感下降期，即 $\frac{dL}{d\theta} < 0$，产生负转矩，处于发电机状态。

④ 通过控制定子电流导通的时刻、相电流脉冲的幅值和宽度，即可控制 SRM 转矩的大小和方向，实现 SRM 的调速控制。

m 相的平均电磁转矩可表示为

$$T_{em} = \frac{m}{\theta_{rr}}\int_0^{\theta_{rr}} \frac{1}{2}\frac{\partial L}{\partial \theta}d\theta = \frac{mu^2}{\theta_{rr}\omega^2}\int_0^{\theta_{rr}} \frac{1}{2}f^2(\theta)\frac{\partial L}{\partial \theta}d\theta \qquad (4-62)$$

式中，θ_{rr} 为转子极距角。

如果 SRM 的相电压、触发角和关断角给定，则平均电磁转矩可表示为

$$T_{av} = \frac{C}{\omega^2} \qquad (4-63)$$

式中，C 为常数。

由式（4-63）可以看出，SRM 的转矩与转速的平方成反比，与串励直流电机的特性相似。

（2）开关磁阻电机的机械特性 SRM 的机械特性可分为三个区域：恒转矩区、恒功率区和自然特性区（串励特性区），如图 4-93 所示，图中 C 代表常数。图中 n_1 为 SRM

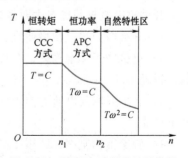

图 4-93 SRM 电动机的机械特性

开始运行于恒功率特性的临界转速，定义为 SRM 的额定转速，也称为第一临界转速，对应功率即为额定功率。n_2 为能得到额定功率的最高转速，是恒功率特性的上限，可控条件均达到了极限，当转速再增加时，输出功率下降，也称为第二临界转速。

在恒转矩区，即 $0<n<n_1$，由于转速较低，电机感应电动势小，因此需要对电流进行斩波限幅，称为电流斩波控制方式，或采用相电压脉宽调制。

在恒功率区，即 $n_1<n<n_2$，由于相感应电动势较大，相电流幅值受限，可以通过调节恒功率区主开关管的触发角和关断角得到恒功率特性，称为角度位置控制方式。

在自然特性区，电源电压、触发角和关断角均达到极限值，SRM 不再保持恒功率运行特性，转矩和功率快速下降。由于自然特性与串励直流电机的特性相似，又称为串励特性区。

4. 开关磁阻电机控制系统

四相开关磁阻电机一种常见的功率变换器主电路如图 4-94 所示，图中的 A、B、C、D 为电机相绕组，$S_a \sim S_d$ 为各对应相的主开关器件，$VD_a \sim VD_d$ 为对应的续流二极管。

开关磁阻电机调速系统主要由开关磁阻电机（SRM）、功率变换器、控制器及位置传感器四大部分组成，如图 4-95 所示。

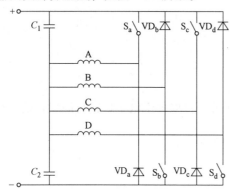

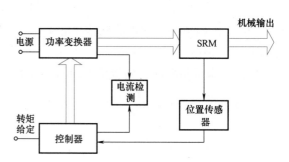

图 4-94 四相开关磁阻电机驱动系统主电路　　　图 4-95 开关磁阻电机调速系统的基本构成

功率变换器向开关磁阻电机提供运转所需的能量，由蓄电池或交流电整流后得到的直流电供电，开关磁阻电机绕组电流是单向的。控制器是综合处理指令、速度、电流和位置传感器的反馈信号，控制功率器件的工作状态，实现对开关磁阻电机状态的控制。

5. 开关磁阻电机驱动系统特点

低于三相的 SRM 一般无自起动能力。相数多、步距角小，有利于减小转矩脉动，但结构复杂、主开关器件多，成本增高。目前应用较多的是三相 6/4 极结构和四相 8/6 极结构。

开关磁阻电机的优点主要体现在以下方面：

1）其结构简单，价格便宜，电机的转子没有绕组和磁铁。

2）电机转子无永磁体，允许较高的温升。由于绕组均在定子上，电机容易冷却，效率高，损耗小。

3）转矩方向与电流方向无关，只需要单方向绕组电流，每相一个功率开关，功率电路简单可靠。

4）转子结构坚固，适用于高速驱动。

5）转子的转动惯量小，有较高转矩惯量比。

6）调速范围宽，控制灵活，易于实现各种再生制动功能。

7）可在频繁起动（1000 次/h）或正/反向运转的特殊场合使用。

8）起动电流小，起动转矩大，低速时更为突出。

9）电机的绕组电流方向为单方向，电力控制电路简单，具有较高的经济性和可靠性。

10）可通过机电的统一协调设计满足各种特殊使用要求。

开关磁阻电机的缺点体现在以下方面：

1）其工作原理决定了，如果需要开关磁阻电机运行稳定可靠，必须使电机与控制配合得很好。

2）因其要使用位置传感器，增加了结构复杂性，降低了可靠性。

3）对于电机本身而言，转矩脉动大是其固有的缺点；在电机远离设计点时，转矩脉动大会体现得更加明显。

4）如果单纯使用电流斩波或最优导通角控制方法，对其转矩脉动的改善不是很大，需要加入更加复杂的算法。

5）运行时噪声和振动较大、非线性强也是开关磁阻电机需要解决的问题。

6）目前国内实用的磁阻电机属于初级阶段，部分产品控制相对粗放，电机的响应速度慢、低速下的脉动大，难以实现较高的控制精度。

4.4.5　四种车用电机特性比较

电动汽车经常采用的驱动电机有直流电机、感应电机、永磁同步电机和开关磁阻电机四类。最早应用于电动汽车的是直流电机，其特点是控制性能好、成本低。随着电子技术、机械制造技术和自动控制技术的发展，感应电机、永磁同步电机和开关磁阻电机表现出比直流电机更加优越的性能，这些类型的电机正逐步取代直流电机。

总而言之，从目前的技术优势来看，永磁同步电机成为主流实至名归。永磁同步电机是最符合我国电动汽车发展的一类电机，它在重量、体积的控制方面，还有调速性能上都有一定的优势，因此永磁同步电机成为电动汽车领域应用最广泛的电机系统。

四类电机特性比较见表 4-75，优缺点及应用前景比较见表 4-76。

表 4-75　四类电机特性比较

类别	直流电机	感应电机	永磁同步电机	开关磁阻电机
功率密度	低	中	高	较高
转矩性能	一般	好	好	好
转速范围/(r/min)	4000~6000	9000~15000	4000~10000	>15000
功率因数	—	0.82~0.85	0.90~0.93	0.60~0.65
峰值效率(%)	85~89	94~95	95~97	85~90
负荷效率(%)	80~87	90~92	85~97	78~86
过载能力(%)	200	300~500	300	300~500
电机尺寸/质量	大/大	中/中	小/小	小/小
可靠性	差	好	优良	好
结构坚固性	差	好	一般	优良
控制操作性能	最好	好	好	好
控制器成本	低	高	高	一般

表 4-76　四类电机优缺点及应用前景比较

电机类型	优点	缺点	应用前景
直流电机	控制简单、具有优良的电磁转矩控制特性	易产生电火花及电磁干扰、维护困难、价格高、体积和质量大、结构复杂	相较于其他驱动系统已处于劣势
交流感应电机	价格低、易维护、体积小	控制装置复杂,效率略低	已在电动汽车上普遍应用
永磁同步电机	控制系统较为简单、效率高、能量密度大	价格较贵	在电动汽车上普遍应用,前景看好
开关磁阻电机	简单可靠、可调范围宽、控制灵活、成本低	转矩波动大、噪声大,系统具有非线性特性	在新能源汽车上应用较少

4.4.6　驱动电机及控制系统的设计开发实例

1. 电机硬件控制器设计

车用电机控制器的设计采用型号为 TMS320LF2407A 的 CPU,其具有以下特点:

1)采用高性能静态 COMS 技术,供电电压降为 3.3V,减小了控制器的功耗;40MIPS 的执行速度使得指令周期缩短到 25ns,从而提高了控制器的实时控制能力;片内有高达 32KB 的 FLASH 程序储存器,高达 1.5KB 的数据/程序 RAM,544B 双口 RAM(DARAM)和 2KB 的单口 RAM;两个事件管理器模块 EVA 和 EVB,每个包括:两个 16 位通用定时器;8 个 16 位脉宽调制(PWM)通道。它们能够实现三相反相器控制;当外部引脚 PDPINTx 出现低电平时快速关闭 PWM 通道;可编程的 PWM 死区控制以防止上、下桥臂同时输出触发脉冲等。事件管理器模块适用于控制交流感应电机、无刷直流电机、开关磁阻电机、步进电机、多极电机和逆变器。

2)可扩展的外部储存器总共有 192KB 空间,包括 64KB 程序控制储存空间,64KB 数据存储器空间,64KB I/O 寻址空间。

3)看门狗定时器模块(WDT);10 位 A/D 转换器最小转换时间为 50ns,可选择由两个事件管理器来触发两个 8 通道输入 A/D 转换器或一个 16 通道输入 A/D 转换器;控制器局域网络(CAN)2.0B 模块;串行通信接口(SCI)模块;16 位的串行外设(SPI)接口模块;基于锁相环的时钟发生器;高达 40 个可单独编程或复用的通用输入/输出引脚(GPIO);5 个外部中断(2 个电机驱动保护、复位和 2 个可屏蔽中断);电源管理包括 3 种低功耗模式,能独立地将外设器件转入低功耗工作模式。

(1)TMS320LF2407A 外围电路的设计　TMS320LF2407A 信号处理芯片及相应的外围电路构成 DSP 子系统,这些外围电路主要包括电源转换电路、电源监测(复位)电路、电压基准电路及外部存储器扩展电路等。

1)电源转换电路(图 4-96)。控制系统提供的电源输入电压为 5V 和 ±15V 由于 LF2407A 芯片的供电电压只能是 3.3V,需要将 5V 电源变换为 3.3V 给 CPU 供电,设计中使用了 AS1117 芯片作为 5V/3.3V 的转换芯片。

2)电源监测(复位)电路(图 4-97)。电源监测(复位)电路的作用是 DSP 的手动复位,以及在电压不稳情况下的自动复位,以便保证 DSP 控制系统可靠工作。这里采用 MAX811S 芯片,若电源有降至 2.93V 以下的变动,电源监测电路会产生复位信号,按钮

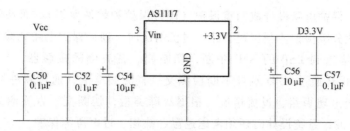

图 4-96 电源转换电路

SW-PB 实现手动复位功能。MAX811 系列芯片是常用于显示器供电系统和其他电子系统的低功耗微电子处理器，当信号电平低于一特定值时，便产生复位信号。

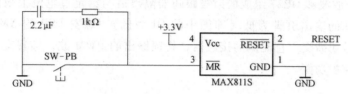

图 4-97 电源监测（复位）电路

3）电压基准电路（图 4-98）。TMS320 LF2407A 的 A/D 转换器是一个带有内部采样保持电路的 10 位 A/D 转换器，其最小转换时间为 50ns，该转换器模块的参考电压由外部电压源提供，通过适当的参考电压连接到 Vref_HI 和 Vref_LO 引脚。考虑系统 A/D 采样的精度，参考电压必须稳定、

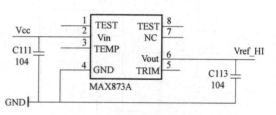

图 4-98 电压基准电路

精度高，该电压基准电路选用 MAX873 基准电压芯片，其输出高精度的稳定电压为 2.5V。

4）DSP 外部存储器扩展电路（图 4-99）。TMS320LF2407A 的设计是基于增强的哈佛结构，可通过三组并行总线访问多个存储空间，它们分别是程序地址总线（PAB）、数据读地址总线（DRAB）和数据写地址总线（DWAB）。其中的任何一组均可以访问不同的存储器空间，以实现不同的器件操作。

由于总线工作是独立的，可以同时访问程序和数据空间。该 DSP 内部已有 32KB 的 FLASH ROM，但为了系统在线调试方便，需外扩 RAM 作为程序存储器，在程序经多次调试，成熟可靠时可写入内部的 FLASH ROM。在该 DSP 子系统中，外部储存器采用 IS61LV6416，该芯片是一块高速、低耗的 COMS 静态 RAM，采用 16 位并行传输，拥有 64KB 存储空间，3.3V 供电。

（2）保护电路的设计 为了保证系统可

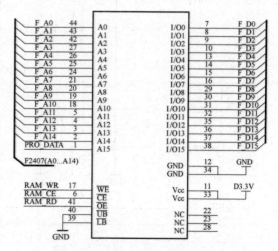

图 4-99 DSP 外部存储器扩展电路

靠、安全地运行，保护电路设计成两重保护（硬件保护和软件保护），而且依据可能造成故障的严重性设计成分级保护。当出现短路、过流情况时，硬件保护电路把检测到的故障信号通过 NMI 引脚直接送到 DSP 的 NMI 中断，切断交、直流侧的接触器，封锁 DSP 的输出 PWM 波。同时，DSP 通过 A/D 端口不断检测交、直流侧电流，通过软件判断电流值的大小，判断系统是否出现短路、过流情况，根据故障类型，切断交、直流侧的断路器，封锁 DSP 的输出 PWM 波，系统设计时还须考虑过温、缺相、过电压等保护。

（3）交、直流电流检测电路　交、直流电流检测电路如图 4-100 所示。LEM 公司的闭环式电流传感器检测交流及直流侧电流，将得到的电流信号 I_{IN} 送到控制板（由于交、直流电流检测电路相同，就以交流侧检测电路为例来说明），I_{IN} 经采样电阻 R_1 转换为电压信号，该信号在经过 RC 滤波和 OP27 组成的射极跟随器隔离后与给定过电流上限值相比较，发生过电流时，LM193 的输出引脚为低（即图中的 OI 为低），触发 DSP 的 NMI 外部中断，由 DSP 发出控制信号切断交、直流侧的接触器，封锁输出的 PWM 波，实现交、直流侧的过电流、短路的硬件保护功能。

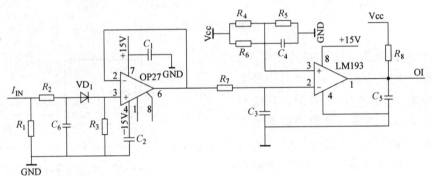

图 4-100　交、直流电流检测电路

直流侧电压检测电路如图 4-101 所示。

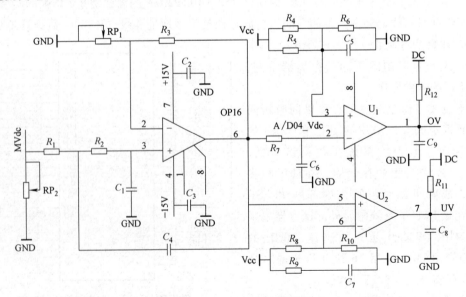

图 4-101　直流侧电压检测电路

通过电压传感器检测得到的电流信号 MVdc 经转换为电压信号，滤波放大后送入两个比较器 LM393 的输入端，通过与给定的过电压上限值、欠电压下限值进行比较。发生过电压时，U_1 的输出引脚为低，欠电压时，U_2 的输出引脚为低，信号 OV 和 UV 引入 DSP 的 I/O 接口，经 DSP 软件处理完成系统的过电压保护和欠电压保护功能。

（4）温度检测电路 在本系统中对温度的检测是通过图 4-102 所示电路。图中 T1 为经 AD590 采样得到的信号，在室温下调节电位器 RP_1 使 OP27 输出端 6 为一设定的电压值，该信号与设定的保护电压进行比较，输出 OT 信号，OT 信号送至 DSP 的 I/O 接口，由于温度变化比较缓慢，可实行秒级保护，完成系统的过温保护功能。

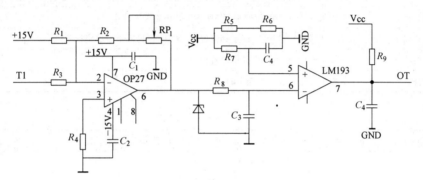

图 4-102 温度检测电路

2. 软件开发

（1）系统的设计目标 根据外部指令及系统采样，对永磁同步电机实现转子磁场定向控制（FOC）、最大转矩电流比（MTPA）及 SVPWM 调制等算法，同时能够实现负载电机的四象限运行及弱磁控制，工作模式包括转矩模式和转速模式，速度及位置传感器类型为旋转变压器。

钥匙开关打开后，系统首先完成自检，随后控制充电回路完成对 DC-Link 电容的充电；充电完成后控制主接触器吸合并锁定电源（如果电源受控，下同）。关闭钥匙开关后，系统能够记录数据信息，控制主接触器断开，控制放电回路对主电容放电，同时取消电源锁定。

系统故障诊断及保护包括初始化诊断和运行诊断，具体分为主回路诊断（电机开路、相间短路、对搭铁短路、对电源短路）、电压异常诊断、温度异常诊断、过电流诊断和传感器异常诊断、超速诊断等功能。

系统具备标定功能，通过 CAN 卡与标定界面配合，能够选择电机类型、工作模式，并对系统运行的重要参数加以设置，另外，还能够对系统的工作状态进行显示。

（2）功能需求 系统包括功能模块初始化、状态及指令采集、故障诊断及保护、工作模式控制、电机控制算法以及标定算法等功能。

1）功能模块初始化。功能模块初始化任务包括以下子任务：内核初始化、DSP 自检、标定数据读取、系统自检、系统初始化、变量初始化、任务初始化以及中断使能等，具体见表 4-77。

2）状态及指令采集。状态及指令采集任务，包括 A/D 滤波及换算、电机转速、转子实时位置以及 I/O 状态等部分，具体见表 4-78。

表 4-77　功能模块初始化

任务名称	任务内容
内核初始化	设定系统时钟及基本模块
DSP 自检	RAM、FLASH 自检
标定数据读取	从 FLASH 中读取标定数据,确认电机类型、外接传感器类型及保护相关参数;做 CRC 校验,如果校验不通过,置故障标志位
系统自检	初始化自检所需模块(I/O、A/D 模块),随后进行系统自检,包括充电回路、放电回路、三相桥臂及驱动、低边驱动、霍尔传感器初始状态诊断;进行 A/D 状态诊断(电压采样值、电流传感器初值、电机初始温度、控制器初始温度)。如果自检不通过,置相应故障标志位
系统初始化	初始化 A/D、PWM、定时器、CAN、SPI 等功能模块设置
变量初始化	设定计算用变量初值,设定标志位、计数器、控制指令等初始状态
任务初始化	自检完成后,根据标定数据设置任务队列
中断使能	使能定时器终端及外部中断

表 4-78　状态及指令采集

任务名称	任务内容
A/D 滤波及换算	直流母线电压采样
	电机输入 U 相、V 相电流采样
	电机绕组、轴承温度采样
	控制器温度采样
	控制电源电压实时监测
电机转速、转子实时位置	通过 SPI 通信,利用 RDC 解算出的电机旋变返回信号得到电机转速、旋转方向及电机转子的实时位置
I/O 状态	预留的 I/O 开关量输入、输出,辅助整车控制其他必要的逻辑功能

3）故障诊断及保护。故障诊断包含两部分,即初始化时的故障诊断和运行时的故障诊断。根据故障原因,设定相应故障码标志位,并判断故障等级,根据故障等级做出相应保护措施:等级 3 为最高,禁止 PWM 输出;等级 1 为最低,不做特殊处理。

初始化时的故障诊断包括 A/D 诊断、I/O 诊断、CAN 功能、SPI 功能、主回路诊断以及速度、位置反馈异常等,具体见表 4-79。

表 4-79　初始化故障诊断

任务名称		诊断任务内容	故障分级
A/D 诊断	电流传感器诊断	U、V 路零位异常	严重故障
	直流母线电压采样诊断	电压采样零位异常	严重故障
	电机绕组、轴承温度传感器诊断	短路或开路故障	严重故障
		初值异常	严重故障
	控制器温度传感器诊断	初值异常	严重故障
		温度一致性故障	严重故障
I/O 诊断	预留 I/O 输入、输出功能	跳变异常	严重故障

（续）

任务名称		诊断任务内容	故障分级
CAN 功能	CAN 通信功能	无收发信号或收发信号不畅	严重故障
SPI 功能	SPI 通信功能	无收发信号或收发信号不畅	严重故障
主回路诊断	绕组故障	绕组开路故障	严重故障
		相间短路故障	严重故障
		桥臂对电源短路故障	严重故障
		桥臂对搭铁短路故障	严重故障
	IGBT 故障	直通故障	严重故障
		开路故障	严重故障
速度、位置反馈异常	旋转变压器功能异常	断线故障	严重故障
		输出信号异常	

运行时的故障诊断包括 A/D 诊断、I/O 诊断、CAN 诊断、SPI 诊断、主回路诊断以及速度、位置反馈异常等，具体见表 4-80。

表 4-80　运行故障诊断

任务名称		诊断任务内容	故障分级
A/D 诊断	电流传感器诊断	电流过电流	严重故障
		短路或开路故障	严重故障
	电机温度传感器诊断	短路或开路故障	一般故障
		温度异常	一般故障
	控制器温度传感器诊断	温度异常	严重故障
		温度一致性故障	严重故障
	母线电压诊断及保护	电压异常	严重故障
		电压跳变	严重故障
		欠电压故障	严重故障
		过电压故障	严重故障
I/O 诊断	方向指令	跳变异常	严重故障
CAN 诊断	CAN 通信功能	无收发信号或收发信号不畅	严重故障
		数据异常跳变	严重故障
SPI 诊断	SPI 通信功能	无收发信号或收发信号不畅	严重故障
		数据异常跳变	严重故障
主回路诊断	绕组故障	绕组开路故障	严重故障
		相间短路故障	严重故障
		桥臂对电源短路故障	严重故障
		桥臂对搭铁短路故障	严重故障
	IGBT 故障	直通故障	严重故障
		开路故障	严重故障
速度、位置反馈异常	旋转变压器功能异常	电机超速	一般故障
		断线故障	严重故障
		输出信号异常	严重故障

4）工作模式控制。工作模式包括转矩模式、转速模式、电压模式、温度模式、加速模式及减速模式，具体控制内容见表4-81。

表4-81　工作模式

模式类别	控制内容
转矩模式	转矩模式下,加速踏板和制动踏板对应着转矩电流(I_q),通过矢量控制算法实现转矩电流的闭环控制
转速模式	转速模式下,加速踏板对应着电机转速;控制外环为转速环,控制内环为转矩电流环,通过矢量控制算法实现电机转速的闭环控制
电压模式	当检测到母线电压值过低时,根据母线电压值设定最大转矩电流限幅
温度模式	当检测到电机温度或控制器温度过高时,根据温度值设定最大转矩电流限幅
加速模式	踩下加速踏板时,转矩电流值不能够突变,转矩电流的上升斜率有最大限制
减速模式	当允许发电时,通过施加反向的转矩电流实现减速,转矩电流值由加速踏板值决定;当禁止发电时,减速时将转矩电流指令降为0

5）电机控制算法。电机控制算法见表4-82。

表4-82　电机控制算法

任务名称	任务内容
转子位置计算	通过 SPI 直接读取电机转子的实时位置
Clark 变换	将三相坐标系变换到两相固定坐标系
Park 变换	将两相固定坐标系(α,β)变换到旋转(d,q)坐标系
反 Park 变换	将两相旋转坐标系变换到两相固定坐标系
PID 算法	将 I_d、I_q 与指令值 PI,得到 U_d、U_q
MTPA 算法	根据给定转矩对应的电流输出值,以及顺势 L_d、L_q 值,利用电流极限圆,推导出相应计算公式,计算得到实时的 I_{dref} 及 I_{qref} 值,作为 PID 的给定值
弱磁控制	当电机转速接近或超过基速时,根据实时计算得到的合成电压值和电压极限值之差,利用 PID 算法实现对 I_d 值进行闭环控制及重新分配 I_d、I_q 给定值。实现在转速升高时利用 I_d 值反向抵消永磁体的磁感强度,从而限制电机的瞬时反电动势值
SVPWM 算法	将 U_d、U_q 转换为空间矢量,计算矢量时间
转速闭环	开启定速巡航模式时,控制外环为转速环,控制内环为转矩电流环,通过矢量控制算法实现电机转速的闭环控制
转矩闭环	加速踏板和制动踏板对应着转矩电流(I_q),通过矢量控制算法实现转矩电流的闭环控制
电压控制	电动模式下,当母线电压过低时,限定最大输出转矩;发电模式下,以恒压模式控制发电电流
温度修正	当检测到电机温度或控制器温度过高时,根据温度值设定最大转矩电流限幅
加速控制	踩下加速踏板时,转矩电流值不能够突变,转矩电流的上升斜率有最大限制
减速控制	当允许发电时,通过施加反向的转矩电流实现减速,转矩电流值由加速踏板踩下幅度决定;当禁止发电时,减速时将转矩电流指令降低至0
状态显示算法	通过 CAN 和 LED,显示当前系统的工作状态

6）标定算法。通过 CAN 总线，按照标定协议，实现标定界面对下位机的变量检测、在线修改、数据写入功能。主要包括协议解析、读取 FLASH、修改 RAM、显示 RAM 数据、写

入 FLASH 等部分。

标定系统可以修改放在标定的 RAM 空间的值。一类是标定数据；另一类是指令，如 I_d、I_q 或者转速设定之类的，但是这些值的修改需要条件（限制条件在代码中，以免出现错误，I_q 或 I_q 赋值不合理、指令不合理等），见表 4-83。

表 4-83　标定算法

任务名称	任务内容
协议解析	将收到的 CAN 指令根据协议做解析，判断指令为读取 FLASH、修改 RAM、读取 RAM、写入 FLASH，或者是无效数据
读取 FLASH	读取 FLASH 中的数据，按照标定协议依次发给标定界面
修改 RAM	标定界面修改 RAM 中的标定数据
	标定界面修改 RAM 中的控制指令，如 I_d、I_q、转速指令等，下位机会对这些指令做出合理性判断
RAM 数据显示	下位机直接通过 CAN 总线发送标定界面所需的 RAM 数据，或是根据标定界面指令，将指定 RAM 地址的数据以指定频率发送给标定界面
写入 FLASH	将当前 RAM 中的标定数据写入 FLASH

（3）程序主循环　程序主循环如图 4-103 所示，包括执行温度采样、读取 I/O 指令、SPI 获取电机速度和位置信号以及 CAN 通信收发子程序。

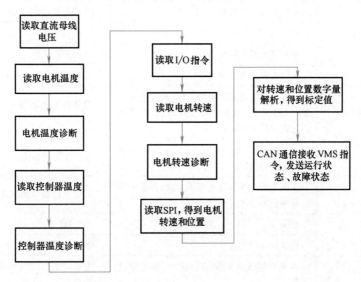

图 4-103　程序主循环

3. 驱动电机及控制系统性能测试

为了便于整车驱动性能标定和性能参数监控，采用自主开发的 MonitorMeter 软件来读取显示。MonitorMeter 显示界面如图 4-104 所示。

依据 GB/T 18488.1—2015《电动汽车用驱动电机系统　第 1 部分：技术条件》和 GB/T 18488.2—2015《电动汽车用驱动电机系统　第 2 部分：试验方法》，对控制器进行表 4-84 所列测试。

图 4-104　MonitorMeter 显示界面

表 4-84　控制器检测项目

检测项目	条件	合格标准
控制器保护功能	将输出直接短路,起动控制器	保护正常动作,不损坏变频器
	系统出现过大负载	保护正常动作,不损坏变频器
	系统出现过热现象	保护正常动作,不损坏变频器
	系统出现过电压现象	保护正常动作,不损坏变频器
	系统出现欠电压现象	保护正常动作,不损坏变频器
控制器过载能力	在额定输出电流下连续工作,在控制器温度达到平衡后,加非周期性过载值,在 2 倍的过载下持续 60s	控制器主电路部件正常;保护和信号动作符合要求
电压波动	在电源为 120% 额定电压下,电机及控制器应能在最大电流下正常运行	电机及控制器能在最大电流下正常运行
	在电源为 75% 额定电压下,电机及控制器应能在最大电流下正常运行	电机及控制器能在最大电流下正常运行
安全搭铁	电阻	≤0.1Ω
	搭铁标志	明显的搭铁标志
再生能量回馈	在电机转速达到额定转速时,进行能量反馈	电机控制器应能给 125% 额定电压以向电源馈电
绝缘电阻	在环境温度为室温和正常湿度下,控制器各带电电路与壳体之间的绝缘电阻	≥20MΩ
接触电流	试验电压为电机最高额定电压的 105%,接触电流应在电机上易同时触及的金属部件之间,以及电机上易触及的金属零部件与搭铁之间测量	≤5mA
控制器壳体机械强度	在 3 个方向上,在 30cm×30cm 的面积上承受 100kg 的物体	无明显的塑性变形

（续）

检测项目	条件	合格标准
水冷系统的水压检查	施加 0.4MPa 的水压,保持 2min	应无渗水
外观检查	完整性	装配完整正确,无伤痕
	铭牌	内容相符
盐雾试验	按标准规定试验	通电测试,能正常工作
扫频振动	按标准规定,频率为 10~25Hz,振幅为 1.2mm, 频率为 25~500Hz、加速度为 30m/s^2、扫频速率为 1oct/min,上下、左右、前后各 8h	零部件无损坏,紧固件无松脱现象,工作正常
环境试验	温度为 40℃,相对湿度为 95%的条件下进行试验,时间为 48h。在湿热试验后,测量绝缘电阻值	≥1MΩ
	低温箱内,使温度降至 -20℃,至少保持 30min 后,在低温箱内通电检查控制器运行状态	要求正常运行 4h 以上
	热态绝缘电阻	≥10MΩ
电磁干扰	按标准规定测试	试验合格
耐电压试验	AC 1780V/50Hz 工频正弦波形电压,时间为 1min	无击穿和闪络现象
防护等级	按标准防护等级测试,试验后,耐电压 DC 1000V 试验无破坏,电机运行可靠	试验合格
温升测试	依照企业标准	测试合格
高低温测试	依照企业标准	测试合格

4.5　其他电控系统开发

4.5.1　电动汽车高压安全系统开发

纯电动汽车高压安全问题,是制约纯电动汽车产业化的主要问题之一,特别是近年来纯电动汽车事故发生率的增加,车辆高压安全也成为研究热点。纵观各种类型的纯电动汽车,虽然在车辆设计及主要高压零部件设计过程中,都考虑了高压安全因素,但并不完善。需要在整车设计阶段对车辆高压安全系统进行设计,并制订整车高压安全控制策略,然后在车辆总布置、零部件开发、样车试验及车辆生产等全过程予以验证,是纯电动汽车高压安全管理的新趋势。

纯电动汽车整车高压安全控制策略主要包括主动安全控制策略和被动安全控制策略。主动安全是指设计完善的纯电动汽车高压安全系统对车辆运行和充电过程中的高压电统一管理,在车辆起动过程中,能够对高压零部件预充电,避免对其造成冲击;实时检测车辆的绝缘电阻值,当绝缘电阻值低于设定值时,应主动报警,必要时切断高压电。被动安全控制策略,是指车辆遇到突发情况时（如碰撞、短路等）,能够迅速断开车辆的高压电,保证车辆及人员安全。

纯电动汽车高压安全系统是纯电动汽车的关键组成，它能够随时检测整车高压系统的绝缘故障、断路故障、短路故障、搭铁故障和高压故障，是保障车辆及人员安全的关键。1970年，国际标准化组织（ISO）和美国、欧洲、日本等都先后成立了电动车辆标准研究制定工作的组织机构，陆续发布了若干电动车辆技术标准，在这些标准中，均对电动车辆的高压安全及故障诊断提出了严格的要求，并规定了电动汽车高压系统必须具备高压自动切断装置。其中，关系到电动汽车整车安全的电气特性有绝缘特性、充放电过电流、爬电距离及电气间隙等。

纯电动汽车高压安全系统应具备以下功能：第一，它能实时检测车辆全部高压部件的动态运行情况，及时判断高压系统是否处于良好的工作状态，并能够与整车控制系统交换信息和执行其指令，从而实现对高压电的有效控制；第二，在使用过程中，能够保障车上高压回路与高压零部件的可靠性运行。此外，系统还应避免将高压电源直接引入其他车载控制单元，设计软启动电路，避免车辆上电过程对高压部件的冲击，以减少安全隐患。

1. 纯电动汽车高压安全系统的功能

根据纯电动汽车的结构特点，高压安全系统应有以下主要功能：

1）能够准确检测兆欧级的绝缘电阻，及时诊断车辆漏电电流的大小及绝缘特性变化趋势。

2）能够准确检测高压系统的搭铁状态、高压互锁环路的连接状态。

3）系统具备在线自诊断功能，能够将检测到的高压状态通过 CAN 总线传送到整车控制系统。

4）系统具备 CAN 总线通信功能，及时收发指令并执行。

5）系统具备手动断开、撞车指令断开、旁路指令断开高压继电器的功能。

6）系统必须使用有效的组合指令，才能启动高压电的接通过程，防止误操作，确保高压设备的运行安全。

7）系统静态功率消耗应小于 3W，高压继电器线圈控制功率应大于 80W。

8）系统高压电断开响应时间小于 20ms，确保人身安全。

9）系统包含高压软启动电路，具备对车载高压零部件预充电的功能。

2. 纯电动汽车高压系统安全诊断与控制策略

（1）高压系统动态检测与诊断

1）高压互锁回路。为了保证高压母线快速插接器的连接稳固可靠，在高压回路中并联了一组高压互锁回路，并且连接到纯电动汽车高压安全模块，用来动态检测高压插接器连接的可靠性。当系统检测到高压回路的连接存在安全隐患时，高压安全模块将直接或发送指令通过整车控制系统关断相关动力电源的输出，直到故障完全排除后系统才恢复到可工作状态。这样可以避免由于高压电暴露、插接器不良等因素造成动力回路输出功率下降，甚至使插接器烧结等安全隐患。

2）高压系统接通的互锁控制。只有纯电动汽车至少两个与高压系统控制相关的管理模块都发出许可闭合的线控信号 COMM1 和 COMM2 后，组合命令才能使预先设计的高压系统闭合模块进入预充电过程，预充电过程结束后才能最终使高压回路完全闭合，动力蓄电池才能够向外输出电能。同样，在紧急情况下，参与高压系统控制的相关管理模块都可不通过整车控制系统，通过 COMM 控制强行要求车辆切断高压电源的输出。

3）被动安全控制。由于纯电动汽车中的动力蓄电池组及其他高压部件有 300V 以上的电压，因此在遇到紧急情况时，特别是在车辆碰撞过程中，可能会使车内的动力蓄电池组及其他高压部件与车身发生碰撞挤压等，引发脱落、短路等风险。为适应这种被动安全控制的要求，在高压安全系统中设置了一个加速度传感器信号输入电路，并连接到车辆安全气囊控制电路，当车辆发生碰撞时，能够快速切断蓄电池等电源输出。

（2）高压系统接通过程的安全诊断与控制　正确的高压系统接通过程是整个系统预检以及高压部件通电过程。为了保证车辆及人员安全，在通电之前应先对车辆所有高压部件进行预检，看其是否存在安全隐患，此外，为了保证在上电过程中不因高压电的冲击而损坏零部件，应增加软启动电路。

（3）运行过程中绝缘电阻的安全判断　纯电动汽车行驶过程中，由于振动、冲击、雨淋等因素的影响，使得高压电路与车身之间的绝缘电阻值成为一个动态变化量，因此，对于高压电绝缘电阻值的动态检测是安全诊断的关键。当绝缘电阻值低于设定值时，首先应通过故障诊断程序来对车辆故障分级，通过判断故障的严重程度及其变化趋势来确定故障是渐进变化还是突然发生，并及时通过 CAN 总线上报整车控制系统。若遇到特别严重的安全事故，应立即断开高压电路。

（4）高压系统断开过程的控制策略　与接通过程一样，当系统收到请求断开的命令时，同样需要一个确认过程，用以保证命令的正确执行和快速响应，避免纯电动汽车行驶时的非正常断电，提高系统的可靠性。

当高压系统存在故障时，如遇到严重威胁车上人员安全的故障（碰撞、短路等），应立即断开高压电路；对于其他故障，应当在整车控制系统故障诊断功能中设置相应的故障的严重等级，以便按照优先级来执行高压系统断开指令。

3. 纯电动汽车高压部件软启动控制电路设计

由于纯电动汽车包含多个高压零部件，在车辆使用过程中，如处理不当会对人身安全造成威胁。因此，需要设计电气安全电路对各个高压动力部件进行防护。

图 4-105 所示为常见纯电动汽车电气安全电路的示意图。该电气安全电路包括第一固态继电器 Y_1、第一直流接触器 Y_2 及第一熔断器 RD_1 等。

这里设计的电气安全电路同时具备安全保护和预充电功能，如图 4-106 所示。当点火锁芯导通时，第一固态继电器 Y_1 会控制通电延时继电器 Y_3 和第二固态继电器 Y_2 的控制端与低压电源导通，此时，通电延时继电器 Y_3 的常闭和常开触点仍保持原状，而第二固态继电器 Y_2 则立即控制高压电源的正极通过第二熔断器 RD_2 与通电延

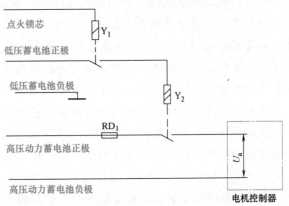

图 4-105　常见纯电动汽车电气安全电路示意图

时继电器的常闭触点导通，因而使得来自高压电源正极的电流经过第二熔断器 RD_2 和充电电阻向滤波电容充电，经过预设时间间隔后，通电延时继电器 Y_3 的常闭触点断开、常开触点闭合，使得滤波电容停止充电，直接由高压电源通过第一熔断器 RD_1 向电机控制器的正极输送电流，从而通过滤波电容的充电过程使得电机控制器两端的电压逐步上升，而不是立即达到最大值，避免了电机由于较大的起动电流而受损，进而提高了电气安全保护的可靠性。此外，第二固态继电器 Y_2 和相应的熔断器，能够实现对多个高压动力部件的电气安全保护。

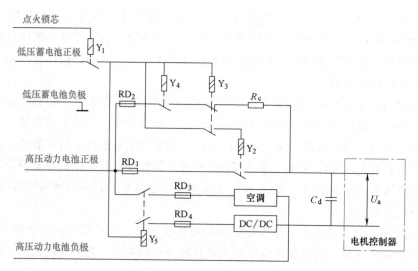

图 4-106　设计的电动汽车电气安全电路示意图

该软启动电路是纯电动汽车高压安全系统的组成部分，延时继电器的控制部分与车辆钥匙开关相连接，当车辆起动时，需要经过 2s 左右的延时，车辆高压系统才导通，车辆能够正常行驶。

4. 纯电动汽车绝缘电阻检测方法

纯电动汽车蓄电池组的总电压普遍高于 300V，纯电动客车蓄电池组的电压更是高达 600V，加之纯电动汽车使用环境较为恶劣，由于振动冲击及使用环境冷热交替影响，其高压部件（如动力蓄电池组、驱动电机控制器、驱动电机、车载充电机、DC/DC 转换器等部件）与车体之间的绝缘性能可能下降，电源正极、负极通过绝缘层和车身底盘构成漏电回路（可能漏电电流很小），使底盘电位上升，可能会危及乘员人身安全，同时会影响车内高压部件的正常工作。因此，能够准确检测高压系统对车身底盘绝缘性能对保证乘员安全、高压电气设备和车辆运行安全具有十分重要的意义。

目前，国内外很多学者对电动汽车直流系统的绝缘电阻检测方法做了大量研究，其中检测方法大部分采用外接电阻测量方法。这种方法在只有母线端搭铁的条件下可以准确检测出绝缘故障，但无法在正、负母线双端对称搭铁时精确计算出绝缘电阻。在纯电动汽车运行过程中，由于电机控制器等高压部件电磁辐射较强，绝缘检测单元在高度电磁干扰环境下工作，可能导致绝缘电阻检测精度较低，发生漏报或误报绝缘故障的现象。在电池箱内部开路的情况下，这种无源检测方法将无法正常测量搭铁电阻。

(1) 无源绝缘电阻检测方法　无源绝缘电阻检测方法的原理是在正、负直流母线和车身之间接入一系列电阻，通过电子开关或者继电器通断来改变接入阻值的大小，测量在接入不同阻值电阻情况下正、负直流母线在被测电阻上的分压大小，最后通过求解方程式计算出正、负直流母线对搭铁的绝缘电阻值。图 4-107 所示为无源绝缘电阻检测工作原理，U 表示蓄电池组电压，R_N、R_P 分别表示蓄电池正、负直流母线与车身之间的绝缘电阻，在蓄电池组的正、负直流母线与车身之间接入电阻 R_1、R_2、R、R'，U_1、U_2 分别为正、负直流母线在电阻 R 和 R' 上的压降，S 为电子开关。

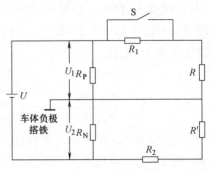

图 4-107　无源绝缘电阻检测工作原理

电阻 R_1 与电子开关 S 并联，通过开关 S 的断开和闭合来改变在 R 和 R' 的分压。当 S 断开时，得到以下方程：

$$\frac{U_1}{R_P}+\frac{U_1}{R_1+R}=\frac{U_2}{R_N}+\frac{U_2}{R_2+R'} \tag{4-64}$$

式中，U_1 为电阻 R 上的电压，单位为 V；U_2 为电阻 R' 上的电压，单位 V；R_P、R、R_1、R_2、R_N 及 R' 为分压电阻，单位为 Ω。

当开关 S 闭合时，得到以下方程

$$\frac{U_1'}{R_P}+\frac{U_1'}{R}=\frac{U_2'}{R_N}+\frac{U_2'}{R_2+R'} \tag{4-65}$$

式中，U_1'、U_2' 分别表示当开关 S 闭合时，正、负直流母线在电阻 R 和 R' 上的压降。由于串联电阻 R_P，R，R_1、R_2、R_N、R' 的阻值已知，通过求解式（4-64）、式（4-65）可以得出 R_N 和 R_P 的阻值。

上面介绍的方法是纯电动汽车常用的一种绝缘电阻检测方法，其优点是方法简单，可以直接计算出直流母线对车身的绝缘电阻值。但是，这种检测方法存在以下缺点：

1）由于检测电路在动力蓄电池组正、负直流母线和车身之间连接了电阻，检测电路的接入本身降低了车体的绝缘性能，检测电路本身的故障可能会导致车身短路，此外还会增加电池自放电率。

2）由式（4-64）和式（4-65）可以看出，当正、负直流母线对搭铁绝缘电阻值相等时，式（4-64）式（4-65）无解，此时无法计算出绝缘电阻值。

3）当蓄电池组开路或蓄电池组总电压过低时，由于无法测量到被测电阻的分压，无法得到绝缘电阻值。

由于传统无缘检测方法存在不少缺点，又提出了一种电压注入式有源绝缘电阻检测方案，可以有效解决正、负母线对搭铁对称绝缘故障无法测量的问题。

(2) 有源绝缘电阻检测方法　电压注入式绝缘电阻检测原理如图 4-108 所示，该检测方法是通过隔离变压器分别给正、负直流母线和车身之间注入直流高压，通过单片机测量分压电阻的压降，通过分压比的不同来计算正、负直流母线对搭铁绝缘电阻值。

车体通过开关 S_1 和 S_2 将电阻 $R_1 \sim R_8$ 与正、负直流母线相连，S_3 和 S_4 为 MOS 管，两

者的通断由单片机发出 PWM 信号控制，当 MOS 管导通后会在变压器一次侧形成 700V 的高压。具体测量计算过程如下：

1）闭合 S_1 和 S_2，断开 S_3 和 S_4，测量电阻 R_4 和 R_6 上的分压 U_2 和 U_4，可以得到电池组端电压 U_b 为

$$U_b = U_2 + U_4 \qquad (4\text{-}66)$$

$$\frac{U_2}{R_N} = \frac{U_4}{R_P} \qquad (4\text{-}67)$$

式中，U_2 为 R_4 上的电压，单位为 V；U_4 为 R_6 上的电压，单位为 V。

可以得出正、负直流母线对搭铁绝缘电阻比值为

$$n = \frac{R_N}{R_P} = \frac{U_2}{U_4}$$

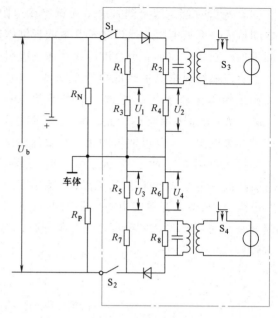

图 4-108　电压注入式绝缘电阻检测原理

2）断开 S_2，闭合 S_1，如图 4-109 所示，MOS 管 S_3 通过单片机输出 PWM 信号导通，此时变压器与 12V 电压形成脉冲电流，在二次侧有高压信号感应，滤波后得到高压直流信号，此时，二极管导通，高压加在负母线端绝缘电阻 R_N 上。此时，R_3 和 R_4 上的分压分别为 U_1' 和 U_2'。

由上式可知，负极母线对搭铁电压 U_{R_N} 为

$$U_{R_N} = \frac{(R_1 + R_3) U_1'}{R_3} \qquad (4\text{-}68)$$

式中，U_{R_N} 为负极母线对搭铁电压，单位为 V；U_1' 为 R_3 两端电压，单位为 V。由戴维南定理可知

$$\frac{U_2'}{R_4} = \frac{U_{R_N}}{R_N} - \frac{U_b - U_{R_N}}{R_P} + \frac{U_{R_N}}{R_1 + R_3} \qquad (4\text{-}69)$$

式中，U_2' 为 R_4 两端电压，单位为 V。

由于 R_1 阻值较大，式（4-69）可以简化为

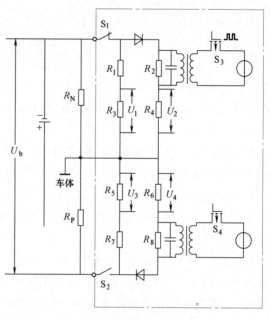

图 4-109　高压注入过程示意图

$$\frac{U_2'}{R_4} = \frac{U_{R_N}}{R_N} - \frac{U_b - U_{R_N}}{R_P} \qquad (4\text{-}70)$$

综合式（4-66）、式（4-67）、式（4-68）、式（4-70）可以求解蓄电池正、负直流母线对于车体的绝缘电阻值为

$$R_N = \frac{(U_2+U_4)R_4[(R_1+R_3)U_1'-R_3U_2]}{U_2'U_4R_3} \tag{4-71}$$

其中，

$$R_P = \frac{R_N}{n} \tag{4-72}$$

上述绝缘电阻值是在正、负直流母线通电的条件下得到的。如果正、负直流母线不通电，则可分别闭合 S_1 和 S_2，同时在正、负直流母线和车身之间注入高压，测量 U_2 和 U_4，也可以计算出正、负直流母线对车身之间的绝缘电阻值。

（3）有源绝缘电阻检测模块开发 当系统收到来自整车控制系统的检测指令时，有源绝缘检测系统承担着信号采样、处理、分析及通信的任务。采用有源绝缘电阻检测方法设计的电路结构如图 4-110 所示。

试验选用288V、50A·h磷酸铁锂蓄电池组，用 20～300kΩ 范围内的电阻并入直流正、负母线来模拟系统的绝缘电阻，用上述方法测得的绝缘电阻与实际值对比结果见表4-85。

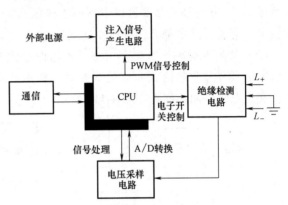

图 4-110　有源绝缘电阻检测电路结构

表 4-85　电压注入式绝缘检测数据表

并入电阻 实际值/kΩ	R_P		R_N	
	测量值/kΩ	相对误差（%）	测量值/kΩ	相对误差（%）
20	20.6	3.0	20.5	2.5
30	30.5	1.7	29.2	2.7
50	49	2.0	48.7	2.6
60	62	3.3	58.1	3.2
100	99.5	0.5	100.2	0.2
150	153	2.0	157	4.7
200	205	2.5	196	2.0
300	291	3.0	298.1	0.63

由表 4-88 可以看出，采用电压注入式绝缘电阻检测方法，测量值与真实值比较接近，是一种有效的绝缘电阻检测方法。

4.5.2　电动汽车充电系统开发

1. 充电桩

（1）概述　充电桩其功能类似于传统汽车的加油站，安装于公共建筑或居民区停车场内，为电动汽车提供充电的设备。按接口类型可分为交流（慢充）和直流（快充）两种。交流充电桩通过连接车载充电机给蓄电池充电；直流充电桩直接给蓄电池充电。

充电模式包括以下四种。

① 模式 1：插座直连。

② 模式 2：插座直连+控制和保护装置。

③ 模式 3：带控制引导装置的专用交流充电设备。

④ 模式 4：带控制引导功能的直流充电设备。

根据使用电缆和插接器将电动汽车接入电网的方法，可分为连接方式 A（将电动汽车和交流电网连接时，使用和电动汽车永久连接在一起的充电电缆和供电插头）、连接方式 B（将电动汽车和交流电网连接时，使用带有车辆插头和供电插头的独立的活动电缆组件）、连接方式 C（将电动汽车和交流电网连接时，使用和供电设备永久连接在一起的充电电缆和车辆插头）。充电插头与交流供电端的连接虽不属于车辆，但同样关键。充电插头尺寸及插针定义在有关标准中都有详细统一的规定。

（2）交流充电桩 交流充电桩是指给电动汽车提供交流电源的充电装置。根据配备充电枪的数量可分为单枪式和双枪式两种。根据产品的安装方式分为便携式、壁挂式和落地式。交流充电桩内部原理如图 4-111 所示。

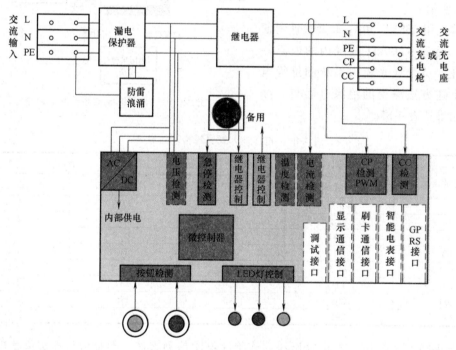

图 4-111 交流充电桩内部原理

其技术要求如下：

1）额定电压为单项交流 220V/三相交流 380V。

2）额定电流为 10A、16A、32A、63A。

3）允许电压波动范围为 220V±10% 和 380V±10%。

4）交流充电枪的配线长度为 5m，配线线径为 4 平方/16A、6 平方/32A。

5）交流充电桩的充电方式采用充电模式 2/连接方式 B、充电模式 3/连接方式 A、充电模式 3/连接方式 B、充电模式 3/连接方式 C，如图 4-112~图 4-115 所示。

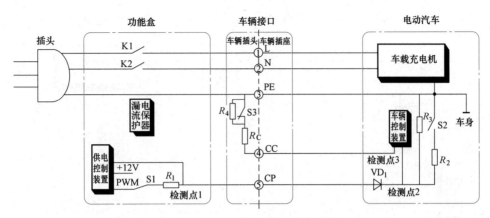

图 4-112　充电模式 2/连接方式 B

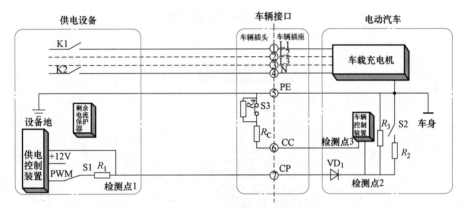

图 4-113　充电模式 3/连接方式 A

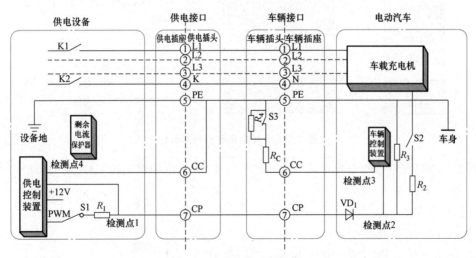

图 4-114　充电模式 3/连接方式 B

（3）直流充电桩　直流充电桩是通过内部 AC/DC 充电模块，将交流电转换为直流电，给电动汽车的动力蓄电池进行充电。根据充电枪的数量分为单枪式和双枪式两种。功率分为 30kW、60kW、120kW。直流充电桩的内部原理和控制流程分别如图 4-116 和图 4-117 所示。

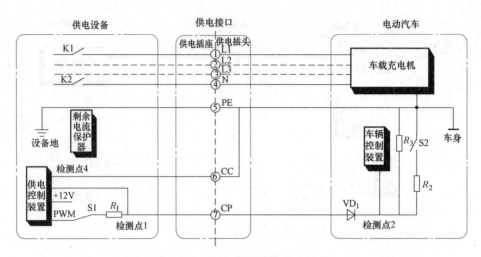

图 4-115 充电模式 3/连接方式 C

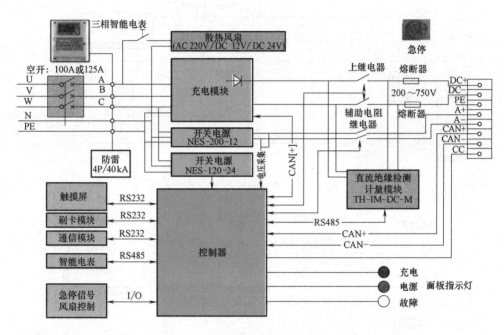

图 4-116 直流充电桩内部原理

直流充电桩充电过程全程听从 BMS 的命令，BMS 充电控制采用 CAN 通信，后台网络支持 2G、3G、4G、WiFi 及 LAN。

其技术要求如下：

1）额定电压为 380V±15%。

2）输出电压为 DC 200~500V 和 DC 350~750V。

3）输出电流为 50A、100A、150A、200A、250A。

4）直流充电桩的充电方式采用充电模式 4 及连接方式 C，如图 4-118 所示。

2. 充电机

电动汽车充电机根据不同的分类标准，可分成多种类型，见表 4-86。

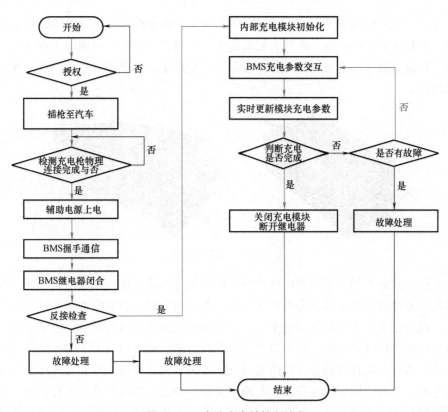

图 4-117 直流充电桩控制流程

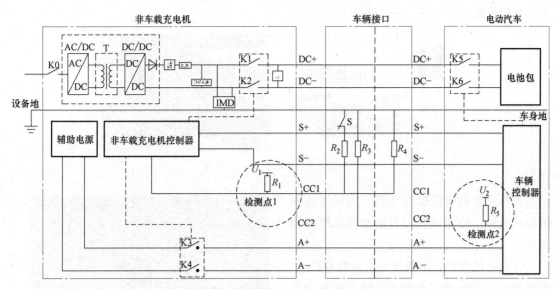

图 4-118 充电模式 4 及连接方式 C

表 4-86 电动汽车充电机类型

分类标准	充电机类型	
安装位置	车载充电机	非车载充电机
输入电源	单相充电机	三相充电机
连接方式	传导式充电机(接触式)	感应式充电机(非接触式)

（1）车载充电机　车载充电机（图4-119）安装于电动汽车上，通过插头和电缆与交流插座连接。车载充电机的优点是在动力蓄电池需要充电时，只要有可用的供电插座，就可以进行充电。其缺点是受车上安装空间和重量限制，功率小，只能提供小电流慢速充电，充电时间一般较长。

图 4-119　车载充电机

按照连接方式的不同，车载充电机可分为传导式充电机和感应式充电机两种。其中传导式充电机的供电部分与受电部分为机械式连接，即输出通过电力电缆直接连接到电动汽车充电接口上，电动汽车上不设各电力电子电路。这种充电机结构相对简单，容易实现，但操作人员不可避免地要接触到强电，因而容易发生危险。感应式充电机（图4-120）利用电磁能量传递原理，通过电磁感应耦合方式向电动汽车传输电能，供电部分和受电部分之间没有直接的机械连接，二者的能量传递只依靠电磁能量的转换，这种结构设计比较复杂，受电部分安装在电动汽车上，受到车辆安装空间的限制，因此功率受到一定限制，但由于不需要充电人员直接接触高压部件，安全性高。

图 4-120　感应式充电机示意图

车载充电机按照控制方式分为恒流式和恒压式两种。冷却方式有自然冷却、风冷和水冷。

在充电过程中，车载充电机通过 CAN 与 BMS 通信，BMS 通过收集蓄电池组的各个参数，对车辆的充电状态进行判断，然后向充电机提出充电需求，充电机根据与 BMS 的通信可动态调节充电电流或电压参数，执行相应的动作，完成充电过程。车载充电机实物如图4-121所示。

图 4-121　车载充电机实物

1）车载充电机技术指标见表 4-87。

表 4-87　车载充电机技术指标

技术指标	内容	技术指标	内容
输入电压	AC 85~265V	防护等级	IP65
额定频率	45~65Hz	振动	符合 QC/T 413—2002 要求
功率因素	≥0.98	额定输出电压	参考充电曲线
满载效率	≥93%	纹波电压	≤2%V_o,常温,恒压阶段测试
工作温度	−30~60℃	输入电流	最大为 10A(AC 176V)
存储温度	−45~90℃	纹波电流	15%,常温,恒流阶段测试
散热方式	风冷	充电控制	温度补偿控制;预充、恒流、恒压、涓流、浮充等控制
相对湿度	5%~95%(无冷凝)	产品设计寿命	5 年

2）充电机保护功能见表 4-88。

表 4-88　充电机保护功能

保护功能	内容
过热保护	充电机超过 75℃,电流减小;超过 90℃,自动关机;温度下降后,自动恢复
短路保护	输出发生短路意外时,自动关闭输出;故障排除后,自动恢复
反接保护	输出反接时,充电机内部自动切断,避免充电机损坏
输入低压过电压保护	输入低于 AC 176V,高于 AC 264V 时,充电机自动保护

3）充电曲线。1.5kW 车载充电机的充电曲线如图 4-122 所示。

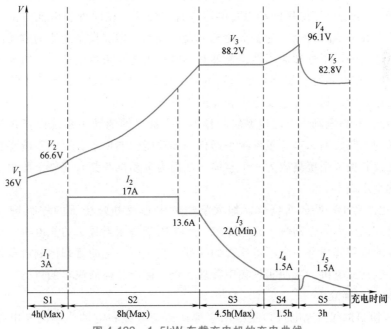

图 4-122　1.5kW 车载充电机的充电曲线

（2）非车载充电机　非车载充电机一般安装于固定的地点,与交流输入电源连接,直流输出端与需要充电的电动汽车充电接口相连接（图 4-123）。非车载充电机可以提供大功率电流输出，不受车辆安装空间的限制，可以满足电动汽车大功率快速充电的要求。

（3）**充电机的性能要求** 为实现安全、可靠、高效的动力蓄电池组充电，充电机需要达到以下基本性能要求：

1）安全性。保证电动汽车充电时，操作人员的人身安全和动力蓄电池组的充电安全。

2）易用性。充电机须具有较高的智能性，不需要操作人员对充电过程进行过多的干预。

3）经济性。充电机的成本降低对降低整个电动汽车使用成本、提高运行效益、促进电动汽车的商业化推广有重要的意义。

4）高效性。保证充电机在充电满功率范围内效率高，在长期使用中可以节约大量的电能。提高充电机能量的转换效率，对电动汽车全寿命的经济性有重要的意义。

图 4-123　电动轿车直流非车载充电机

5）对电网的低污染性。由于充电机是一种高度非线性设备，在使用中会产生对电网有害的谐波污染，需要采用相应的滤波措施降低充电过程对电网的污染。

（4）**充电技术发展趋势** 随着电动汽车技术的不断发展，对充电系统的要求也越来越高，为了适应电动汽车的快速发展，充电系统需要尽量向以下目标靠近：

1）快速化。在目前动力蓄电池比能量不能大幅提高、续驶里程有限的情况下，提高充电速度，从某种意义上可以缓解电动汽车续驶里程短而导致的使用不便等问题。

2）通用性。电动汽车应用的动力蓄电池具有多样性，在同种类电池中由于材料、加工工艺的差异也存在各自的特点。为了节约充电设备投入，增加设备应用的方便性，就需要充电机具有充电适用的广泛性和通用性，能够对不同种类的动力蓄电池组进行充电。

3）智能化。充电系统应能够自动识别电池类型、充电方式及电池故障等信息，以降低充电人员的工作强度，提高充电安全性和充电工作效率。

4）集成化。目前电动汽车充电系统是作为一个独立的辅助子系统而存在的，但是随着电动汽车技术的不断成熟，本着子系统小型化和多功能化的要求，充电系统将会和电动汽车能量管理系统及其他子系统集成为一个整体，从而为电动汽车其余部件节约出布置空间并降低电动汽车的生产成本。

5）网络化。对于一些公共场合，如大型购物中心及办公场所的停车场、公交车总站等，为了适应数量巨大的电动汽车充电要求，就必须配备相当数量的充电机，如何对这些充电机进行有效的协调管理是一个不可忽视的问题。基于网络化的管理体制可以使用中央控制主机来监控分散的充电机，从而实现集中管理、统一标准、降低成本的目的。

3. 充电接口的标准

（1）**充电接口形式** 充电接口是指用于连接活动电缆和电动汽车的充电部件，由充电插座和充电插头两部分构成。由于是连接电缆使用，充电插口是传导式充电机的必备设备。充电插头在充电过程中与充电插座结构进行耦合，从而实现电能的传输。

在电动汽车产业化的过程中，充电接口的标准化至关重要。充电接口应该满足以下基本要求：

1）能够实现较大电流的传输和传导，避免因电流过大引起插座发热和故障。

2）插头和插座能够充分耦合，接触电阻小，避免接触不良引起火花烧蚀或虚接。

3）能够实现必要的通信功能，便于电动汽车 CAN 通信或者 BMS 与充电机对接。

4）具备防误插能力。由于电动汽车使用的充电设备或者动力蓄电池的型号和性能不同，所需要的电源就不一样，同时，由于插头的电极不能插错，要求不同的电源插头有一定的识别能力。

5）具备合理的外形，便于执行插拔作业。

充电接口的种类有三种：单相交流充电接口、三相交流充电接口和直流充电接口。

单相交流充电接口主要是用于家庭用户充电设施和一些标准的公共充电设施，这类充电插头比较简单，供单相交流充电使用。一般插头有三个端子，分别是交流火线、交流零线和接地线。它与传统的电源插座类似，只是外形和额定电流较大。

三相交流充电接口和直流充电接口相对于单相交流充电接口要复杂得多，这类充电接口一般用于较大的充电站，为较大型的电动汽车进行充电服务，而且充电电流相对较大，外形也较大，其功能复杂。由于这类插头较大，设计的形状又类似于枪，一般称为充电枪（图4-124）。

图 4-124　常见的充电枪

我国常用的充电接口有以下两种形式：

1）交流充电接口。交流充电插头接口如图4-125所示。交流充电接口端子的功能定义见表4-89。

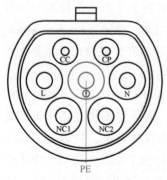

图 4-125　交流充电插头接口

表 4-89　交流充电接口端子的功能定义

触点编号/功能	功能定义	触点编号/功能	功能定义
1/交流电源（L）	交流电源	5/保护接地（PE）	连接供电设备地线和车辆底盘地线
2/交流电源（NC1）	备用触头		
3/交流电源（NC2）	备用触头	6/控制确认1（CC）	充电连接确认
4/中线（N）	中线	7/控制确认（CP）	控制确认

2）直流充电接口。直流充电插头接口如图4-126所示。直流充电接口端子的功能定义见表4-90。

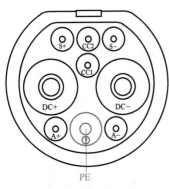

图 4-126　直流充电插头接口

表 4-90　直流充电接口端子的功能定义

触点编号/功能	功能定义
1/直流电源正（DC+）	连接直流电源正与电池正极
2/直流电源负（DC-）	连接直流电源负与电源负极
3/保护接地（PE）	连接供电设备地线与车辆车身地线
4/充电通信 CAN-H（S+）	连接非车载充电机与电动汽车的通信
5/充电通信 CAN-L（S-）	连接非车载充电机与电动汽车的通信
6/控制确认（CC1）	充电连接确认 1
7/控制确认（CC2）	充电连接确认 2
8/低压辅助电源正（A+）	连接非车载充电机为电动汽车提供低压辅助电源
9/低压辅助电源负（A-）	连接非车载充电机为电动汽车提供低压辅助电源

（2）充电接口标准　在各国车企潜心研发电动车技术的同时，电动汽车的充电标准也是影响其普及的重要因素。随着电动汽车在各个国家受到越来越大的扶持，充电站建设也越来越多，各国标准已经面临直接冲突的状况。下面介绍目前市场上常用的 5 大充电插接器标准。

1）Combo。Combo 插座可以允许电动汽车慢充和快充，是目前在欧洲应用广泛的插座类型，包括奥迪、宝马、克莱斯勒、戴姆勒、福特、通用、保时捷以及大众都配置 SAE（美国汽车工程师协会）所制定的充电界面。2012 年 10 月 2 日，SAE 相关委员会成员投票通过的 SAE J1772 修订草案成为全球唯一一个正式的直流充电标准。该标准的推出是为了改变纷杂的充电系统的现状，提升消费者对于电动汽车的购买积极性。基于 SAE J1772 修订版制定的关于直流快速充电的标准的核心为 Combo Connector。该标准之前的版本（2010 年制定）明确了用于交流充电的基础插接器的规格，充电水平较低（交流 Level 1 针对 120V，Level 2 针对 240V）。这种基础插接器在现在已经得到广泛的应用，与日产聆风、雪佛兰沃蓝达以及三菱 i-MiEV 电动汽车兼容。而 2012 年制定的新版 SAE J1772 标准中的 Combo Connector 除了具备原来的所有功能外，还多了两个引脚，可用于直流快充，但无法与当前生产的旧款电动汽车兼容。

Combo Connector 的最大优势在于，汽车制造商可以在其新车型上采用一个插座，不仅适用于第一代尺寸较小的基础交流插接器，还适用于第二代尺寸较大的 Combo Connector，后者可以提供直流及交流两种电流，分别以两种不同的速度充电。但在快充模式下需要充电站提供最高 500V 的电压和 200A 的电流。

2）CHAdeMO。CHAdeMO 是 CHArge de Move 的缩写，是日本日产及三菱汽车等支持的充电插座，CHAdeMO 在日语中的意思为"充电时间短如茶歇"。这种直流快充插座可以提供最大 50kW 的充电容量。支持该充电标准的电动汽车车型包括日产聆风、三菱 Outlander 插电混动汽车、雪铁龙 C-ZERO、标致 iON、雪铁龙 Berlingo、标致 Partner、三菱 i-MiEV、三菱 MINICAB-MiEV、三菱 MINICAB-MiEV 货车、本田飞度电动版、马自达 DEMIO EV、斯巴鲁 Stella 插电混动汽车及日产 eEV200 等。这里需要注意的是，日产聆风和三菱 i-MiEV 电动汽车都有两个不同的充电插座，其中一个适用于基础插接器（SAE J1772），就是上文中介绍的 Combo 插接器；另外一个是适用于日本本土的 CHAdeMO 标准的插接器。CHAdeMO

采用的快速充电方式中的电流受控于汽车的 CAN 总线信号。即在监视电池状态的同时，实时计算充电所需电流值，通过通信线向充电机发送通知，快速充电机及时接收来自汽车的电流命令，并按规定值提供电流。通过 BMS 一边监视电池状况，一边实时控制电流，完全实现了快速、安全充电所需的各项功能，确保充电不受电池通用性限制。在日本，按照 CHA-deMO 标准安装的快速充电机已经有 1154 个投入使用。在美国，CHAdeMO 的充电站也已广泛"撒网"，来自美国能源部的数据显示，美国已有 1344 个 CHAdeMO 交流快速充电站。

CHAdeMO 除了数据控制线外，还采用 CAN 总线作为通信接口，由于其抗噪性优越且检错能力高，通信稳定性、可靠性高，其良好的充电安全记录受到了业内的肯定。

不过 CHAdeMO 最初设计的充电输出功率为 100kW，插接器十分笨重，但在充电汽车上的输出功率仅为 50kW。

3）特斯拉充电标准。特斯拉汽车有一套自己的充电标准，号称能在 30min 内充满支持 300km 以上行驶里程的电量。因此其充电插座最高容量可达 120kW，最高电流可达 80A。目前，特斯拉在美国已拥有 908 座超级充电站。而为了进入中国，特斯拉也已在我国建立了 7 座超级充电站，分别是上海 3 座、北京 2 座、杭州 1 座、深圳 1 座。此外，为了更好地融入各个地区，特斯拉计划放弃对充电标准的控制，采用各国的国家标准，在中国已经如此执行。虽然特斯拉如此做的有利效果是特斯拉车主可以借用现有的庞大充电网络充电；提升特斯拉产品销量。但问题是已经购买了特斯拉车型的车主，在标准改变后如何充电。如果没有相应的解决方案。特斯拉车主面临的问题有两个：一是只能在标准更改前建好的充电站充电，充电便利性不会随时间推移改进；二是退车。

因此，虽然特斯拉的标准具有技术先进、充电效率高的优势，但其与各国国家标准相悖，不妥协难以提升销量；妥协后充电效率可能打折扣，处于两难境地。

4）CCS。为了改变混乱的充电接口标准现状，美系和德系的八大汽车制造商，即福特、通用、克莱斯勒、奥迪、宝马、奔驰、大众和保时捷于 2012 年发布了"联合充电系统"。联合充电系统（combined charging system，CCS）可将现行所有充电接口统一起来，这样，用一种接口就能够完成单相交流充电、快速三相交流充电、家用直流充电和超速直流充电四种模式。SAE 已选定联合充电系统作为其标准，除 SAE 外，欧洲汽车制造商协会（ACEA）也已宣布选择联合充电系统作为直流/交流充电界面，从 2017 年开始用于所有在欧洲销售的插电式电动汽车上。自 2014 年德国与中国统一了电动汽车充电标准后，中国也加入了欧美系这一阵营，为中国的电动汽车发展带来前所未有的机遇。之诺 1E、奥迪 A3 e-tron、北汽 E150EV、宝马 i3、腾势、大众 e-up、长安逸动 EV 和 Smart EV 均属于 CCS 标准阵营。

由于宝马、戴姆勒及大众这三家德国汽车制造商将加大对中国的电动汽车投入，CCS 标准或更有利于中国。但是持 CCS 标准的电动汽车或销量较小，或刚刚开始发售。

4. 无线充电技术

（1）电动汽车无线充电技术背景　对电动汽车进行无线充电或无线供电，不仅体现了未来智能电网送电的灵活性，同时也极大地增加了电动汽车充电的灵活性，甚至可将电动汽车作为移动的分布式储能单元接入电网，发挥其削峰填谷的作用。目前电动汽车充电主要有两种方式，一种是使用车载充电机，另一种是使用外置充电桩。这两种方式的区别是车载充电机可以接 220V 的家用工频电，功率较小，能够进行慢速充电；而充电桩一般接入的是

380V 的三相电，功率较大，理论上可以实现快速充电。相同之处是它们都采用插入式插接器的方式进行充电。这种连接方式有很多缺点，如插电容易产生火花、易产生磨损、不易维护且不够美观、灵活、安全等。

无线电能传输技术又称为无线电力传输、非接触电能传输，是指通过发射器将电能转换为其他形式的中继能量（如电磁场能、激光、微波及机械波等），隔空传输一段距离后，再通过接收器将中继能量转换为电能，实现无线电能传输。它的出现使得电动汽车的供电有了新的选择，使用无线电能传输可以有效克服上述缺点。基于无线电能传输方法的电动汽车感应耦合充电技术具有操作安全、防水防尘、接口免维护等诸多优点，因此电动汽车的无线充电技术具有广阔的应用前景。

感应耦合式无线电能传输技术的原理是在一次侧的发射绕组中产生高频的正弦波电流，它会在一次绕组的周围产生高频的交变磁场，而二次绕组将会在磁场中感应出电能，再经过能量变换便得到需要的电能形式给用电设备供电。图 4-127 所示为电动汽车无线充电系统原理。

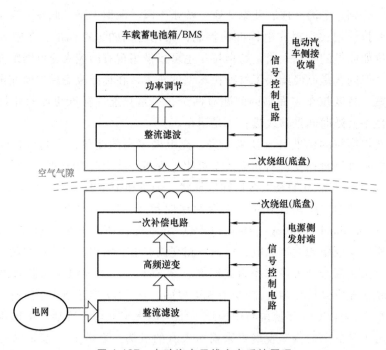

图 4-127　电动汽车无线充电系统原理

感应耦合式无线电能传输技术与一般的变压器的原理非常接近，都是高频交流电通过电磁感应来进行传输。区别在于感应耦合式无线电能传输的发射绕组和接收绕组是松耦合方式的，通常情况下发射绕组和接收绕组的距离较大，而且根据传输的需要还分为有磁心和无磁心的感应绕组。由于是松耦合方式，能量在一次到二次绕组传递过程中，会在空气中损失一部分。把感应耦合式无线电能传输技术应用到电动汽车的供电方面，不仅可以实现对电动汽车电池的无线充电，同时也可以实现对电动汽车电机的运行进行无线供电。

电动汽车无线充电方式可分为在线式充电和定点式充电两种。在线式需要在车辆行驶的道路下方埋设电能发射装置，从而在汽车行驶过程中，实现对电动汽车的实时供电，这种方式可大幅减少所配的各动力蓄电池容量，减轻车体重量，提高能量的有效利用率。同时有助于降低初始购置成本，解决其受制于大容量电池的高成本问题，有利于推进市场化。在国内，很多汽车制造商如比亚迪、奇瑞、长安、吉利等都推出了自己的电动汽车，均采用传统的接触式充电方式。目前市面上还没有出现采用无线电能技术进行充电的电动汽车车型。

（2）电动汽车定点式无线充电系统分析　电动汽车定点式无线充电系统的结构如图4-128所示，能量发射绕组埋置在地面上方，能量拾取绕组放置在电动汽车的下方，一次侧的输入电能经过能量变换后通过能量发射机构后向上方发射，经过15～30cm左右高度的空气传播，待拾取绕组拾取电能后，经过能量变换装置把高频的交流电能转化成电动汽车所需要的电能，车体在静止时可以给储能装置长时间充电。

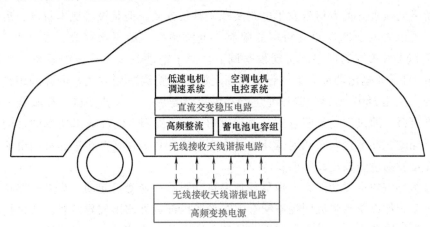

图4-128　电动汽车定点式无线充电系统的结构

基于电磁谐振式电动汽车超级电容器驱动无线充电装置的系统总体框图如图4-129所示。交流输入电压经二极管整流变换成直流电压，直流斩波电路根据输出负载功率要求控制全桥逆变器输入端直流电压，经全桥逆变电路变换成高电压输送给电磁耦合无线电能传输发射端，谐振补偿电容和发射绕组电感形成发射端谐振回路，通过电磁耦合，在接收端回路谐振补偿电容和接收绕组形成电磁共振，接收端的电能经输出整流变换成直流电压，提供给超

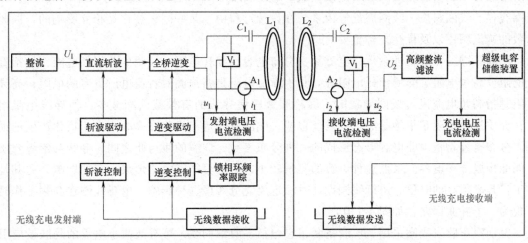

图4-129　无线充电装置的系统总体框图

级电容器充电。控制部分分为直流电压控制和逆变器频率跟踪控制两部分。直流电压控制采用 PWM 脉宽调制技术。逆变器频率跟踪控制采用锁相环电压电流相位控制技术，当发射端和接收端谐振回路参数变化时，及时改变逆变频率，保持逆变器输出电压和电流的相位稳定在逆变电路允许的最小相位角，功率因数最大。控制电路由电压电流检测电路、斩波驱动电路、逆变电流检测电路、频率跟踪和逆变控制电路及逆变驱动电路等组成。下面主要介绍电动汽车定点式无线充电系统的几个关键技术。

1) 大容量高频电源。高频电源是无线电能传输系统中必不可少的部分，其性能参数和输出波形稳定度及失真度直接影响整个系统的特性。目前无线电能传输高频电源主要有两种实现方法，一种是利用功放将信号功率进行放大实现，另一种是利用电力电子器件通过全桥逆变或半桥逆变实现。前者信号发生电路实现调频很方便，但是设备成本较高，后者可实现较大功率，受电力电子器件开关频率的限制，电源频率一般不会很高，在几百 kHz 以内，通过对 MOSFET 开关控制可方便实现频率调节。由于电动汽车无线充电系统工作频率在数千 Hz 级别，且需要输出功率大，大容量高频电源采用整流逆变方式。电源采用交—直—交的变频结构。三相 380V 电源经降压变压器和主接触器后，送入整流器，整流器采用三相晶闸管全控整流桥，通过控制晶闸管的导通延时角 α，达到调节电源输出功率的目的，整流后的直流电压经滤波环节送入高频逆变环节，由高频逆变环节逆变产生单相高频电流送入谐振电路，经能量发射绕组输出高频能量。

逆变控制环节的主要功能为实现负载频率自动跟踪、逆变器起动、为逆变器功率器件提供可靠的驱动脉冲以及与整流侧控制配合，在设备内部或外部出现异常时，通过控制整流桥输出电压以确保电源安全。逆变控制环节从负载取出的频率信号，经过零比较电路获得自励信号，逆变工作前，由于负载上电压、电流均为零，无法获得起动时所需的自励信号，故高频电源采用他励起动，逆变环节启动后，当电源输出电压达到一定值时，电平检测电路输出翻转，使电子开关输出由他励信号转换成自励信号，从而完成逆变器的起动过程。

2) 线圈优化设计。收发线圈的优化设计是电动汽车无线电能传输系统设计的核心部分，直接决定了无线电能传输的成功与否和传输的功率、效率。设计时需要满足保持相同的固有谐振频率；具有较高的 Q（品质因数）值。除此之外，还要涉及尺寸大小、线圈直径、线圈线径、线圈材质、线圈周长等因素。在设计过程中，某些因素往往是相互影响的，因此参数的确定顺序以及优化非常重要。

高频线圈的主要特性参数是电感量、分布电容和损耗电阻。线圈的总损耗电阻，包括直流电阻、高频电阻、介质损耗电阻等。其中直流电阻是指线圈对直流电所具有的电阻；高频电阻是指高频电流流过线圈导线时，因趋肤效应使导线的有效截面积减少，使导线电阻增大；介质损耗电阻是指绝缘漆包线或丝包线、线圈骨架等绝缘物在高频下由于极化产生的损耗。分布电容是指由非电容形态形成的一种分布参数，线圈的匝与匝之间，导线与绝缘介质之间能构成分布电容。虽然这种电容的容量较小，但是可能对电路形成一定的影响，尤其是在工作频率很高的时候，进行线圈设计时一定要充分考虑这种影响。电感线圈在高频工作时表现为一个并联回路，如图 4-130 所示。

电动汽车收发线圈采用 Litz 线绕制，它包括多股细铜线，可有效减小电流的趋肤效应引起的电阻，从而降低系统损耗。收发线圈的结构如图 4-131 所示。

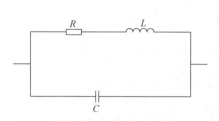

图 4-130　电感线圈在高频下的等效电路图

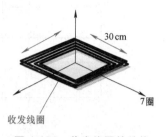

图 4-131　收发线圈的结构

3）电磁屏蔽。在电动汽车无线电能传输系统中，电磁屏蔽的设计也是一个重要部分，尤其是在大功率无线电能传输系统中。收发线圈间上百安培的电流可产生高达数十万毫高斯（$1Gs = 10^{-4}T$）的磁通。即使主磁通存在 0.1% 漏磁，也可产生数百毫高斯的磁通，这个磁通值比国际非电离辐射防护委员会（ICNIRP）标准规定的磁通值还要大几倍。因此，在电动汽车大电流无线充电系统中，控制漏磁通是极其必要的。为了防止漏磁，在收发线圈边界处

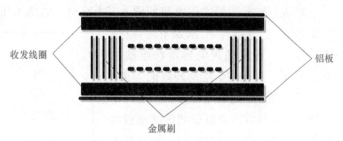

图 4-132　铝板和金属刷结构

安装金属刷，金属刷由多股金属线组成，在电动汽车进行充电时，金属刷可有效减小漏磁，降低对外界的电磁干扰。此外，为了防止高频磁场对周围的影响，在收发线圈的顶层各加入一层铝板（图 4-132）。

4）储能系统。目前市面上的电动汽车大都采用锂电池或者铅酸蓄电池供电。而使用电池供电有许多不足之处，最重要的原因是目前电池的容量相对电动汽车的需求还比较小，这导致了电动汽车的续驶能力非常有限。100~200km 的续驶能力只能满足一般的市区交通需求，远远不能满足长途行驶的需求，而且较小的电池容量直接导致电池需要频繁充电。另一方面，电动汽车电池充电需要的时间较久，目前电动汽车电池的充电时间往往为 6~8h，国内市场上还没有能快速充电的电动汽车。因此电动汽车的电池和充电是电动汽车技术中的重点，也是电动汽车发展的关键所在，充电更快、更安全、更高效、更清洁的充电方式将成为未来的发展方向。

超级电容储存装置具有充电时间短、充电次数多且容量大的优点，能解决锂电池污染大、充电时间长及可充电次数少的弊端。电动汽车无线充电系统中的接收线圈通过谐振耦合接收到的高频电压经高频整流电路变换成直流电压，对超级电容电池组进行充电。充电时间和充电电压、电流由超级电容电池组的容量和充电电源的功率决定。

一般超级电容器的电压低，其额定电压通常只有 1~3V，过电压工作将会引起超级电容器内部的电解质分解，从而使电容器损坏。因此，必须通过超级电容器串并联组合构成超级电容器模块才能满足实际应用系统对电压和能量等级的需要。超级电容器组合电路如图 4-133 所示，采用 288 个 500F 的超级电容器，其中 6 个超级电容器串联为一个单元，12 个单元并联为一组，组成结构为两组串联后，再与另外两组串联组合并联。

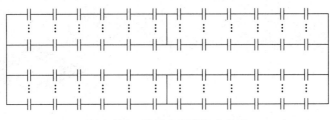

图 4-133　超级电容器组合电路

在实际应用中，超级电容器还要考虑容量偏差、漏电流和等效串联电阻等因素的影响，这些因素是导致超级电容器无法均匀充电的直接原因。因此，电动汽车应用超级电容器作为传能装置，必须采取限压措施，防止超级电容器过充电及保证各个超级电容器均衡充电。

超级电容器限幅均压电路如图 4-134 所示。电路工作时的特性类似稳压二极管特性，在一定程度上将端电压限制在"稳压值"以下，控制超级电容器在电池组中的转移，实现基于电荷转移的均衡。

控制保证了超级电容器在充电时不会过电压。该方法与以往的传统电容均衡相比其硬件设计更易实现，转换开关的数量大大减少，控制方法也较易实现，可实现大电流的均衡，独特的设计结构更易于扩展和模块化设计。

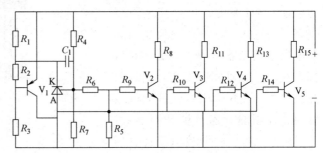

图 4-134　超级电容器限幅均压电路

5）收发端通信系统。在实际应用中，只要把充电装置安装在路边，发送绕组安放在汽车停车路面下，汽车上的接收绕组对准发送绕组，发送绕组和接收绕组的垂直距离在 400mm 左右，汽车上的充电控制开关遥控充电装置，即可自动完成充电过程。

（3）电动汽车在线式无线充电系统分析

1）电动汽车在线式无线充电系统设计。电动汽车在线式无线充电系统由电能发射部分与电能接收部分组成。电能发射部分包含转换器和电力线路两部分，电能转换器可将工频电压转换成高频电压，再通过电力线路来传输电流，产生磁通量。电能接收部分由拾取模块、整流器和调节器组成。拾取模块获得感应电压和电流后，整流器将交流电转换成直流电，调节器控制输入到储能装置的电压。

2）磁心结构。电动汽车在线式充电中，由于接收端电压和电流、驱动装置和工作的谐振频率都依靠目标功率决定，在设计中目标功率是一个需要考虑的重要因素。而且电动汽车在线式无线充电系统发射端安装在道路下面，属于人们日常生活场所，因此系统中应用的谐振频率必须经过相关部门允许。一般地，电动汽车无线充电使用的频率范围为 10~100kHz。

无线电能传输系统基本模型如图 4-135 所示，它与变压器模型类似。在电路中，互感 M 实现了有效的电能传输，它由电感和耦合系数 k 决定，表达式如下：

$$M = k\sqrt{L_1 L_2} \qquad (4\text{-}73)$$

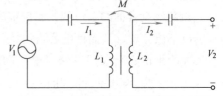

图 4-135　无线电能传输系统基本模型

式中，k 为耦合强度，且 $k \leqslant 1$。

然而，由于汽车底部与道路间存在较大的空气间隙，电动汽车定点式无线充电中的 k 值很小，因此，为了增强磁场耦合强度，必须加入磁心来增强磁场，获得最大的磁通密度。

在应用中，基本磁心结构有 EE 型和 UU 型两种。EE 型由一对 E 型磁心组成，UU 型由一对 U 型磁心组成。在 EE 型结构中，电力电缆缠绕在中心的磁极周围，从而形成了两个目标磁环和两个主要的漏磁环路（图 4-136a）。而在 UU 型结构中，电力电缆缠绕在初级磁心的一个极棒周围，形成了一个目标磁环和两个主要的漏磁环（图 4-136a）。

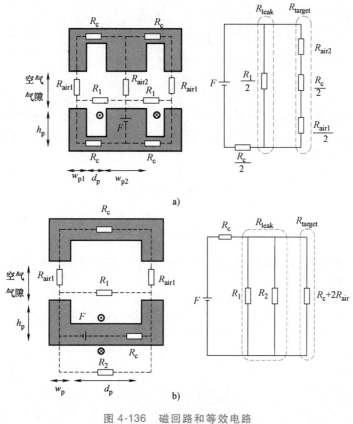

图 4-136 磁回路和等效电路

a）EE 型 b）UU 型

EE 型磁性结构，分别为目标环路和漏磁环路的等效磁阻，表达式如下：

$$R_{\text{target}} = R_{\text{air2}} + \frac{1}{2}R_{\text{air1}} + \frac{1}{2}R_{\text{c}} \tag{4-74}$$

$$R_{\text{leak}} = R_1 \parallel R_1 = \frac{1}{2}R_1 \tag{4-75}$$

为了获得最大的传输功率，可调节磁阻来增大耦合系数 k，表达式如下：

$$k = \frac{\Phi_{\text{target}}}{\Phi_{\text{target}} + \Phi_{\text{leak}}} = \frac{R_{\text{target}}}{R_{\text{target}} + R_{\text{leak}}} = \frac{R_1}{2R_{\text{air2}} + R_{\text{air1}} + R_{\text{c}} + R_1} \tag{4-76}$$

因此，$2R_{\text{air2}} + R_{\text{air1}} + R_{\text{c}}$ 应该保持最小，R_1 应最大。

3）发射部分设计。发射部分电路如图 4-137 所示，铺设在道路下的电路由三相电力转换器和电力线路两部分组成。电力转换器将 50Hz 交流电压转换成单相 20kHz 交流电流。在电力转换器内部,三相交流电压被转换成直流,再通过单相转换器转换成单相交流电压。

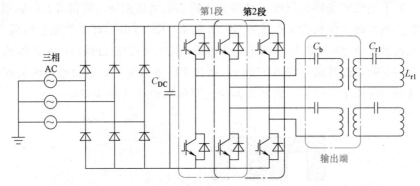

图 4-137　发射部分电路

L_1、R_1 为铺设在地下绕组的电阻和电感,C_{r1} 为谐振电容,与 L 构成串联谐振,谐振频率与转换器的开关频率一致(图 4-138a),此时输出阻抗为 0。由基尔霍夫电流定律和欧姆定律可得

$$U_{inv} = \frac{1}{j\omega C_{r1}}I_1 + j\omega L_1 I_1 + R_1 I_1 + j\omega M I_2 \tag{4-77}$$

$$U_{Ld} = j\omega M I_1 - j\omega L_2 I_2 - \frac{1}{j\omega C_{r2}}I_2 - R_2 I_2 \tag{4-78}$$

理想状态下谐振点处的等效电路如图 4-138b 所示,电容和电感发生谐振,等效电路中只剩下电阻部分,简化后可得

$$U_{inv} = R_1 I_1 + j\omega M I_2 \tag{4-79}$$

$$U_{Ld} = j\omega M I_1 - R_2 I_2 \tag{4-80}$$

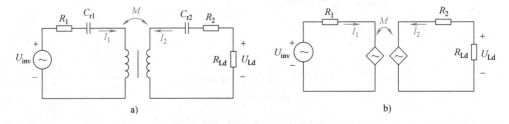

图 4-138　发射系统的等效电路

a)谐振点处的等效电路　b)理想的谐振等效电路

4)接收部分设计。接收部分由铁氧体磁心、补偿电容和 FRP 材料组成。FRP 材料能保护内部的物理结构和隔离外部干扰。与发射端电力电缆类似,接收部分采用 Litz 线。接收线缆缠绕在铁氧体磁心,中心部分接收线缆为 64 圈,左、右两边各为 28 圈。为了增加感应电压,中间部分采用顺时针方向绕制,左、右采用逆时针方向绕制。

第5章

电动汽车行驶工况开发

行驶工况对纯电动汽车的性能参数的匹配和设计，具有决定性意义。没有具体的行驶工况，纯电动汽车在实际行驶中的续驶里程就很难评价。因此，行驶工况对纯电动汽车的设计十分重要。

电动汽车与内燃机汽车在外观上没有什么区别，在车辆行驶时，车轮与地面之间相互接触、相互作用，它们之间的力学过程也不存在本质的区别。这两种汽车的转向装置、悬架装置和制动系统基本上也是相同的。它们之间的主要差别是采用了不同的动力系统。内燃机汽车是燃油混合气体在内燃机中燃烧做功，从而推进汽车前进。电动汽车的电能由动力蓄电池提供，经过驱动系统和驱动电机驱动行驶。因此，电动汽车的操纵稳定性、平顺性和通过性与内燃机汽车相似。电动汽车本身除具有再生制动性能外，与内燃机的制动性能也是相同的。电动汽车的能量供给和消耗，与动力电池的性能密切相关，直接影响电动汽车的动力性和续驶里程，同时也影响电动汽车行驶的成本效益。在电动汽车设计过程中可选择合适的工况，验证车辆性能是否满足设计要求。因此，本章是在普通内燃机汽车工况分析的基础上来分析电动汽车行驶工况的开发。

5.1 汽车行驶工况概述

普通内燃机汽车的动力来源于燃料的化学能，经内燃机转化为机械能，其效率较低并会产生有害的排放物，危害人体健康。20世纪70年代，美国加利福尼亚州率先通过建立排放法规，推进汽车工业开发更高燃料效率和更低排放的发动机。该法规需要一种能够比较不同发动机之间性能差异的测试程序，这种测试程序称为行驶工况（driving cycle，DC，简称工况）。为了在试验台架上再现车辆的实际行驶状况，针对不同的（城市以及车辆种类等）因素，开发了各种车辆行驶工况。美国开创并推动了世界各国的工况研究和开发，如今，由于评价目标和研究对象的不同，形成了种类繁多、用途不同的工况。这些工况满足了从轻型车到重型车、从汽油车到柴油车等各种系列车辆的性能测试。其用途主要包括以下方面：确定污染物排放量和燃油消耗量、对新车型进行验证和校准、评估各种技术和测定交通控制方面的风险等。

行驶工况是汽车实际道路行驶状况的反映。随着工况研究的深入和完善，行驶工况具有典型的道路实际驾驶特征，能够反映车辆真实的运行情况，可用于车辆的研究、认证和检查/维护（inspection/maintenance，I/M）。

按照工况调查所包含的内容不同，行驶工况可分为完全工况和非完全工况两大类。完全工况的调查内容主要包括车速、油耗、加速度、制动力、制动次数、档位、换档次数、进气管真空度和发动机转速等，还有汽车行驶过程的交通状况，如试验路段上的行驶坡度，立交桥的坡度和长度，交通信号灯的数量、间隔距离与变换时间，交通流量以及主要机动车类型和所占的比例等，并且包括当时的风向、风力、气温、气压等气象参数。若行驶工况的用途较少，如只需要进行油耗和排放评估，则其调查内容要比完全工况少，通常称为非完全工况。

按照用途不同，行驶工况可分为标准工况和非标准工况两大类。标准工况是由一个国家或地区通过法规形式确立的用于认证和检测等用途的行驶工况。非标准工况则属于一些研究机构和汽车厂商用于特定研究用途的非法规类行驶工况。

按照表现形式不同，行驶工况又可分为瞬态（transient）工况和模态（modal）工况。瞬态工况的速度-时间曲线与车辆实际运行过程非常相似，更符合车辆实际行驶特征。模态工况的车速-时间曲线主要由一些折线段组成，分别代表匀速、匀加速和匀减速等运行工况。模态工况的优点是试验操作比较容易，但不太符合车辆的实际行驶特征。

5.2　国外汽车行驶工况简介

现今世界上很多国家都以标准、指令和法规等形式，提出了不同车型在各种应用条件下的标准行驶工况。世界范围内车辆排放测试用行驶工况主要分为三类；美国行驶工况（US-DC）、欧洲行驶工况（EDC）和日本行驶工况（JDC），其中又以美国 FTP72 为代表的瞬态工况和以欧洲 NEDC 为代表的模态工况为世界各国主要采用。

5.2.1　美国行驶工况

美国行驶工况标准种类繁多，用途各异，大致包括认证用（FTP 系）、研究用（WVU 系）和短工况（I/M 系）三大体系。此外，还有美联邦的测试程序（FTP75）、洛杉矶（LA92）和负荷模拟工况（IM240）等行驶工况。

1. 适用于乘用车和轻型载货车辆的行驶工况

20 世纪 60 年代由于人们无序地使用汽车，产生了大量的废气及热量（城市的污染源 80% 来于汽车的排放物），导致大气被严重污染，致使美国加州洛杉矶地区出现光化学烟雾（在气温达到 24~32℃ 时，且湿度又比较低，使烯烃类碳氢化合物和二氧化氮在强烈的紫外线照射下，吸收太阳光的能量，这些物质的分子很不稳定，就形成了新的物质，即一种剧毒的光化学烟雾）。为了改善这种状况就需要降低汽车的尾气排放量，经过调查和研究，发现一条具有代表性的汽车上下班路线上解析出的车辆速度与时间曲线，并于 1972 年被美国环保局（EPA）用作认证车辆排放的测试程序（简称 FTP72，又称为 UDDS），来控制车辆的排放标准。FTP72 由在冷态状态下从 0~505s 的过渡工况和稳态状态下从 506~1370s 的过渡工况构成。1975 年，在 FTP72 的基础上增加了 600s 热浸车和热状态过渡工况（后即重复冷过渡工况），持续时间 2475s，构成了包含车辆运行四个阶段的 FTP75 工况，同时可用于车辆热起动排放的检查标准。美国 FTP75 行驶工况如图 5-1 所示。

由于现代交通网络的发展，实现了许多新干线和高速公路，车辆在高速公路上运行的时间占总出行时间的比例越来越多，这使发动机的三种主要污染物（一氧化碳 CO、碳氢化合

物 C_xH_y 和氮氧化合物 NO_x）的排放特征随之也发生了改变，于是美国环保局（EPA）也发布了经过修订的"认证车辆排放测试程序（FTP）"版本。在此期间开发了许多更加真实的交通状况的发动机工况，如考虑到车辆在行驶过程中变化的道路情况 US06、车辆在行驶过程中开空调满负荷运行的 SC03 等，作为 FTP 的补充发动机工况，形成了一个比较完整的 FTP 发动机工况法规，并应用于 2001 年后所生产的车型排放测试。HWFET 行驶工况是用于乘用车在高速公路上燃油经济性测试的运行工况，如图 5-2 所示。另外，考虑到道路的坡度对车辆燃油的消耗影响，还开发了可变坡度的 HWFET-MTN 工况。

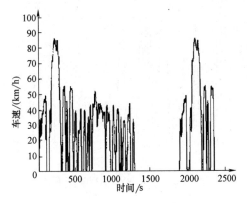

图 5-1　美国 FTP75 行驶工况　　　　图 5-2　美国 HWFET 行驶工况

除了上述运行工况外，还有以下 5 种典型的研究型工况。

LA92——具有很高的最高车速和平均速度、较少的怠速运行时间和在单位里程中的停车次数以及更高的最大加速度。（这项测试工况就是发动机在一定指标下的最大负荷运行工况。）

ARB02——加利福尼亚州空气资源委员会（CARB）根据对车辆的长期跟踪所研究开发出的发动机运行工况，其目的是测试车辆处在 FTP72 边缘之外区域的发动机运行情况，它包括冷起动和行程结束的部分。

HL07——美国环保局（EPA）协同汽车制造商开发的发动机运行工况，其目的是测试车辆在超出一定速度范围情况下的一系列加速度的能力，在这些加速度情形下车辆必须保证加速踏板踩到底。（这项测试工况主要测试车辆在各个速度层级中的发动机运行工况，以便开发和修正美国现有的发动机运行工况。）

REP05——针对未被 FTP 工况所覆盖的车辆运行工况范围，开发的一些驾驶过程中的发动机运行工况（由于人和人的驾驶方法不同，也会给车辆带来各种运行工况）。

REM01（remainder）——包括用于起动状况研究的工况等。以速度和加速度为目标，注重研究更加细致的瞬态变化过程。

2. 重型车辆的行驶工况

近年在研究重型车辆的行驶工况时有侧重于向瞬态工况方向靠拢的趋势。其中 BAC（business-arterial-commuter，长途运输工况）被推荐为测试重型车辆燃油经济性的操作规程（SAE J1376）。CBD14 是商业中心区域的车辆测试运行工况，它也是 BAC 复合测试运行工况的一部分。运用 14 个相同的运行工况模拟公交车停车及运行的驾驶模式。CBD14 近似于

CBDBUS 运行工况，但是时间步长可变（运行时间和道路的长度是可以变化的）。

比较重要的还有市内测功机测试工况（UDDSHDV），它主要模拟重型汽油机在市区内进行运行时的工况操作，运行长度为1060s，怠速比例为33%，平均速度为30.4km/h，并用于燃油蒸发排放测试。纽约城市运行工况（NYCC）则更是代表了市内区域道路的大型车辆的运行工况。它们作为 FTP 标准工况被广泛应用。NYCC 行驶工况如图 5-3 所示。

为了评价公交车的排放效果，通过覆盖几条不同的、公认比较繁忙的公交线路，美国西弗吉尼亚大学（WVU）对纽约城市曼哈顿地区混合动力和常规动力公交车的操作和状态进行了调查，并开发了一组含 10 个短行程的运行工况，短行程之间的怠速时段持续 19s。为了满足能量的消耗测试指标，将短行程的测试数目增加到 20 个，作为常规在用运输车辆（货车和城市客车）的行驶工况。

除了用于对底盘进行测功（测功机）的工况外，对于重型车辆的发动机在台架上进行代表性工况测量，以转速和转矩的计算，描述出

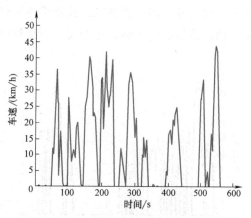

图 5-3　美国 NYCC 行驶工况

车辆特性。通常测试工况包括一套稳定的按照发动机转速和转矩（欧洲和日本规定）定义的操作事项，或者是同时以瞬时发动机转速和转矩为指标（美国规定）的瞬态工况（对于功率的测试，各国之间可以相互使用技术指标，但对排放物各国之间一般是不可以相互使用技术指标的）。

5.2.2　欧洲行驶工况

为了研究适合欧洲交通状况的工况，研究人员系统地研究了各种不同车辆的行驶特征，并依据道路的拥挤程度或车流量的大小，分类定义成不同的道路区域，如市区道路、郊区道路和高速道路以及平均速度、加速度的多种层级归类，根据每类道路区域特点，人为开发和层叠成稳定的速度和加速度分段。

用于在底盘测功机上认证轻型车排放的 EDC，在欧洲又称为 MVEG-A，而现在发展为新的欧洲行驶工况（NEDC），在该工况中行驶速度是设定为恒定的，是一种稳态工况，包括市内（ECE15）、市郊（EUDC）或市郊低功率的汽车行驶工况（EUDCL）。ECE15 是一类包括 4 种代表在市区内驾驶车辆状况的行驶工况（urban DC），具有低速、低负荷和低排气温度的特征指标。由于车辆在城郊运行量的增加，1992 年开发了代表高速行驶工况的 EUDC 或 EUDC-LOW，在 ECE15 的基础上增加了 1 个 EUDC 或 EUDC-LOW，构成了 ECE+EUDC 工况。在 2000 年之前实际应用时的行驶工况是不计量 0~40s 的运行数据，即欧洲Ⅱ号排放法规。而欧洲Ⅲ/Ⅳ号排放法规由于更加严格控制车辆的排放（发动机的冷起动排放），排放采样和运行工况同步进行，并称为新的欧洲行驶工况（即 NEDC），测试时间持续 1180s，平均速度为 32.1km/h，最大加速度为 $1.06m/s^2$。

由于变速策略的不同（变速采用的装置不同），在模态状况下运行工况所消耗的能量或

排放很可能造成测试结果有一些细微的差异。欧洲 ECE R15.04 所采用的行驶工况，是针对手动和自动档位的车辆考虑到的差异，行驶工况的行驶距离和平均速度分别为 4.06km 和 18.7km/h（手动）以及 3.98km 和 18.4km/h（自动），如图 5-4 所示。

　　从速度-时间曲线中可分析发现，欧洲行驶工况的稳定速度比例过高，各种驾驶状况的分布不均，如平均驾驶工况的持续时间较短而市区中心的驾驶工况持续时间较长等，并且平均加速度也比真实值低。总之，由于 EUDC 属于模态行驶工况，并不能代表真实的驾驶状况，存在一定的局限性。

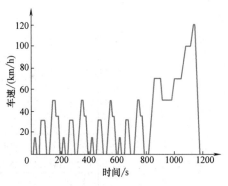

图 5-4　NEDC 行驶工况

　　出于新型动力车辆的需求，欧洲基于 BRITE-EURAM HYZEM 项目，开发了一组 HYZEM 的瞬间行驶工况。HYZEM 包含市内道路行驶工况、市郊道路行驶工况和高速行驶工况。该行驶工况是基于贯穿欧洲城市道路，以 89 部车辆的真实驾驶模式所记录的数据开发的行驶工况，因而它代表了欧洲车辆的行驶工况的实际运行标准。相对于模态行驶工况，其部分稳定速度要少很多，平均速度为 40.4km/h，停车次数为 0.69 次/km，平均加速度为 0.71m/s^2，最大加速度为 1.3m/s^2。该结果虽未被官方采用，但已在各种研究工作中广泛应用。

5.2.3　日本行驶工况

　　日本与欧洲的行驶工况相似，也属于模态行驶工况。在 1976 年之前，日本一直采用本国的 10 行驶工况标准（10mode）来模拟市内道路的行驶工况，要重复 6 次测试，对后 56 次取样，即所谓热起动。1976 年之后生产的车型，采用 11 行驶工况标准，从冷起动开始，重复 4 次测试，并对全过程取样，行驶距离为 4.08km，平均速度为 30.6km/h。1991 年 11 月开始采用新版的 10-15 行驶工况（图 5-5），由三个 10 行驶工况和一个 15 行驶工况构成。虽然 10-15 行驶工况并未被国际所公认，但行驶工况的研究在日本仍得到持续和深入的开展。

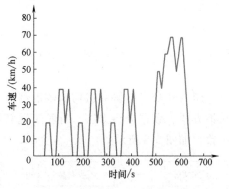

图 5-5　日本 10-15 行驶工况

5.3　我国汽车行驶工况简介

　　对于汽车行驶工况的研究我国起步较晚，在 20 世纪 80 年代由长春汽车研究所（已并入一汽集团）对我国的北京和天津道路行驶工况进行了调查研究，但是当时使用了以直方图为标准的统计方法，最基本的统计是以车速-加速度（v-a）直方统计，即找出汽车车速和加速度相应于时间、里程及油耗的概率密度和分布的数据特征。目前我国乘用车的燃料消耗和排放测试工况等均采用欧洲 ECE15 行驶工况。六工况测试循环如图 5-6 所示。城市客车四工

电动汽车产品开发教程

况循环如图5-7所示。

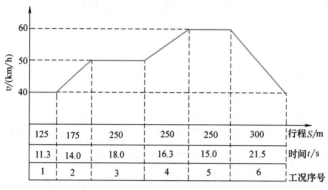

图 5-6　六工况测试循环

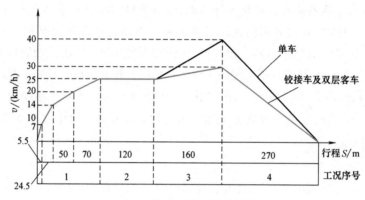

图 5-7　城市客车四工况循环

5.4　汽车行驶工况开发

国内外众多的研究机构和政府部门对汽车行驶工况进行了大量的研究工作，尽管在数据采集方式、数据分析方法、行驶工况解析与合成手段等方面形式多样，总体的技术流程基本一致，如图5-8所示。

图 5-8　汽车行驶工况开发技术流程

5.4.1　开发流程

1. 数据采集方式

数据采集方式可按照数据采集的车辆分为两大类。

第一类是用专门的数据采集试验车采集数据。安装好所需的测试仪器后，在预先确定的时间内、确定的目标道路上行驶车辆，需要有规划的试验路线和时间。

第二类是直接在目标车辆上实际采集数据（即选取有代表性的车辆）。安装好所需的测

238

试仪器后，按照各自正常的范围行驶车辆，同时采集实际路况数据。这类采集方法在时间上和路线上没有规定，随意性很大。其优点是车辆在正常的使用状态下行驶，可以使用较低的费用获取大量车型的数据。但是它不能针对确定的道路类型、有关位置、交通流量等信息的提取。

2. 试验路线和试验时间的确定

如果采用上述第二类方式采集数据，则不需要考虑怎样来确定路线问题。如果采用上述第一类方式采集数据，那么路线的确定至关重要，因为路线的调查是开发汽车行驶工况最基础的阶段。其目的是从许多条道路中筛选出具有代表性的试验路线，这条路线能够集中反映目标车辆在道路上的空间和时间分布规律，从而以少量的试验数据获得能够代表全局的特征统计结果。试验证明，在城市内有着不同道路的等级（快速道、主干道、次干道、支路以及车道数、机非混合等）并对应着不同的交通流量和平均车速。当车辆在不同等级道路上运行时，行驶工况也有不同的特点。因为在每一条不同的道路上，不同的交通强度（车流量、周转量或饱和度等）必然会对应着不同的行驶工况。也可以将10余辆车同时在某市区内不重复的道路上同时运行，采集数据，统计出车辆的运动学频率以及各自的份额，但是要实现这一工程需要大量的人力和物力。基于交通流量理论 $v=KQ$（v 代表车速，Q 代表车流量，K 代表车辆间距），通过交通流量的调查获得对应路线的交通流水平和所占的份额。当在忽略时间差异的前提下，可以使用少量的车辆在这些路线上运行调查获取车辆运行时的数据，这种方法既科学合理又易于操作。车辆行驶工况主要受到道路等级、交通强度、交叉路口的密度（路段内交叉形式和数量）以及时间四大因素的影响。通过调查、收集城市区域的一个周期内交通流的相关数据，并进行统计分析，根据数据的统计结果，将路线分成不同类别，再按照规定的标准进行样本的概率抽样，最后确定试验路线和试验时间。

3. 试验车辆和驾驶员的确定

试验车辆的确定包括三个方面：车辆的类型、数量和驾驶员。采用第一类数据采集方式，车辆既可由经常关注研究目标（有相关经验）的专业驾驶员驾驶，但也可由一个普通驾驶员操作。但由于常常受先入之见的"驾驶指示"影响，实际上不能称为标准的驾驶行为。当车辆在道路上自由驾驶时（不刻意超车和慢行），车辆运行主要受变速策略的影响，无论是何种技术水平的驾驶员，其固有的驾驶行为影响必须被排除。随着自动档车型的增多，应该首先考虑采用该种车辆。采用第二类数据采集方式，可供选择使用的车辆较多，车辆类型的确定可以基于该地区的普及车型（用市场占有率来衡量）。

5.4.2 汽车行驶工况数据的获取

1. 数据的设置

国外许多行驶工况的研究工作在规划采集数据的类别时，为了同时满足多种用途，通常设置大量的采集参数，如车速、发动机转速、发动机油温和冷却液温度、行驶时间、行驶里程、道路坡度、节气门位置、燃油消耗量、环境温度、电气系统的能耗以及制动装置的使用情况等，甚至包括对刮水器、照明灯、后窗加热器、空调和发动机风扇等的使用或操作。但对于开发一个具体的车辆行驶工况而言，以上这些参数并非每个都是必需的，过分追求细节，在以统计特征为原则的行驶工况开发过程中并无具体意义。但从行驶工况的开发过程和表现结果来看，必须记录车速、发动机转速、燃油消耗量及与燃油消耗量有关的参数（空调、道路坡度）。

2. 脉冲数的选择和采样间隔的设定

通常为了获得更加接近实际的数据，研究人员希望尽可能利用车辆自身的传感器，而常用的外部高精度传感器，如微波型和光电型等，因受雨、雪天气影响很有可能无法正常工作。速度信号的脉冲数一般为车轮每转一周脉冲信号数，为 6 个、24 个、48 个，甚至更高。如果从行驶工况构成参数比例分布一致性出发，建议尽可能采用多的脉冲信号数（48 个/周以上）来获取实际行驶工况的数据。车载设备数据记录仪的采样频率（一般为 5Hz、2Hz、1Hz）也是很重要的因素。时间间隔越长，数据波动越小；但是使用过大的采样间隔时间将会把较大的加速度值平滑掉，也将低估了低速所占有的比例。由于较大的加速度值对车辆的设计和评价有较大的影响，需要避免出现这种误差。根据当前车辆的传感器（速度传感器）配置情况，建议采用 2Hz 的采样频率。

3. 数据量的确定

国内行驶工况调查的相关研究也不少，但结果之间的差异较大，究其原因，一方面是交通流的调查不科学，规划的试验路线不具有代表性；另一方面则是采集的原始数据量有差异（不完全）。从理论上讲，采集的数据越多，结果越准确。但是当采集的数据量达到一定值 n 后，即使再增加数据量，其准确性也不会有很大的提高。同时由于客观条件的限制，采集的数据量也是一定的。在条件许可的情况下，应尽量多采集数据，当获得海量数据时，又需要采用高级的统计方法和手段加以分析和整理。

5.4.3 数据的分析与整理

数据分析与整理主要有两种方法，一种是把整个行驶过程作为连续事实和现象用统计的方法来解析，在构建（计划）行驶工况之前要根据试验区域范围人为地划分行驶工况的等级，并人为地合成（编集）。另外一种则是从道路交通状况入手，通过对构建（计划）整个行驶过程的各个运动学片段的研究和归类，再构建行驶工况。当车辆从起步出发到目的地停车，会受到道路交通的各种情况的影响，其间会经过多次起步、停车操作。将车辆从一个怠速开始到下一个怠速开始的运动定义为运动学片段（简称片段，

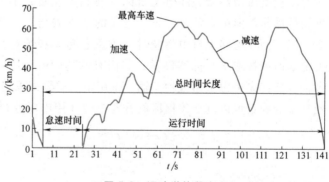

图 5-9 运动学片段定义

图 5-9），就可以将整个行程视为各种各样的片段组合。其中某些片段反映的交通状况可能是一致的。在不同的时间、地点和道路类型也可能会出现相同的片段，有时候繁忙的高速公路上的片段和拥挤的城市道路上的片段相似。将这些片段类型和交通状况联系起来，有针对性地分析符合低速、中速和高速运动形态，并在此基础上构建行驶工况。

把车速曲线作为时间的函数来分析，这一曲线的特征参数也可作为交通状况的函数。从

原始数据中连续地分割运动学片段，并对这些片段的特征参数，如持续时间、片段长度（道路）、速度、加速度等进行主要成分的分析。在此基础上，采用聚类分析手段对片段进行分类，获得与交通状况相对应的类别后再做整合。最后利用概率构造出合适的时间长度，以代表适中的行驶工况。对短行程特征的分析主要从以下方面考虑：短行程长度、怠速时间、短行程持续时间、平均速度、运行速度（不包括怠速时间的平均速度）、最大车速以及速度和加速度的标准偏差等。

5.4.4 行驶工况的解析与合成

因为采集的数据量庞大，统计分析非常繁杂，如主成分分析和聚类分析方法都涉及多维矩阵的计算，所以数据的分析处理以及行驶工况的构建都需要利用计算机来完成。开发的工具包括用于统计、比较运动学特征的工具；随机再现速度和加速度联合分布、行驶工况的连续性等观测分析工具；主成分分析工具；聚类分析工具；概率分布评估工具，它们用于比较最终的行驶工况数据和原始数据之间的特征参数的分布规律。行驶工况的剪裁工具，是用于修正和加权行驶工况数据并能够实现可视化的处理。车辆行驶工况趋势评估工具，是能够结合大量的不同时期的数据对车辆行驶工况进行预测。

5.4.5 行驶工况的验证

行驶工况验证的主要任务是检验解析出的行驶工况与采集的原始数据的收敛约束程度，以及是否能够以少量的行驶采集的原始数据工况段集合代表采集的道路行驶数据特征。验证过程分为三个方面：行驶工况的有效性、识别性和可操作性。这些验证主要基于以下原因。

1）行驶工况的有效性验证。在确定行驶工况之后，需要通过重新计算速度和加速度的联合分布变化情况，并在台架上试验进行验证。

2）行驶工况的识别性验证。与行驶工况的目标有关，用于车辆污染排放测试时，需要检验该类行驶工况对主要污染物的识别能力。

3）行驶工况的可操作性验证。由于原始数据采样过程中存在噪声的影响，使速度-时间曲线不够平滑，一些曲线也有可能不易被跟踪发现，必须对原始数据进行光滑平顺处理。这些数据如何处理以及处理结果如何，需要实践验证。经过计算和实践验证之后，需要在行驶工况的两种表现形式之间做出选择——瞬态行驶工况和模态行驶工况。从研究的结果来看，瞬态和模态并没有太大的影响；但从特定功率来看，因为瞬态行驶工况的加速度变化更接近于实际情况，它通常包含了多种力度的驾驶行为。所以瞬态行驶工况的可靠性更好。尤其是在研究整车控制策略时，瞬态行驶工况更合适。

5.5 汽车行驶工况的特征分析

汽车在道路上的行驶状况可用一些参数，如车速、加/减速度、运行时间等反映汽车运动的特征。通过对这些运动参数和特征的调查及解析，就能开发出代表运动特征的行驶工况。无论以模态或瞬态参数表达，行驶工况最终都表达为速度-时间曲线，时间步长通常为1s。

在相同的试验控制条件下（如环境温度、风速、滚动阻力系数等），使被测试的车辆在底盘测功机上复现行驶工况（模态测试方法），就可以将车辆的动力性、经济性以及车辆的排放性等多项指数进行测试和对比。由于各种行驶工况具有不同的运动特征，为此将这些运动特征归结为四种检测模式，即怠速、匀速、加速、减速。应当指出，同一辆汽车在不同道路上行驶的工况经过测试后的结果是不相同的。

对于行驶工况的统计分析需要引入一组经过测试后统计的特征值。这些特征值主要包括距离（km）、时间（s）、平均车速（km/h）、最大车速（km/h）、最大加速度（m/s^2）、平均加速度（m/s^2）、最大减速度（m/s^2）、平均减速度（m/s^2）、怠速时间比例（%）、匀速时间比例（%）、加速时间比例（%）、减速时间比例（%）和最大特定功率 K_{max}（m^2/s^3）等。其中，特定功率 K（m^2/s^3）的定义为 $2va$（v 代表车速，单位为 m/s；a 代表加速度，单位为 m/s^2），并取最大特定功率（K_{max}）作为特征值。表 5-1 给出了世界典型行驶工况的部分特征值，主要包含时间、距离、平均车速、最大加速度和最大特定功率。

表 5-1　世界典型行驶工况的部分特征值

国家/地区	工况	时间/s	距离/km	平均车速 v_a/(km/s)	最大加速度 a/(m/s^2)	最大特定功率 K_{max}/(m^2/s^3)
美国	FTP75	2475	17.69	25.8	1.48	40.15
	LA92	1436	15.71	39.62	3.08	57.08
	UDDS	1370	11.99	31.53	1.48	40.15
	SC03	601	5.73	34.56	2.28	47.06
	HWFET	766	16.41	77.66	1.43	31.29
	ARB02	1640	31.78	70.07	3.35	96.06
	US06	601	12.81	77.31	3.75	97.69
	WVUCITY	1408	5.29	13.60	1.14	20.65
	WVUSUB	1665	24.81	25.88	1.30	25.24
	WVUINTER	1665	11.9	54.77	1.42	23.33
	NewYorKBus	600	0.98	5.94	2.77	39.70
	NYCC	599	1.89	11.43	2.68	38.76
	CBDTRUCK	850	3.51	14.88	0.36	4.77
	CBDBUS	575	3.21	20.24	1.03	14.02
	UDDSHDV	1061	8.88	30.34	1.96	45.08
欧洲	NEDC	1180	10.87	32.12	1.06	18.51
	ECE	196	0.98	18.35	1.06	14.65
日本	J10-15	673	4.3	22.71	0.79	8.81
中国	乘用车瞬态[1]	1195	7.68	23.14	2.29	51.74
	乘用车模态[1]	1195	7.68	23.08	1.39	38.58
	公交车瞬态	1304	5.83	16.10	1.25	19.23
	公交车模态	1304	5.84	16.12	0.83	17.46

[1] 城市行驶工况。

通过表 5-1 的对比分析，可以看到：

1）当 K_{max} 值较低而平均车速较高时，也就是以较低的功率来维持较高的运行速度，这时的车辆是处于一种比较理想的运行状态。一般来说，车辆在畅通的道路上，如高速公路或市郊道路等的运行状况就是如此，如通勤（COMMUTER）、高速公路（HWFET）和州际高速（WVUINTER）等工况。

2）当 v_a、a 和 K_{max} 值均较低时，行驶工况是最适度的，如 FTP72、NEDC 等工况。

3）当 a 和 K_{max} 值都较高时，车辆的运行就需要有较大的功率才能维持，相比来说是一个更有力度的行驶工况，如 LA92 和 SC03 等。

4）当平均车速处于 20km/h 以下时，最能代表市内驾驶，如 NYCC、WVUCITY 等行驶工况。从表中还可以看出，US06 是比较高力度的行驶工况，其各项参数几乎都是 FTP 规定值的 2.5 倍。但从单纯特定功率上来看，美国的行驶工况基本都是瞬态行驶工况，包含加速度和负荷的多种瞬态行驶工况的变化，其特定功率要比欧洲和日本行驶工况（模态）大得多，因此对车辆的动力性要求比较苛刻。在选择和使用各种行驶工况时，可以通过研究这些特征值来选择适合各种不同需求的行驶工况。

在表 5-1 基本特征参数的基础上，进一步研究各个行驶工况速度区间（10km/h 为间距划分）的概率分布特征，从统计学上分析各种行驶工况之间的差异。一般来说，认证行驶工况速度区间的概率分布范围是比较宽的；而研究行驶工况则侧重于表现车辆的两个极端的运行状态，即低速区间（中心城区）和高速区间（市郊和高速公路）概率分布权重均较大的运行情况。

参 考 文 献

[1] 吴晓刚. 电动汽车技术 [M]. 北京：机械工业出版社，2018.

[2] 杨世春. 电动汽车基础理论与设计 [M]. 北京：清华大学出版社，2018.

[3] 余志生. 汽车理论 [M]. 6版. 北京：机械工业出版社，2018.

[4] 陈全世. 先进电动汽车技术 [M]. 2版. 北京：化学工业出版社，2013.

[5] 王震坡，孙逢春，刘鹏. 电动汽车原理与应用技术 [M]. 北京：机械工业出版社，2014.

[6] 汽车强国战略研究项目组. 汽车强国战略研究 [M]. 北京：科学出版社，2020.

[7] 欧阳明高. 汽车新型动力系统：构型、建模与控制 [M]. 北京：清华大学出版社，2008.

[8] 中国汽车工程学会. 节能与新能源汽车技术路线图2.0 [M]. 北京：机械工业出版社，2020.

[9] 李杨，吴之秋，唐源鸿. 汽车内饰色彩、纹理设计流程解析 [J]. 汽车工程学报，2014，4（2）：143-150.

[10] 王睿智. 汽车产品开发项目管理：端到端的汽车产品诞生流程 [M]. 北京：机械工业出版社，2020.

[11] 沈艳. 导入GVDP流程，打造企业质量核心竞争力 [D]. 上海：复旦大学，2012.

[12] 上海汽车集团股份有限公司乘用车公司. GVDP全球整车开发流程 [EB/OL]. （2017-04-08）[2020-9-17]. http://www.docin.com/p-1888483185.html.

[13] 刘金树. 上汽乘用车技术中心整车造型开发流程优化研究 [D]. 上海：上海交通大学，2011.

[14] 彭剑，项娇. 整车产品开发流程浅析 [J]. 上海汽车，2010（8）：43-47，51.

[15] 相江锋. 全球电动车产业发展现状与展望 [EB/OL]. （2019-1-31）[2020-8-14]. http://www.sohu.com/a/292722216_560178

[16] 郭晓际. 特斯拉纯电动汽车技术分析 [J]. 科技导报，2016，34（6）：98-104.

[17] 姚兰. 大众坚定转身"变道"，"三步曲"敲响电动化战鼓 [J]. 汽车纵横，2019（3）：26-27.

[18] 郭艳萍，等. 新能源汽车的整车对标技术研究 [J]. 汽车工程师，2017（11）：11-13.

[19] 蒋剑. 现代汽车造型设计之油泥模型制作概述 [J]. 四川水泥，2016（5）：306，322.

[20] 杨世春，刘新华. 电动汽车动力电池建模与管理系统设计 [M]. 武汉：华中科技大学出版社，2022.